高职思政育人与工匠精神融合研究

叶阿恋 著

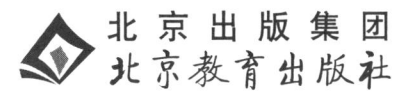

北京出版集团
北京教育出版社

图书在版编目（CIP）数据

高职思政育人与工匠精神融合研究 / 叶阿恋著. -- 北京：北京教育出版社，2024.1
ISBN 978-7-5704-6003-8

Ⅰ.①高… Ⅱ.①叶… Ⅲ.①高等职业教育—思想政治教育—研究—中国 Ⅳ.① G711

中国国家版本馆 CIP 数据核字 (2023) 第 227299 号

高职思政育人与工匠精神融合研究

叶阿恋　著

*

北京出版集团
北京教育出版社　出版
（北京北三环中路 6 号）
邮政编码：100120
网址：www.bph.com.cn
京版北教文化传媒股份有限公司总发行
全国各地书店经销
河北宝昌佳彩印刷有限公司印刷

*

710 mm×1 000 mm　16 开本　14 印张　230 千字
2024 年 1 月第 1 版　2024 年 1 月第 1 次印刷
ISBN 978-7-5704-6003-8
定价：88.00 元
版权所有　翻印必究
质量监督电话：（010）58572525　58572393
购书电话：18133833353

前　言

工匠精神是指千百年来匠人追求卓越、精益求精的精神。而高职思政育人旨在引导学生树立正确的世界观、人生观、价值观，培养德智体美劳全面发展的高素质人才。这两者的结合将为高职教育注入新的活力。

全书共分七章，从理论探讨到实践路径，系统剖析了工匠精神与高职思政育人的关联与价值。

第一章从工匠精神的概念界定入手，阐释了工匠精神的发展与传承、时代内涵与当代价值。第二章概述了高职思政教育的概念与特征、目的与任务，并探讨了其主要原则与重要意义。第三章则重点讨论了构建高职思政育人体系的价值与意义、内容与原则，为高职思政育人提供具体指导。第四章深入探讨了工匠精神与高职思政的育人功能及耦合性，通过对两者育人功能和内在契合的分析，揭示了工匠精神为高职思政育人提供价值导向。第五章从理论和现实两个方面，探讨了工匠精神与高职思政育人融合的必要性、可行性及现实意义。第六章重点关注构建高职思政育人与工匠精神融合的保障体系，提出了加强师资队伍建设、培养创新思维和构建工匠精神与课程思政融合的育人体系等具体建议。第七章为高职思政育人与工匠精神融合的路径探索，包括推动校企深度合作和完善协同育人机制等实践策略。

本书旨在为高职院校的思政教育提供新的思路和方法，促进工匠精神与高职思政育人的有机融合，进一步提升高职院校学生的思想道德素质和创新能力。

作者在撰写本书的过程中得到了许多同行朋友的帮助，接受了诸多指导。

为了确保研究内容的丰富性和多样性，作者参考了一些专家学者们的成果，在本书出版之际，谨向这些专家、学者及所有帮助过作者的朋友表示衷心的感谢。同时，由于作者水平有限，加之时间仓促，本书难免会存在一些疏漏，在此恳请读者朋友批评指正！

目 录

第一章 工匠精神阐释 / 1

第一节 工匠精神的概念界定 / 1

第二节 工匠精神的发展与传承 / 12

第三节 工匠精神的时代内涵解读 / 15

第四节 工匠精神的当代价值分析 / 24

第二章 高职思政教育概述 / 33

第一节 高职思政教育的概念与特征 / 33

第二节 高职思政教育的目的与任务 / 41

第三节 高职思政教育的主要原则 / 49

第四节 高职思政教育的重要意义 / 58

第三章 高职思政育人体系的建设 / 63

第一节 高职思政育人体系概述 / 63

第二节 高职思政育人体系建设的价值与意义 / 79

第三节 高职思政育人体系建设的内容与原则 / 84

第四章　工匠精神与高职思政的育人功能及耦合性 / 103

第一节　工匠精神与高职思政的育人功能分析 / 103

第二节　工匠精神与高职思政育人的内在契合 / 110

第三节　工匠精神为高职思政育人提供价值导向 / 118

第五章　高职思政育人与工匠精神融合的必要性、可行性及现实意义 / 123

第一节　高职思政育人与工匠精神融合的必要性与可行性 / 123

第二节　高职思政育人与工匠精神融合的现实意义 / 138

第六章　高职思政育人与工匠精神融合的保障体系建设 / 141

第一节　加强高职院校辅导员队伍建设 / 141

第二节　工匠文化阐释与工匠创新思维的培养 / 160

第三节　构建工匠精神与课程思政融合的育人体系 / 171

第七章　高职思政育人与工匠精神融合的路径探索 / 189

第一节　完善社会、家庭、学校协同育人机制 / 189

第二节　校企深度合作滋养工匠精神 / 200

第三节　构建工匠精神与思政教育相融合的新格局 / 206

参考文献 / 215

第一章 工匠精神阐释

第一节 工匠精神的概念界定

一、匠心与工匠文化

（一）匠心

1. 匠心的含义

"匠心"这一概念深植于中国传统文化，代表着一种对工艺技术或艺术的专注和投入。这个词由"匠"和"心"两部分构成，"匠"通常指工匠或专家，代表着技术和技艺的掌握者，而"心"则体现出心思和专注的精神状态，两个字共同构成了匠心理念的深远含义。

在中国传统文化中，匠心代表着一种对技艺、对作品、对创新的深深热爱和无尽的追求。这代表一个通过不断的学习、实践、探索和创新，逐渐形成独特技艺风格的过程，也被称为"匠心独运"。匠心的精髓在于对工作的精益求精，不求速成，力求完美。在现代社会，"匠心"的理念被广泛应用在各个领域，包括工艺、艺术、设计、科技、教育等。它不仅包括对传统工艺的传承和发扬，也包括对新技术、新设计、新理念的研究和创新。可以认为，"匠心"是一种高度的专业精神，它强调技艺的熟练、创新的大胆和对完美的追求。在实际应用中，"匠心"体现在精心制作的工艺品中、创新设计的产品中、深入研究的科学项目中以及严谨教学的课堂中。这些例子都体现了"匠心"精神的实际应用和价值。

"匠心"不仅是一种技艺，更是一种态度，一种对工作的热爱和对完美的追求，一种对传统和创新的尊重和融合。这就是"匠心"的含义，也是"匠心"精神的价值所在。"匠心"理念不但在古代社会中具有重要地位，而且在现代社会中仍然有广泛的应用和深远的影响。

2.匠心的时代体现

（1）坚持、专注。在匠心的理念中，坚持和专注是必不可少的元素。坚持体现在对工艺或艺术的持久追求上，这种追求并非瞬息之间可达，而是需要长时间的精益求精，甚至是毕生的努力。专注则表现为对工艺的细致观察、对艺术的深入挖掘以及对创新的持续探索。这种专注需要投入大量的时间和精力，需要面对各种困难和挑战，需要有不断进步和超越自我的决心。坚持和专注是匠心的重要体现，也是匠人技艺精进的重要手段。

（2）谦恭、自省。匠心中的谦恭和自省体现在对自身工作的审视和反思上。谦恭体现在对工艺的敬畏、对技艺的尊重和自身的谦逊和低调等方面。自省则体现在对自身工作的反思和评估、对自身技艺的不断提升、对自己的不断完善等方面。谦恭和自省是匠心中的一种精神境界，它要求匠人以一种开放的态度接纳批评，以一种谦逊的心态、自省的精神对待自己的工作。

（3）敬畏、入魂。敬畏和入魂是匠心的最高境界。敬畏是对工艺、艺术和创新的敬畏，它来源于对技艺深度的理解和对技艺精神的尊重。入魂则是指匠人将自己的灵魂融入工艺或艺术中，将自己的情感和思想注入创作中。这种敬畏和入魂精神使得匠人的作品具有深度和魅力，使得匠人的技艺能够触动人们的心灵。

（二）工匠文化

1.工匠文化的内涵

工匠文化是一种源于人类生产实践的文化。自古至今，无论是打铁、织布，还是建筑、雕刻，工匠凭借一双巧手和丰富的经验，创造出了种种美丽而实用的作品。这些作品不仅是物质的产物，更是工匠精神的体现。每一个细节的考究、每一次努力的试验都是对技艺的追求、对美的尊重。在这个过程中，工匠文化与社会、科技、艺术等多元文化交融，形成了独特的内涵，如图 1-1 所示。

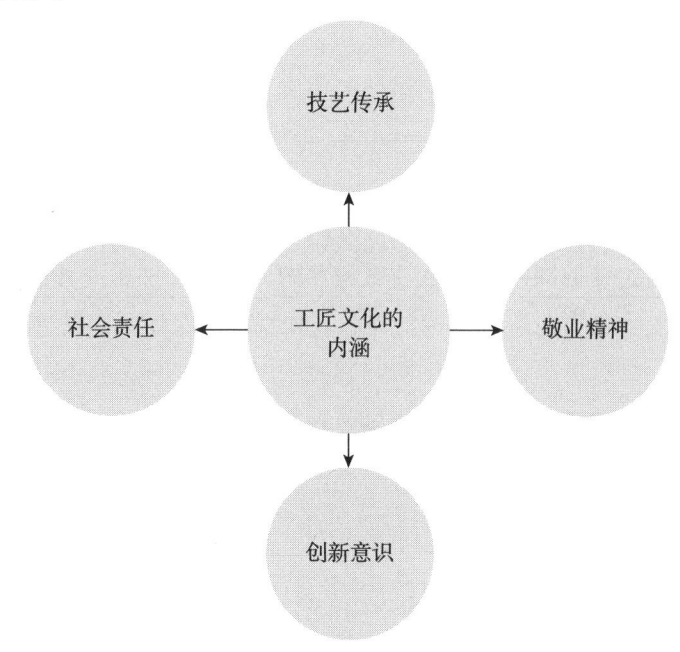

图 1-1　工匠文化的内涵

（1）技艺传承。工匠文化最重要的一部分就是技艺的传承。每一个行业、每一种技艺都有其独特的制作流程、工艺规范和操作技巧。这些都需要经过严格的学习和实践才能掌握，然后由这一代人传给下一代人，形成一个长久的、有生命的传承链。

（2）敬业精神。工匠文化倡导尽职尽责、精益求精的工作态度。工匠对一针一线、一砖一瓦都投入了极大的热情和精力，尽可能做到最好。这种敬业精神是工匠文化的重要组成部分，会对社会发展、个人发展产生积极影响。

（3）创新意识。虽然工匠文化重视传统，但并不排斥创新。工匠常常在传统的基础上，通过不断试验和改进，创造出新的技艺和作品。这种对创新的追求，使工匠文化始终保持着生机和活力。

（4）社会责任。工匠文化强调工匠对社会、对公众的责任。工匠通过自己的作品，满足人们的生活需要，提高人们的生活质量，同时推动社会的发展。他们的作品不仅是个人的艺术表达，更是社会责任的体现。

如今，人们生活在一个高度机械化、自动化的时代，似乎越来越忽略了工匠文化。但实际上，工匠精神和工匠文化的价值并未因此减少。当前这个快餐文化泛滥的社会更需要工匠精神去鼓励人们追求质量、尊重技艺、探索创新、履行社会责任。这既是对工匠文化的继承，也是对未来的期许。

2.工匠文化的社会价值

工匠文化以其独特的历史地位、人文精神和艺术价值，对现代社会产生了深远的影响，具备独特的价值。它包含的不仅是一种生产方式，更是一种思维方式和生活态度，为当代社会提供了独特的价值参照和精神支撑。

工匠文化具有重要的历史价值。它是人类文明的重要组成部分，是人类智慧和创新精神的结晶，是历史的见证者和记录者。工匠的作品，无论是精美的瓷器，还是宏伟的建筑，都是历史的物证，为人们解读历史提供了宝贵的资料。此外，工匠技艺的传承也是对文化遗产的保护，对保护民族文化、增强文化自信具有重要意义。

工匠文化具有显著的教育价值。工匠文化强调精益求精、匠心独运的工艺精神和职业专业性。它强调对技艺的追求和持续的学习，注重实践和经验积累以及对工作的责任感和自我超越的精神。这种文化价值观在教育领域有着重要的意义。

工匠文化具有深远的经济价值。在当前的工业化、信息化社会，产品同质化的趋势日益明显，工匠的精神和技艺就显得尤为珍贵。倡导和实践工匠文化，可以提高产品的质量，提高产品的附加值，推动经济的可持续发展。同时，工匠文化的发展也有助于推动相关行业的创新和升级，提升整体的产业水平。

工匠文化具有丰富的人文价值。工匠的创作是个体与社会、历史的连接，是人与自然的对话。它体现了人类对美的追求、对生活的热爱、对技艺的尊重。同时，工匠作品的创作过程，也是一种自我实现的过程，是一种社会文化的体现。通过欣赏和学习工匠文化，人们可以提高自我修养，丰富精神生活，提升人文素养。

二、工匠精神的解读

(一) 工匠精神来源及含义

1. 工匠精神的来源

"工匠"一词在中国古代社会有着丰富的内涵,其中也包括"工""百工""匠""匠人""匠师"等相关表述。这些概念的出现及演变揭示了中国社会对手工艺、技术、技艺以及劳动等方面认识的深化。我国首部手工业技术典籍《考工记》中有对百工职业特点的描述,明确指出"审曲、面势,以饬五材,以辨民器,谓之百工",也点明了工匠在建设国家、建造城市方面的重要地位。然而,工匠在社会中的地位并非一直稳定,随着经济发展及朝代变迁,工匠的社会角色也在不断变化。最早的关于"工"的记载可追溯到殷商时期的甲骨卜辞,其中有关百工的卜辞表明了"工"即从事专业生产的工人。这些工人代表了一种职业,但对于这类工人具体的社会地位,学界尚有争议。

西周早期,随着手工业生产技术的发展,百工的地位有所提升。然而到了西周的中晚期,百工已经不再是贵族阶层。尽管如此,学者们对于工匠在先秦时期的身份地位并未形成统一的看法。西周早期的百工地位提升以及后期地位的降低,都为学者对工匠在社会中的角色分析提供了一种新的视角。春秋时期,社会职业分类开始显现,出现了"士、农、工、商"四类职业分类。到了秦汉时期,这种分类更进一步地形成了等级制,工匠的社会地位仅高于商人,位列士、农民之下,成为社会分工的底层。直到明朝时期,工匠的社会地位才在一定程度上有所提高,随着早期资本主义的萌芽,手工业从业者的社会地位开始得到提升。尽管如此,工匠的地位在历史上一直处于动态变化之中。近年来,随着国家对工匠精神的积极宣传,社会对工匠及其职业开始重新正视,同时对工匠精神也进行了深入的探讨与研究。2016年3月,李克强在政府工作报告中提出了"工匠精神"这一概念,将其提升到国家的高度,以表达对培育工匠精神的迫切需求。

关于工匠精神及其起源的问题,国内的学术界普遍认为其历史久远。如有学者通过考察历史文献以及工匠所创造的青铜器实物,提出了工匠精神应在手工业分工产生之时就已经具备的观点。这种分工在一定程度上揭示了工匠追求精细、专业的精神特质。① 在工业和信息化部工业文化发展中心的出版物中，也明确指出了工匠精神的起源可以追溯到4 300年前。自舜帝时期开始，历经夏朝的"奚仲"、商朝的"傅说"以及春秋战国时期的"庆"，工匠不断出现在历史记载中。这些工匠与古代的政治、文化、商业、科技等领域的发展息息相关，其历史演变进程也推动了我国独特且悠久的工匠文化和工匠精神的形成。②

2. 工匠精神的含义

"工匠精神"代表了一种追求精益求精、对工作的专注和尊重的职业精神。从广义的角度理解，工匠精神不局限于工匠，也普遍存在于每一个人身上，体现了人们追求完美的精神和对工作的热爱和执着。

"工匠精神"内涵包括敬业、精益、专注、创新等，如图1-2所示。敬业是基于对职业的敬畏和热爱而产生的一种全身心投入的认真负责的职业精神状态；精益是对每件产品、每道工序都凝神聚力、精益求精、追求极致的职业品质；专注是指内心笃定而着眼于细节的耐心、执着、坚持的精神；创新是在传统技艺的基础上不断突破和革新的精神。这些元素相互交织，构成了"工匠精神"的内涵，代表着一种时代的精神气质——坚定、踏实、严谨、专注、坚持、敬业、精益求精。如果人人都能在内心沉淀这样的品质，有干一行爱一行、爱一行钻一行的韧劲，有对工作只管付出不求回报的奉献精神，就能在平凡的岗位上书写不平凡的人生。

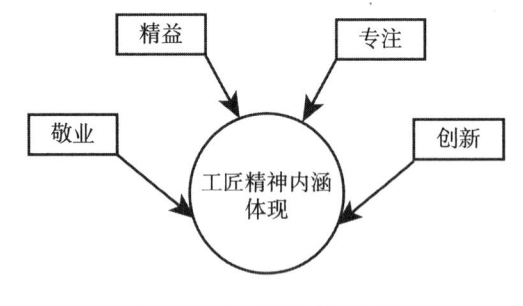

图1-2 "工匠精神"内涵

---

① 赵琼琼.试论东周的工匠精神：以青铜器为例[D].天津：天津师范大学，2017：13.
② 工业和信息化部工业文化发展中心.工匠精神：中国制造品质革命之魂[M].北京：人民出版社，2016：56.

（1）敬业。敬业是从业者基于对职业的敬畏和热爱而产生的一种职业精神状态。中华民族历来有"敬业乐群""忠于职守"的传统，敬业也是当今社会主义核心价值观的基本要求之一。早在春秋时期，孔子就主张人在一生中始终要"执事敬""事思敬""修己以敬"，即行事要严肃认真不怠慢，临事要专心致志不懈怠，加强自身修养，保持恭敬谦逊的态度。

敬业的工匠精神体现在对所从事的工作充满热爱，对自己的岗位抱有积极的态度，乐于投入时间和精力来完成工作任务。无论工作的性质如何，都能保持对工作的热情，以积极的心态面对各种挑战，这是职业道德中爱岗敬业的体现。

爱岗敬业，是爱岗和敬业的合称，二者互为表里，相辅相成。爱岗是敬业的基础，而敬业是爱岗的升华。"爱岗"意味着要干一行，爱一行，热爱本职工作。而"敬业"则是钻研一行，精通一行，对待自己的工作，要勤勤恳恳、兢兢业业、一丝不苟、认真负责。凡是获得"工匠"和"劳模"荣誉称号的工人，都是爱岗敬业的典范，很多人都在本职岗位上工作了二三十年之久，为自己的事业不断地努力着。

（2）精益。精益是一种追求卓越、追求完美的职业品质和精神。它强调对每个产品、每个工序精益求精的态度，即使做一颗螺丝钉，也要做到最好。这种追求卓越的品质与工匠精神紧密相关，一个人成为"工匠"的关键在于对产品品质的追求。产品的品质没有最好，只有更好，因此工匠会花费大量的时间和精力来反复改进产品，不断提高产品品质。这种追求卓越的态度是工匠的共同特点，也是他们能够在各种技能大赛中获得荣誉的原因之一。只有追求极致、精益求精，才能保持基业长青。

（3）专注。专注是一种精神状态，强调在时间和精神上的坚持和聚焦。执着专注是"大国工匠"所必须具备的精神特质之一，它包含耐心、执着、坚持。工匠精神的实践经验表明，工匠具有几十年如一日的专注力和韧性，坚持扎根于自己的行业领域，集中精力积累经验，不断提高自己在细分产品领域的优势，成为该领域的"领头羊"。中国早就有"艺痴者技必良"的说法，它强调了在选定行业后的专攻和执着，这种执着能够让人们在自己的领域中游刃有余。

（4）创新。创新是新时代"工匠精神"的重要组成部分，甚至是灵魂。传统的"工匠精神"注重的是继承，是通过祖传父、父传子、子传孙等方式进行的。而新时代的"工匠精神"则更加强调在继承基础上的创新，追求卓越的创新精神是其内涵之一。在"工匠精神"中，追求突破和革新的创新精神也是非常重要的。自古以来，有着创新和发明精神的工匠一直是推动世界科技进步的重要力量。在中华人民共和国成立初期，一批优秀的工匠涌现出来，他们为社会主义建设事业做出了突出贡献。他们在探索中，不断进行创新，让中国的创新技术重新影响了世界。工匠的故事生动展现了"工匠精神"在实践中的重要意义，也展现了中国工匠的无限潜能和巨大贡献。他们在推进中国制造业创新发展的同时，也让世界看到了中国制造业的强大实力。这些工匠的成就，证明了"工匠精神"对于个人和国家的发展都具有非常重要的作用，也鼓舞了更多有志于成为工匠的人。

（二）工匠精神的本质及特征

1. 工匠精神的本质

工匠精神的本质，可诠释为"道技合一，追求卓越"，蕴含深厚的文化内涵和实践价值。"道"代表理念与价值，"技"代表专业技能与实践能力。工匠精神作为"道"与"技"的交融，标志着精神理念与实践能力的融合、价值追求与专业技艺的统一。

工匠精神的道技合一表现为对独特审美和文化传承的坚持。工匠将个人情感和文化底蕴融入作品中，赋予每一件手工艺品独特的魅力和文化气息。他们在尊重传统的同时，也勇于创新，使传统工艺得以发展和繁荣。这一过程中，价值取向与实践能力得到了充分的融合，进一步凸显了工匠精神的核心内涵。此外，工匠精神的道技合一还表现为技术创新与品格修炼的平衡。工匠在追求技术上精益求精的同时，也高度重视道德品质和职业精神的修炼。他们坚守诚信，尊重职业，用实际行动践行道德规范，表现出超越自我、追求卓越的职业精神。在这一过程中，道德价值与专业技艺得到了深度的融合，进一步强化了工匠精神的核心价值。工匠精神道技合一的价值并不局限于此。在快节奏、高效率的现代社会，人们更需要拥有一种坚韧不拔、追求卓越的职业精神。这种精神有助于人们在面对复杂世界和快速变化的环境时，保持冷静，坚守初心，提高问题解决能力，从而实现个人价值和社会价值的提升。

工匠精神中的追求卓越既体现在工匠严谨的态度和精湛的技艺中，也彰显在其对手艺不断精进的过程中。从工匠的精神境界上看，追求卓越就是工匠对自我能力的不断挑战以及对技艺极限的探索。这种追求激发了工匠的创新精神，促使他们在继承和发扬传统手艺的同时，不断尝试新的工艺和技术，力求在熟练掌握已有技艺的基础上，对其进行改进和创新，以达到更高的艺术境界。这种追求卓越的精神，既体现在每一次细致入微的操作中，也反映在每一件精心打造的作品上，成为工匠精神的重要体现。追求卓越也体现在工匠对于品质的极致追求上。工匠始终坚守着一丝不苟的工作态度，无论在选择原材料，还是在设计和制作过程中，他们都力求达到最高的质量标准。在这一过程中，工匠不仅对技艺有了更深的理解和掌握，也在追求卓越的过程中，对工匠精神有了更深的理解和体验。

2. 工匠精神的特征

（1）突出的实践性。实践性是工匠精神的重要特征之一，它的出现与工匠群体直接参与物质生产的实践活动有着密切的关系。而在现代社会，这种特性在许多方面都得到了强烈的体现，无论是在消费者对手工艺品的欣赏和追捧，还是在制造者对产品个性化的追求中，都能看到实践性在其中起到的关键作用。古代"匠"的定义，起源于木工，取自"匚"和"斤"，分别代表工具和手持工具的象形，这表明了工匠精神对于实践性的重视。随着手工业的发展和专业领域的增多，"匠"的含义也逐渐拓展，无论是哪一种工艺，都需要工具和特定技术的支持，这就使得工匠精神在各个领域都发挥作用。实践性成为工匠精神的一种基本特质，从这个角度来看，工匠精神实际上就是工匠实践活动的精神化表现。近年来，"手作""手工""定制""匠心"等词汇逐渐引起了公众的广泛关注，手工制品的独特性和创新性得到了人们的欣赏和青睐。相比于大规模生产的工厂商品，手工制品更具个性，让消费者愿意为其付出更高的价格。这是一种对个性化和实践性的追求，也是对工匠精神的一种重新认识。

（2）相对的稳定性。工匠精神的内涵主要包括"尊师重道的师道精神、一丝不苟的制造精神、求富立德的创业精神、精益求精的创造精神、知行合一的实践精神"[1]。这一阐述符合现有的学术理解，并揭示出工匠精神的持久稳定性。尽管社会结构经历了多次变革，但工匠精神的核心内涵始终保持稳定，对于评价专业技能、职业态度和道德修养，工匠精神具有不可替代的重要参照价值。纵观《大国工匠》和《我在故宫修文物》等纪录片，可以了解社会各界的杰出人才，他们在自身专业领域展示了高超的专业能力，持守着高尚的职业道德，做出了巨大的成绩。他们实现了个人价值的同时，也为社会和国家创造了丰厚的经济效益和社会效益，因此被公认为"大国工匠"。这些事例反映出工匠精神的基本内涵并未因时代变迁而改变，反而在社会发展的进程中，表现出了稳定的生命力。这也证明了工匠精神对于衡量专业技能、职业态度和道德修养具有重要的参考价值。工匠精神的稳定性，凸显了其在社会发展中的重要作用和意义，其实质内涵仍能在新时代中得到恰当的体现和传承。

（3）鲜明的创新性。工匠精神并不是传统和保守的象征，反而在其内涵中蕴藏着丰富而鲜明的创新性。尽管"匠气""死板"和"僵硬"这样的标签曾经是大众对工匠群体的普遍印象，然而，这些印象源于对工匠群体的肤浅理解和表面刻板印象，实则遮蔽了工匠精神中的创新元素。即便在看似僵化的古代工匠精神中，也有创新的萌芽。然而，由于古代社会并未特别强调和倡导创新，所以这种创新性常常被忽视。从古代的艺术品中可以发现，不同历史时期的艺术品都具有独特的时代特征，艺术家们在传统的基础上，结合当时的社会需求和审美观念，不断推陈出新。即使是同一时期的艺术品，由于工匠的技艺水平、选材、工具的差异，也会呈现不同的艺术效果，显现出独特的创新性。在"大众创业，万众创新"的现代社会背景下，工匠精神中的创新性得到了更大的关注和推崇。现代工匠在更广阔的发展空间中，以精益求精、追求完美的精神，探索新的技术、新的产品和新的方法，以适应社会发展和大众审美需求的变化。这种以创新为特点的工匠精神，推动着创新型社会的建设。这种创新性是工匠精神在新时代得以传承和发展的关键，也是推动社会进步的重要力量。

（4）浓厚的人本意识。人本意识在工匠精神中的体现具有多层次的特

---

[1] 李宏伟,别应龙.工匠精神的历史传承与当代培育[J].自然辩证法研究,2015.

点。人本意识，即以人为中心，强调人的价值和尊严，尤其关注人的需求和利益。在工匠精神中，这一原则通过对专业技艺的崇尚、对工作热情的提倡以及对社会贡献的强调，体现出其对人本价值的尊重。工匠精神着重于对技艺的精益求精，反映了人本意识在个体技能与成就追求方面的体现。工匠精神所代表的是一种技艺的精湛与对专业的执着，这是基于对个体能力的尊重和赞誉。这种对技艺的追求也是对工匠自我价值的提升，使得工匠能在技术专业上得到满足、实现自我价值的体现。

（三）工匠精神的构成要素

1. 技能层面：专注执着，精益求精

专注执着表现为工匠将全部精力聚焦于工作目标，不为外界干扰所动摇，全心全意地从事自己的工作。工匠通过保持持久的专注力，更好地完成任务，并在工作中实现个人的成长和进步。精益求精意味着工匠对技能和工艺的不断追求和提升。工匠追求卓越的品质和精确度，不满足于表面的成就，而是通过持续的努力追求更高的标准。他们不断学习、改进和创新，以达到极致境界。精益求精的态度使工匠能够在工作中展现出卓越的技能水平，并推动行业的发展。这两个要素相互关联，相辅相成。专注执着为精益求精提供了坚实的基础。只有通过专注执着，工匠才能将精力集中在工作上，深入研究和探索，并持续不断地增强自己的技能。反过来，精益求精也促使工匠保持专注，因为只有对自己的工作充满热情和追求更高标准，工匠才能保持专注并不断提升自己的能力。

2. 道德层面：敬业乐业，无私奉献

敬业乐业涵盖了艰苦奋斗、勤勉工作和顽强拼搏等精神。实质上，敬业乐业表明工匠对自己从事的职业怀有高度的尊重和热爱。他们恪尽职守，履行社会义务，对自己的职业充满敬畏之情。值得人们敬佩和敬仰的工匠典范以爱岗敬业为基石，致力将自己热爱的职业做到极致完美。古人云"谓艺业长者而敬之"，这表明工匠最为重视的就是对职业的热爱和敬业精神。他们持之以恒，不断对自己的行业进行深入探索和研究，全身心地投入自己的工作。因此，热爱自己的工作，坚守初心，敬业爱业是驱使工匠不断前行的动力。此外，工匠精神的另一个重要因素是无私奉献。例如，当代中国杰出的

"造船工匠模范"张冬伟将自己的一生投入国家海洋装备建设事业。他作为一个"工匠",严格要求自己,夜以继日地艰苦奋斗,甚至牺牲了自己的休息时间,专注于研究焊接工艺,不断追求技术的突破和创新。这种奉献精神是工匠精神的重要基石。这也进一步表明,工匠将社会利益与他人利益置于个人利益之上,积极为他人和社会做出贡献。工匠的无私奉献体现在对公共利益和社会责任的高度认识和承担等方面。这种奉献精神不仅体现了他们对职业的热爱,也推动了社会的进步。

3. 目标层面:开拓创新,追求极致

开拓创新指工匠以开放的心态和广阔的视野,勇于突破传统的思维和方法,积极探索新的技术、工艺和解决方案。工匠不满足于现有的成就,而是不断挑战自我、突破自我,追求技术和工艺的革新和升华。他们致力创造独特的、具有影响力的作品,并在实践中不断改进和提升。工匠精神的开拓创新还强调实事求是和注重实际。工匠以实际为依据,在实践的基础上进行创新,不盲目追求激进的改变,而是通过实践和验证逐步改进和升华。他们不断学习、积累经验,并将其运用于创新的实践。

追求极致体现了工匠对卓越品质的追求。工匠以追求极致为信念和目标,不断提高工作的质量和标准,追求完美的细节和最高的境界。他们注重细致入微的精雕细琢,以达到最高品质的要求。他们通过对材料、工艺和设计的深入研究和创新,力求将自己的作品推向极致,以满足人们对精美、卓越的需求和追求。工匠深知追求卓越品质需要不断与时俱进,不断学习和掌握新知识、新技术,以适应不断变化的社会和市场需求。

第二节 工匠精神的发展与传承

一、工匠精神的发展

工匠精神的发展体现在各行各业,如高铁、桥梁和公路建设等领域。这一精神的发展受到国家领导人在中华人民共和国成立之初的号召的指导,即反对铺张浪费,提倡艰苦朴素作风,厉行节约。在这一思想指导下,中国工匠肩负使命砥砺前行,将汗水凝结成力量,将困难转化为动力,并通过推动中国车、架设中国桥、铺设中国路和建造中国港等方式,使古代传承下来的工匠精神在新时代得以蓬勃发展。

中国高铁领域是工匠精神发展的一个重要示范。复兴号作为中国高铁的代表,以其标准时速350公里、上档时速400公里的水平,成为世界一流动车组列车。复兴号具有完全自主知识产权,中国自主研发了转向架、车体等技术,并达到了世界顶尖水平。工匠通过精湛的技术和辛勤的劳动,使复兴号比和谐号更宽敞、更安静、更舒适,其出色的乘坐体验获得了广大乘客的高度评价。中国的高铁技术不仅在国内取得了巨大成功,也在全球范围内被广泛应用,改变着世界的交通方式。

港珠澳大桥是世界上最长的跨海大桥,其中的海底沉管隧道和海上人工岛的建设是整个工程实施中最具挑战性的部分。中国桥梁设计师和建造者克服了重重困难,成功安装了33个沉管,创造了一个又一个世界奇迹。港珠澳大桥的建成在全世界引起了强烈反响,其他国家的专家更是赞叹不已。此外,中国还建设了平潭海峡大桥、厦漳跨海大桥、杭州湾跨海大桥和胶州湾跨海大桥等世界级的跨海大桥。这些大桥的建设不仅提高了中国的经济运行效率,方便了人们的出行,还通过设计和建造展现了中国现代工匠的技艺水平,他们正以"中国桥"的方式逐步实现新时代中国特色社会主义中国梦。

在公路领域,中国也取得了令世界瞩目的成就。我国已建成全球规模最大的高速公路网,总里程从13.3万公里增加到17.7万公里;高铁总里程从2.5万公里增加到4.2万公里,超过了第二至第十位国家的总和。中国工程师在兰渝铁路等项目中展现了他们的工匠精神。兰渝铁路主线全长886公里,穿越了秦巴山区和黄土高原,地质环境恶劣,很多路段不符合施工条件。然而,中国工程师却创新性地设计和建设了396座桥梁和226座隧道,成功克服了种种困难,将列车从重庆到兰州的行驶时间缩短了16个小时。这些成就的取得离不开千千万万建设者的辛勤付出,他们用实际行动践行着工匠精神,将工匠精神的发展推向了新的高峰。

二、工匠精神的传承

（一）工匠精神的传承方式

1. 学徒制度的推广

学徒制度是一种古老而有效的工匠精神传承方式。通过学徒与师傅之间的传帮带关系，经验、技能和价值观得以传承给后代。学徒在实际工作中学习技艺，并从师傅身上汲取专业知识和工匠精神。师傅不仅传授技术，还教导学徒养成对工作的热情、责任感和追求卓越的态度。推广学徒制度可以培养年轻一代工匠，保护传统工艺和文化遗产，并确保这些宝贵的知识和技能得到传承。

2. 教育体系的优化

教育体系在工匠精神传承方面扮演着关键角色。优化教育体系，注重培养学生的实践能力和职业道德，是培养具工匠精神人才的重要途径。学校可以通过改进课程设置，加强实践教学培训，为学生提供更多接触实际工作的机会，培养他们的创新能力和问题解决能力。同时，将工匠精神融入教育教学，教导学生爱岗敬业、追求卓越，使他们成为具备扎实专业技能和积极工作态度的人才。

3. 企业文化的建设

企业文化是工匠精神传承的重要场所。企业应重视建设积极向上的企业文化，弘扬工匠精神。通过明确企业的核心价值观和理念，激发员工对工作的热情和责任感。企业应鼓励员工追求卓越，为员工提供持续的专业培训和职业发展机会，使他们能够不断提升技能和素质。同时，营造团队合作和分享经验的氛围，促进员工之间的互相学习和共同成长。通过奖励制度、传统工艺传承和文化活动等方式，增强员工对工匠精神的认同和传承意识。

（二）工匠精神传承的重要意义

通过保护传统文化与技艺、提升产业竞争力以及塑造社会价值观与文明进步等方面的努力，工匠精神的传承将为个人、社会和国家的发展带来重要的意义和贡献。它不仅是一种文化传统的延续,更是一种推动社会进步和发展的动力。

1.保护传统文化与技艺

工匠精神的传承对于保护和传承传统的工艺技术和文化遗产具有重要意义。许多传统工艺和技艺是代代相传的宝贵财富,体现了民族文化的独特性和创造力。通过传承工匠精神,这些传统技艺能够得到保护和延续,不被遗忘或淡化。这不仅有利于维护民族文化的多样性,还为后代提供了学习和发展的机会。

2.提升产业竞争力

工匠精神的传承对于提升企业和国家的产业竞争力至关重要。工匠注重质量、追求卓越,他们的精湛技艺和高标准的工作态度使得产品和服务具有优势。优质的产品和服务不仅能够满足消费者的需求,还能够树立企业品牌形象,增加竞争优势。通过传承工匠精神,企业能够提升技术水平、改进生产流程,并不断推动产业的创新和发展。

3.塑造社会价值观与文明进步

工匠精神的传承对于塑造社会良好价值观和促进社会文明进步具有重要意义。工匠注重诚信、勇于承担责任,他们因个人的行为和品质成为社会的楷模,为社会树立了积极向上的榜样。工匠精神的传承,能够培养人们对工作的热爱和专注以及追求卓越的精神,并推动整个社会形成崇尚创造、尊重劳动的价值观。这对于社会的和谐发展、文明进步具有重要推动作用。

第三节 工匠精神的时代内涵解读

一、爱岗敬业

(一)爱岗敬业的内涵解析及重要性

1.爱岗敬业的内涵解析

爱岗敬业,作为一种被大家广泛认可的价值观,被视为成功职业生涯的基石。这个概念有着深远的内涵，表达的是劳动者对所从事职业的热爱、尊重和专注以及为之付出的努力。它强调的是对工作的敬畏，是个人职业生涯的重要组成部分。

对于职业生涯而言，爱岗敬业既包含了对工作本身的热爱，也包括对工作成果的追求。这是一种自我追求的动力，能激励人们全身心投入工作，去发掘和挖掘自身潜力，去创造价值，去追求卓越。热爱工作，意味着对工作充满热情，愿意为之付出努力，愿意在工作中寻找和实现自我价值。敬业，则更加强调对工作的尊重、对工作的态度、对工作的投入和努力。爱岗敬业不仅是个人的职业态度和行为，也是社会的一种价值取向，是社会对个体的期待和要求。在这个意义上，爱岗敬业不仅关乎个体的成就，更关乎社会的稳定和发展。

2.爱岗敬业的重要性

爱岗敬业是实现自我价值的关键。一个爱岗并敬业的人，将更有可能在工作中实现自我价值，获得满足感和成就感。爱岗敬业有助于提高工作效率，提升工作质量，进而推动个人的职业发展。此外，爱岗敬业还有助于提升个人的幸福感。当人们对自己的工作充满热爱时，他们将更加享受工作，更加珍视工作带来的满足和快乐，从而提升个人的幸福感。

爱岗敬业是营造积极社会氛围的关键。一个充满爱岗敬业精神的社会，将是一个积极和充满正面能量的社会。爱岗敬业的人们将以他们的敬业精神，影响和激励周围的人，营造积极的社会氛围。因此，爱岗敬业既是个人的职业道德，也是社会的价值观，是推动个人成就和社会发展的重要力量。因此，在未来的工作和生活中，更应该积极培养劳动者爱岗敬业的精神，以促进个人的成长，推动社会的进步。

（二）爱岗敬业在现代社会中的表现

在当前的社会环境中，爱岗敬业的精神被更多地体现在对工作的投入、对职业技能的精进以及对创新和卓越的追求上。与此同时，工匠精神也在这一过程中发挥了重要的作用，它通过鼓励人们追求精湛的技艺、创新的思维以及卓越的成果，来进一步强化爱岗敬业的精神。

在现代社会中，爱岗敬业体现在对工作的热爱和投入上。一个热爱工作的人，会全身心地投入工作，以追求卓越的工作成果。他们会将自己的职业视为自我价值实现的重要途径，对待工作充满热情，对工作的每一个细节都会付出极大的努力。这种对工作的热爱和投入，是爱岗敬业精神的重要表现。爱岗敬业也体现在对专业技能的追求上。一个敬业的人，会提升自己的专业技能，追求卓越。他们会投入大量的时间和精力，去学习和研究，去实践和创新，以提升自己的专业能力。这种对专业技能的追求，不仅体现了爱岗敬业的精神，也体现了工匠精神。此外，爱岗敬业还体现在对创新和卓越的追求上。一个具有爱岗敬业精神的人，会不断寻求创新，以追求卓越的成果。他们会挑战既定的思维和模式，以发现和创造新的价值。这种对创新和卓越的追求，是爱岗敬业精神的高级表现，也是工匠精神的精髓。

例如，中国航天科技集团公司第一研究院的高凤林，他在火箭发动机焊接领域的勤勉和创新，使他成了这个行业的领先者，他几乎创新了一百种技术。他的贡献不仅在于他的技术成就，更在于他对工作的投入和热情，他的行动成为航天事业进步的推动力。在长征二号捆绑运载火箭的研制过程中，高凤林面临了复杂的挑战，他需要进行的大振动梁的焊接工作极为关键。通过多次测试，他提出了多层快速连续堆焊和机械传热等一系列流程，成功完成了大振动梁的焊接。这样的技术创新，对于工艺性能的保证至关重要，从而保障了振动塔搭建工作的按时完成和长征二号捆绑运载火箭的如期试验，为澳星的发射打下了基础。他为航天事业的成功奠定了重要的基础。这个案例充分展示了高凤林在面对挑战时的勇气和智慧，他以坚韧不拔的精神，充分利用自己的专业技术，解决了重大的技术难题。在处理长征三号甲、长征三号乙、长征三号丙运载火箭设计的新型大推力氢氧发动机的焊接问题时，高凤林面临了新技术、新材料带来的焊接难题。然而，他没有被困难吓倒，而是用高强脉冲焊接和补孔焊接等技术，成功地解决了这个难题。这样的成就，不仅展现了他的技术实力，更展示了他的敬业精神和对航天事业的热爱。

（三）爱岗敬业与工匠精神的结合

爱岗敬业和工匠精神二者之间存在深刻的关联性。爱岗敬业，源自对工作的热情和尊重，展示出对职业的热爱以及强烈的责任感。相较之下，工匠精神，更是彰显了对精湛技术的追求和对完美的执着，它是持续不断地探索和创新的过程，追求技艺的至臻至善。

爱岗敬业是孕育工匠精神的土壤，为其提供了丰富的养分。这种热爱并敬畏自己工作的态度成了工匠追求精湛技艺的内在动力，使得他们愿意付出更多的时间和精力去琢磨每一个细节，去追求更高的工艺标准。因此，爱岗敬业的态度对于培育工匠精神具有重要意义。反观工匠精神，其对技术的执着追求和不断完善以及对产品质量的严格把控，进一步强化了爱岗敬业的内涵。工匠精神的实践，需要工匠有极高的敬业精神，愿意为了追求技术的极致，付出超越常人的努力。这种追求完美的工匠精神在很大程度上丰富了爱岗敬业的内涵，使其不仅是对工作的热爱和尊重，更是对技艺的追求和尊崇。值得注意的是，爱岗敬业与工匠精神并非简单的相加关系，它们是相互作用、相互促进的。爱岗敬业为工匠精神提供了情感和价值的支持，使得工匠愿意进入艰苦的技艺学习和实践状态。反过来，工匠精神的追求也激发了劳动者对工作的热爱，提升了对职业的尊重。这种动态互动使得爱岗敬业和工匠精神能够共同推动个人和社会的发展。然而，这并不意味着爱岗敬业和工匠精神就可以完全等同或者混为一谈。爱岗敬业强调的是对工作的热爱和责任，而工匠精神更侧重于对技艺的追求和创新。二者在某种程度上是互补的，共同构成了现代职业道德的核心。

二、精益求精

（一）精益求精的理念阐释

"精益求精"是一种深层次的哲学观念，从字面上理解，其意指追求卓越，不断提高，具有明显的进取意识。这一理念适用于各种行业和领域，包括但不限于艺术、科技、教育、商业等。

精益求精是一种倡导不断改进的价值观。这不仅意味着在现有基础上对技艺的改进，也意味着寻求新的可能性，创新思维和方法，以适应快速变化的世界。精益求精是对质量的极致追求，不仅关注现在，也关注未来，重视从经验和反馈中学习，从而实现自我完善。精益求精的理念并不等同于追求绝对的完美。完美主义可能会阻碍进步，因为它过分关注结果而忽视了过程。相反，精益求精的理念更关注过程，强调的是在试验、失败、学习和改进中前进。精益求精在实践中的具体表现形式多种多样。在技艺领域，它可能意味着精雕细琢，力求细节的完美；在科研领域，可能表现为钻研探索，不断理解和掌握更高、更深的知识；在商业领域，可能体现为提升服务质量，优化用户体验。

要理解精益求精的理念，需要审视其形成的历史和文化背景。中国古代的儒家、道家学派等中都有精益求精的思想脉络。儒家重视礼仪和学习，鼓励学者持续自我提升；道家倡导"无为而治"，认为最高的智慧是顺应自然而不是违背自然。这些思想传统为精益求精的理念提供了丰富土壤。然而，不论在东方还是西方，精益求精的理念都经受了时间的考验。如今，面对日新月异的科技发展和社会变迁，精益求精的理念显得尤为重要。只有持续改进，才能应对不断变化的挑战；只有追求卓越，才能在竞争中脱颖而出。

精益求精的理念也影响了现代企业管理理论。这种管理哲学已经深入许多公司的日常运作过程，为企业带来了显著的效益。精益求精的理念是一种向卓越迈进的理念，它要求在变革中找到稳定，在挑战中找到机遇。精益求精的实质不是目标的达成，而是对过程的享受，是不断努力、学习和成长的过程。从这个意义上说，精益求精的理念是一种生活态度，是一种追求，更是一种智慧。

（二）精益求精的工匠精神的体现

精益求精的工匠精神，可以说是一种特殊的态度或者对技艺的追求。这种精神在现代社会中以多种形式呈现，不仅存在于传统手艺人的工作中，也同样深入现代产业和服务业之中。

工匠精神源自人类历史的深处，从古至今，它一直饱含着对完美的追求以及对技艺精进无止境的渴望。以制陶为例，从最原始的手拉坯到现代的机械制陶，工艺的变迁和进步无不蕴含着这种精益求精的工匠精神。然而，在当今社会，工匠精神已经远远超越了传统的定义，它已经被赋予了更广泛的内涵。在科技行业，工程师们在设计和开发产品的过程中，注重细节，追求极致性能，力图将产品优化到最佳状态，这其中无疑也包含着精益求精的工匠精神。

在艺术领域，无论是画家、音乐家还是雕塑家，他们都在自己的创作中展现了这种对技艺精益求精的工匠精神。他们专注于细节，用心对待每一次创作，希望能够把自己的艺术观念和审美情感充分地表达出来。同样，在服务业，如餐饮、酒店等行业中，也能感受到工匠精神。在这些行业中，服务人员对待工作的态度、对待客人的热情以及对品质的严格要求，都是工匠精神的体现。

无论是在传统行业还是现代产业，无论是在工作还是在生活中，工匠精神都是值得推崇和学习的。它不仅是一种技艺，更是一种对生活的热爱、对技艺的追求、对完美的执着。在未来的社会发展中，这种精益求精的工匠精神将会越来越受到重视，也将对社会的发展产生深远影响。

（三）精益求精在不同行业的应用

精益求精原是为了提高生产效率，减少浪费，其基本原则是确定价值、精化流程、实现流动、建立拉动、寻求完美。而今，这一理念已被各行各业广泛应用。

1. 制造业

制造业是精益生产理念的发源地。例如，汽车公司就是通过运用精益生产理念，以持续改进和解决问题的方式优化生产流程，进而提升生产效率、降低成本、减少浪费，提高了产品质量和交付时间的可预测性。

2. 服务业

在服务业中，尤其是零售、酒店和银行等领域，精益理念同样具有广泛应用。精益理念能帮助服务业通过流程优化，消除无价值的步骤，提高服务效率和客户满意度。

3. 软件开发

在软件开发领域，精益理念被阐述为精益开发或敏捷开发，重视的是快速反馈、持续改进和反对无效努力。它们关注交付高质量、满足用户需求的产品，而非在项目开始时设定固定、难以改变的目标。

4. 医疗行业

医疗行业也开始融入精益理念，目标是提高患者的医疗质量。这包括减少病人等待时间、优化就诊流程、减少医疗错误等。例如，一些医院已开始使用精益工具来改善手术室的运行效率，从而提高患者满意度。

精益求精的理念为各行各业带来了创新和变革的可能，无论是制造业、服务业，还是软件开发、医疗行业，都可以通过精益理念的引导，以更有效、更高效的方式运作，提供更好的产品和服务。

三、协作共进

（一）协作共进的定义与内涵

"协作共进"是指一群人或组织共同努力，共享资源和信息，以实现共同的目标或任务。它涉及的范围广泛，包括项目协作、决策制定、问题解决和创新进步等各个方面。而在社会和人际关系环境中，"协作共进"更多的是指人们在日常生活中的相互支持和合作，旨在实现某种共同的目标或理想。无论在哪种环境中，"协作共进"都是一个旨在通过团队合作实现共享目标的概念。

"协作共进"的内涵体现在互动、共享、互补和协同等方面。

1. 共享

共享是指团队成员共享任务、资源、信息和责任。在一个团队中，共享可以使得所有成员都了解整体的目标和任务，明白自己的角色以及如何去完成自己的工作。在这种情况下，每个人都是目标实现的重要一环，从而增强了团队的凝聚力。

2. 互补

在一个团队中，不同的成员有不同的优势和技能，这就需要他们能够互补，使得团队的整体能力最大化。例如，一个人可能在技术上很有才华，但他的人际交往能力可能不是那么强。这时，团队中的其他成员就可以弥补这一点，帮助团队保持平衡。

3. 互动

良好的互动是保证团队协作顺利运行的关键。这涉及清晰、及时的沟通以及对他人观点的尊重和理解。在协作共进的过程中，每个人都应当有机会发表自己的意见，并且这些意见都应被认真听取和考虑。

4. 协同

协同是指团队成员协调他们的行动以完成某一工作任务的过程。这包括任务的分配、工作的安排、决策的制定以及问题的解决。在一个团队中，协同能够使得工作更加高效，避免不必要的冲突和误解。

（二）协作共进在工匠精神中的表现

协作共进和工匠精神的内在关联性以及在现代社会中的应用引起了广泛的关注。一般而言，工匠精神被解读为个人的专业技能和创作热情，然而，在更广阔的背景下，工匠精神已不只表现为个人的专业技能和创作热情，而是已经融入团队协作、企业文化乃至整个社会的发展进程中。同样，协作共进也被理解为在追求共同目标的过程中，个体或团体积极进行合作，形成互动和互助的关系，从而提高工作效率和创新能力。

协作共进在工匠精神中的具体体现通常在于信息共享的重要性。在现代企业和团队中，有效的信息交流和共享被视为推动协作共进的重要工具。对于有工匠精神的人来说，他们不仅会致力提升个人的技艺，还会积极地与团队分享专业知识和经验，以此推动整个团队的共同进步。在许多行业中，工匠精神和协作共进都得到了深入的实践。"一人难挑千斤担，众人能移万座山"，"墨子号量子科学实验卫星"的研发成功以及"北斗导航卫星"的成功发射，都清晰地展现了协作共进在推动个体和团队向着共同目标努力的过程中的重要作用。

例如，在潘建伟团队成功研发"墨子号量子科学实验卫星"的过程中，团队成员协作共进，展现出了强烈的工匠精神。他们精湛的专业技能、创新思维和不懈的追求是实现这一目标的关键。然而，这并不是一个人可以完成的任务。每个团队成员都必须与其他成员紧密协作，共享信息，相互学习，共同解决问题，这样才能使项目成功。这是协作共进在工匠精神中的一个具体体现。同样，孙家栋团队成功发射"北斗导航卫星"的案例也展现了这一点。在这个项目中，每个团队成员都具备高超的技术技能和丰富的专业知识，这是工匠精神的体现。然而，没有团队的协作共进，这个项目是无法成功的。通过有效的信息交流和共享，团队成员能够互相学习，共同解决问题，最终实现了项目的成功。这些例子证明，只有当工匠精神和协作共进结合起来，才能产生最大的力量。工匠精神体现在个体的专业技能和创作热情上，而协作共进则是在团队中实现共同目标的必要手段。在追求共同目标的过程中，协作共进可以提高工作效率，促进创新，解决问题，这是工匠精神在现代社会中的一种新的表现形式。

四、追求卓越

（一）追求卓越的含义与价值

追求卓越是人类社会发展的不竭动力和价值导向。

从心理学角度解析，追求卓越不仅是自我表达的方式，也是提升自我价值的路径。基于自决理论，追求卓越满足了人们的自我效能感需求，从而使人们获得了持久的内在动机。换言之，追求卓越可以使个体体验到掌控生活的感觉，增强其自尊和自信。

从社会学视角出发，追求卓越可以被视为一种社会演化的动力。该理念鼓励了个体和群体在科技、艺术、教育等各领域中进行创新和发展，以达到最优的社会效果。追求卓越所带来的创新精神对社会的发展产生了积极的推动作用。

从伦理学的角度来看，追求卓越的行为具有深刻的道德价值。它鼓励个体超越自我，为社会贡献，塑造了以卓越为基础的价值系统，其对个体的道德成长和社会的道德氛围均有积极影响。

（二）追求卓越在工匠精神中的意义

工匠精神是一种以质量为导向的工作态度和价值追求，它强调对工作的深入理解、精益求精以及细致入微的关注。在工匠精神中，追求卓越是工匠精神产生和发展的重要推动力。

1.追求卓越是工匠精神的重要体现

追求卓越体现了工匠对工作的高标准要求和追求卓越的态度。他们以细致入微的工作态度和持续学习的精神，不断超越自我，创造出卓越的成果。这种追求卓越的精神推动着他们不断进步，也为个人和社会带来了更高质量的产品和服务。

2.追求卓越是工匠精神形成和发展的动力

工匠精神并非一蹴而就，它需要在不断的工作实践中形成和发展。在这个过程中，工匠追求卓越的意识是推动工匠精神形成和发展的重要动力。工匠在追求卓越的过程中，会不断提高自己的专业水准，不断提高工作的质量，这就促使工匠精神不断向前发展。

3.追求卓越是工匠精神传承和发扬的关键

工匠精神需要通过一代代工匠的实践来传承和发扬，而其中的关键就是追求卓越。只有当每一代工匠都有追求卓越的精神，工匠精神才能得以持久地传承和发扬。这种追求卓越的精神，使得工匠精神在历史长河中一直焕发着活力。

4.追求卓越是工匠精神应对未来挑战的重要武器

随着科技的飞速发展和社会的快速变迁，工匠精神需要不断地适应社会和创新。在这个过程中，追求卓越的精神是工匠精神应对这些挑战的重要武器。只有不断地追求卓越，工匠精神才能在新的环境中生存和发展。

第四节 工匠精神的当代价值分析

一、当代工匠精神的解构

（一）匠心

"独具匠心"一词指具有与众不同的巧妙的构思。这个概念与技术和巧妙密切相关。在此语境下，匠心主要指向与个体内在性格和素养有关的工匠精神。工匠的内在特质，如谨慎、细致、追求真实、追求卓越、崇尚美感、善于思考、朴实、自尊和自强等，是他们打造完美作品的基础。如果内心缺乏对完美和卓越的追求，那么杰出的技艺和作品很难得以呈现。

匠心强调独特性和创造力。匠人不满足于平凡和常规，而是致力创造出与众不同、独具个性的作品。他们思考问题的方式和解决方案都不同寻常，寻求新颖的设计和独特的表达方式。匠心是对创造力的追求和发挥，体现了个体的独特性和创新能力。匠心注重细节。匠人深入研究和了解他们从事的领域，对每个细节都有高度的关注和重视。他们注重每个细节，追求完美的工艺和精致的成品。匠心是对细节的挑剔和追求卓越的态度，这使得他们的作品展现出出色的质量和独特之处。匠心代表了一种对卓越的追求和不断超越自我的精神。匠人永不满足于已经取得的成就，而是不断挑战自己的极限，追求更高的标准和更好的作品。他们持续改进和精益求精，不断探索和学习，以提升自己的技艺和造诣。匠心是一种持续进步和不懈努力的动力，推动匠人不断取得成就。匠心源自内在的动力和专注力。匠人具备对工作的热情和执着性，他们对自己的技艺和作品有着高度的责任感和自我驱动力。他们能够全身心地专注于工作，投入其中，把每个项目看作对自己才能和声誉的展示机会。匠心强调专注力和全神贯注的态度，帮助匠人在工作中发挥出最大的潜力。以"深海钳工"第一人管延安为例，他秉持追求卓越和精益求精的态度，一颗又一颗小小螺丝钉都被他拧紧。心灵手巧、善于思考的特质，坚定不移的决心以及对真实和美的追求，构成了工匠精神的基础，这也是工匠行动的动力。

（二）匠艺

"匠艺"，由"匠"和"艺"组合而成。"匠"通常指的是技艺精湛的工匠，有着丰富的经验和专门技术。它还可以表示那些通过不断实践和改进，创造出独特、高质量作品的人。"艺"通常指的是技术或艺术，包括各种创造性的活动和产物，可以是有形的（如绘画、雕塑、建筑等），也可以是无形的（如音乐、文学、戏剧等）。所以，"匠艺"通常被理解为工匠的技艺或手艺，强调手工制作和对专业技术的熟练运用，以达到一定的艺术效果。这通常包括但不限于制作家具、雕塑、陶瓷、金属制品等。"匠艺"也可以理解为一种精神或哲学，即注重细节、追求完美、用心做好每一件事情的态度。

匠艺的获取离不开工匠的后天学习和实践。虽然一部分技艺的习得可能有天赋的因素，但更多的技艺是通过日积月累的勤学苦练和专注投入而获得的。工匠可能从小就在工匠的环境中长大，通过耳濡目染，接触到相关技艺，并逐渐开始学习和实践，或者是在工作之后，工匠开始用心研磨，不断提升自己的技能和水平。记录和思考是匠艺获取过程中重要的环节。工匠会密密麻麻地记录自己的学习和实践过程，包括技艺的探索、心得体会、失败的经验等。这些记录帮助他们总结经验、发现问题，并在后续的实践中加以改进。此外，工匠下班后的思考也是重要的一环，他们会反思自己的工作，寻找提升的可能性，并进行自我激励和目标设定。工匠的劳动能力不仅凝聚着个人的经验和创造，也离不开前辈和所属部门的帮助。工匠通常在一个行业或领域中形成一个社群或网络，相互交流、合作和分享。通过与其他工匠的互动，他们可以学习到更多的技巧和经验，不断提高自己的匠艺。

技艺水平的评定标准因行业而异，但都综合考量了作品的精细度、准确度、成本节约以及从业者对特殊问题的处理能力等方面。社会技术等级是评价技术水平的常见指标体系，根据理论知识考试和技术操作测试综合评价，分为初级、中级、高级、技师、高级技师等级别。然而，工匠的技艺并没有极限，他们通过不断的学习、实践和创新，超越自我，追求更高的艺术和技术境界。我国发动机焊接领域的专家高凤林，他在35年的时间里，给130多枚火箭发动机焊接关键点，没有丝毫偏差。这展示了他高超的技艺。他对焊接的极致追求体现在焊点宽度仅为0.16毫米，完成焊接允许的时间误差仅为0.1秒。这种精确度和完美的技术是匠艺的极致表现，也彰显了工匠精神的无限可能。

（三）匠品

"匠品"强调的是工作态度、品德、品行和品质，而不仅仅是技术或智力的因素。它强调通过认真投入、坚持正确方向等非智力因素来获取成功。这种态度是一个人对待工作的内在驱动力，反映出对质量、诚信和道德的重视。匠品至少包括四个要素，如图1-3所示。

第一章　工匠精神阐释

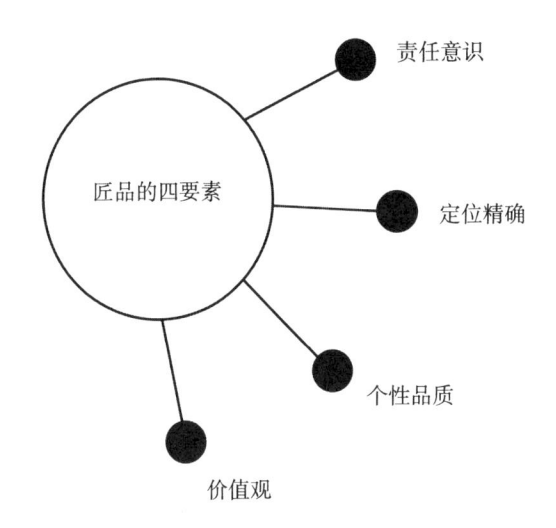

图1-3　"匠品"的四个要素

1. 责任意识

具有匠品的人具备热爱组织的精神，致力维护组织的利益。作为现代工匠，他们在组织中从事工作，通过工作获得生活资料，实现个人的成长和职业的发展。因此，他们怀有感恩之心，强烈地认同和承担自己的职责，将个人行为与组织行为融为一体，全力为组织的发展贡献力量。此外，具有匠品的人不仅关注个人利益，还致力让自己的技能服务更多人，慷慨地传承技艺。现代工匠不再坚守过去的"教会徒弟，饿死师傅"的传统观念，他们无私地传承自己的技艺，分享宝贵的经验，为培养高技能人才提供帮助。例如，沪东中华造船厂的工匠张翼飞曾带出过多位技术能手、劳模和高级技师。这种态度不仅展现了他的胸怀和境界，也体现了社会主义劳动者的担当。

具有匠品的人抵制粗制滥造和偷工减料，宁愿降低效率也要保证产品的品质。以制作高质量的产品为准则，这也是他们负责的表现。只有对他人和社会负责，才能建立自己的品牌。举例来说，中国石油渤海装备中成机械公司的工匠黄玉梅，她在20多年的工作中，秉持着"用人品创造产品打造精品"的理念，坚持"多一遍"的原则，认真负责。她带领全组做到了电机产品一次交检合格率始终为100%，并保持了人为质量事故和安全事故为零的纪录。黄玉梅所在的"黄玉梅班"被评为"全国质量信得过"班组，获得了国家质量管理的最高奖项。由此可见，坚守对质量的追求，不仅是对自己负责，也是对他人和社会负责。他们的努力和坚持确保了产品的品质和安全，为消费者提供了可靠的产品和服务。同时，他们也树立了自己的品牌形象，赢得了消费者的信任和尊重。

2. 定位准确

工匠必须明确自己的目标和职业定位，以此为基础来端正自己的工作态度和行为。他们认识到自己在职业生涯中的位置和角色，不盲目追求不切实际的目标，也不低估自己的能力。他们抱着谦虚的态度，对自己的工作负责，在适合自己的岗位上不断努力。工匠给自己设定了高标准，要求自己不断突破过去的自我，超越组织的绩效标准，追求卓越的境界。例如，大型飞机的零件加工精度要求达到十分之一毫米级。只有不断挑战自我，挑战新的高度，才能逐渐达到更高的目标，充分发挥自己的潜力。

3. 个性品质

工匠精神的重要特质包括坚持不懈、勤奋务实、勇于挑战、不怕困难和积极上进。尽管工匠有不同的性格，但在工作中都表现出一丝不苟和专注的态度。他们有不同的动力和动机，但都充满了对工作的热情，坚守着"干一行，爱一行，专一行，精一行"的信念。

（1）坚持不懈。他们对自己的工作充满热情，不轻易放弃。面对挑战、困难，工匠都能保持坚持不懈的态度，追求工作的完美和卓越。他们具备持久的耐力和毅力，通过不断的实践和努力来不断提高自己的技能和品质。

（2）勤奋务实。工匠注重实际行动和实际成果，他们通过辛勤的努力和切实的工作，将自己的理念和创意转化为实际的成果。他们以务实的态度对待工作，注重细节和实际问题的解决，不追求表面的华丽，而是追求实用性和可靠性。

（3）勇于挑战。工匠不畏艰难险阻，勇敢面对挑战。他们愿意接受新的任务，勇于尝试新的方法和技术。他们相信挑战是成长和进步的机会。

（4）不怕困难。工匠面对困难和障碍时并不退缩，而是抱以乐观和积极的态度。他们积极寻找解决问题的方法，克服困难，不断寻求突破。

（5）积极上进。工匠追求不断提高自己的技能和专业知识，他们愿意学习和接受新的知识，不断拓展自己的视野和能力。他们积极参与培训和学习，保持对行业发展的关注，并不断寻求自我提升和进步。

4.价值观

在杰出工匠的价值观体系中,他们坚持把成为对家庭、组织、社会和国家有益的人作为自己的理念。他们的行为准则是务实、踏实和诚实。工匠深知成功没有捷径,只能通过反复尝试和不懈努力来取得成果,即使感到疲惫不堪,也坚持到底。他们真诚守信,不敷衍应付,不虚伪做作,遵守规则和原则,不盲从潮流,扎实工作,努力实现组织的要求。以三峡电厂检修队伍的"定海神针"凌伟华为例,他热爱自己的工作,对三峡水电站的工作了如指掌,通过观察、询问和实际操作,能够准确判断故障原因并迅速提出解决方案。工匠重视个人与集体的关系,为了集体利益,他们愿意放弃个人诉求,连续工作、反复试验,直到完成任务。他们不只是口头上说着宏伟目标,而是凭借自己的技术和努力,以工匠的态度一丝不苟地完成目标。

匠品象征着一种从容、踏实的工作态度,代表了对真实的深度追求,对虚幻和夸张的摒弃。它体现在对工作的热忱和执着、以勤奋和专注的态度对待生活等方面,是真实和诚信的化身,是对责任感和担当精神的实质体现,而不被名利、金钱所诱惑。这些优秀品质,无疑是中国现代杰出工匠群体所展现出的,也是新时代中国工匠精神的核心内涵。在对工匠的评价过程中,品行、贡献和技艺被并列为基本的选拔标准。这些品格高尚、对社会有所贡献、并愿意传承技艺的人,是技术工人队伍中的典范。

(四)匠行

"匠行"体现了一种专注、坚持、熟能生巧的精神,包括严谨的态度、细致入微的技能、丰富的经验和不断的创新。它起源于古代工匠,流传至今并发扬光大,成为推动社会进步、科技发展的一股重要力量。

1.巧行

"巧行"的概念根植于匠人的行为模式,体现在学、识、习三个方面的演进过程中。

首先是"学"的阶段。匠人的知识和技能并非先天拥有,而是需要通过持续的学习和努力获得。在这个阶段,匠人需汲取专业知识,学习技能技巧,也需学习如何为人处世。这个阶段的作用是为匠人的成长铺平道路,帮助他们变得更加专业、熟练和适应社会。其次是"识"的阶段。"识"是学的结果，是知识和技能的积累和沉淀。匠人通过"学"，了解并掌握各种规律和技巧，进而能顺应这些规律，高效地完成工作。只有深刻认识到行业规则和操作技巧，才能更好地掌握它们。最后是"习"的阶段。"习"是理论转化为实践的过程，匠人通过实践运用所学，将知识变成实际的生产力。在这个过程中，匠人需不断练习，将所学知识和技巧运用到实际工作中，以期达到熟练甚至是精通的程度。此外，在整个巧行的过程中，"思"是贯穿其中的关键环节。没有"思"，就只会停留在表面，不能真正理解其深层次的意义，也无法创新和进步。无论是学、识还是习，都需要思考，需要对所学、所识、所习进行深入理解和反思。

2. 持久行动

持久行动是巧行精神的重要体现。技艺的熟练与精通需以长久的坚持与反复实践为基础，技巧的灵活运用源于熟悉，而熟悉的程度又往往取决于时间的积累。

以首钢集团技术研究所焊接工艺实验室的首席技能操作专家刘宏为例，她所处的环境固然充满了挑战，但其坚持与专注却赋予她无尽的潜力。她同其他五位博士及十位硕士一同投身于新钢种的可焊性试验以及新焊材的开发工作中，承担着解决新材料焊接工艺问题的重任。这是一份需要不断挑战新项目、解决新问题的工作，而对于刘宏来说，这无疑也是一场对知识、技能和创新能力的检验。其深厚的实践经验、丰富的专业知识以及卓越的学习能力与应变能力，使得她在这个过程中不仅能游刃有余地处理各种问题，更能在攻坚克难的过程中成为团队不可或缺的一部分。

3. 干好能干的和该干的

"干好能干的和该干的"，这一观点凸显了匠人的工作态度和职业观。人的能力各有差异，无法达到全面精通，人的精力亦有限，不可过分分散。以山东聊城中通客车公司钳工技师工作站的张则强为例，其对匠行的理解，正是"把该做的事情做好"。

"做该做的"，意味着目标的清晰明确，避免做无关的事情，避免消耗不必要的时间和精力。而"做能做的"则需要在自身的能力范围内行动。"做好"的标准并无上限，需要不断去探索、尝试和坚持。这是一种追求卓越的精神和态度，反映在专业领域，就是"术业有专攻"。

（五）匠值

匠值源自匠人通过其技艺创造出的价值，这是匠人精神的价值体现。工匠所制作的产品，无论是物品还是其技艺，如果能得到社会的认可和喜欢，那便是匠人所追求的目标。匠值的含义并不局限于经济价值，还可能表现为艺术价值、使用价值、效率价值等，匠值是工匠对社会的贡献。

匠值的概念在当前得到了众多专家的认同，也在各地工匠评选的过程中得到了特别的关注。这进一步表明了匠值的重要性，体现了匠人精神对社会的重要贡献。

二、当代工匠精神的价值体现

（一）工匠精神是产品和服务质量的保证

在任何时代，质量都是产品和服务的生命线。工匠精神强调细致入微、精益求精，这恰恰是确保产品高质量的关键。工匠精神对于质量的坚守是其核心要素之一。在当今快节奏的生活中，人们对于商品和服务的需求变得越来越多元和精细，这就对提供商提出了更高的质量要求。工匠精神的本质就是追求卓越，无论是在制造业，还是在服务业，都需要这种精益求精的态度。

在制造业中，工匠精神是质量保证的基石。例如，在汽车制造行业中，每一辆汽车的生产都需要数千个零部件的精确配合，任何一个环节的疏忽都可能影响到汽车的性能和安全。这就需要工作人员精益求精，对每一个零部件的生产都进行严格的质量控制。而这种对质量的追求，也会使得产品在市场上更具竞争力，赢得消费者的信赖。在服务业中，工匠精神同样重要。例如，在餐饮行业中，一道菜品的口感、色泽、香气等都需要厨师精心调配，这就体现了工匠精神。而这种对细节的追求，也会使得消费者在享受服务的过程中获得更好的体验，提升消费者满意度。

（二）工匠精神是创新的动力

在科技日新月异的今天，创新已经成为一个企业甚至一个国家竞争力的重要体现。在这种背景下，工匠精神的重要性就显得尤为突出，因为它能够为创新提供强大的动力。工匠精神不仅是对完美的追求，还是一种不断探索、试验和创新的精神。工匠精神代表的是一种挑战未知、勇于打破常规的态度。在快速发展的科技时代，这种对未知的探索和对现状的挑战，无疑为创新提供了源源不断的动力。

提到创新，人们首先会想到科技公司和研究机构。但实际上，工匠精神的创新力量并不局限于这些领域。在任何行业、任何领域，只要有了工匠精神，就有可能进行创新。因为工匠精神代表的是一种不满足于现状、追求进步的精神状态。这种精神状态，无论在哪个行业，都是推动创新的重要因素。此外，工匠精神还能够帮助人们在创新的过程中保持耐心和决心。创新并不是一蹴而就，需要不断尝试和改进。而工匠精神就是一种对细节的执着，一种对完美的追求。这种精神可以促使人们在面对困难和挫折时，保持决心，继续前进。

（三）工匠精神是责任的体现

具有工匠精神的人，他们很敬业，对待工作很认真。他们关注自己的每一项工作，无论难度大小，都要做到尽善尽美。这种对工作的敬业和尽职，实际上就是社会责任的体现。他们的工作，无论是为了满足客户的需求，还是为了推动行业的进步，都是在为社会做出贡献。同时，工匠精神也是对个人职业道德的坚守。工匠用心对待自己的工作，他们追求的不仅是工作的完成，更是对自我价值的实现。他们在追求工作质量的同时，也在追求自身的价值提升，这就要求他们对自己的职业有高度的责任感和使命感。

工匠精神提醒人们，不论处在什么样的环境中，都需要有一种对工作的敬业精神、对社会的责任感、对个人职业的尊重和热爱。工匠精神是责任的体现，它体现在人们对工作的敬业、对社会的贡献以及对个人职业的尊重和热爱等方面。在当今社会，这种工匠精神更显重要。

第二章 高职思政教育概述

第一节 高职思政教育的概念与特征

一、高职思想政治教育的概念解读

(一)思想政治教育的起源与提出

1.思想政治教育的起源

1847年,马克思和恩格斯创立了第一个国际性的无产阶级政党——共产主义者同盟。他们在起草的《共产主义者同盟章程》中明确要求每个成员具备革命毅力并积极进行宣传工作。尽管在这一阶段并未明确使用"思想政治教育"这一概念,但马克思主义者对于宣传工作和理论教育的重视本质上就是对思想政治教育的初步实践。

继马克思和恩格斯之后,列宁在《怎么办?》中明确提出了政治教育的概念。他要求社会民主党人不能只关注经济斗争,也不能将组织经济方面的揭露当作主要活动,而应当积极地对工人阶级进行政治教育,培养工人阶级的政治意识。① 这是对思想政治教育的进一步发展,明确提出了其重要性和必要性。然而,思想政治教育的真正成型是在马克思主义与中国革命实际相结合后。中国的马克思主义者针对当时中国的实际情况,深入研究和发展了

---

① 列宁.怎么办? [M].北京:人民出版社,1965:54.

思想政治教育的内涵。其中，毛泽东在《和英国记者贝特兰的谈话》中指出"政治工作"是共产党领导的，周恩来于1934年最早进行了"政治工作是红军的生命线"的论述，陈云在延安时期最早使用了"思想政治工作"这一概念。虽然这些论述在文字上并不完全一致，但在本质上都反映了中国共产党对于思想政治建设的重视。

在中华人民共和国成立后，思想政治教育成为全民的教育内容。在这一阶段，思想政治教育的对象包括全社会成员。这标志着思想政治教育在中国的深入发展和普及。

2.思想政治教育的提出

在中华人民共和国成立之后，思想政治教育得到了更为全面和深入的发展。中国共产党积极利用思想政治工作的优势，引导学生积极参与社会主义建设。1950年，在北京召开的中华全国学生联合会第十四届第二次执行委员会扩大会议上，首次明确提出了"思想政治教育"的内涵、任务等，并通过了一项名为《中国学生当前任务的决议》的决议，明确了思想政治教育的内涵、任务和要求。1978年，中共十一届三中全会召开，做出实行改革开放的决策。从这一时期开始，我国有关思想政治教育概念的使用开始走向科学化。中共十一届三中全会之后，随着经济改革的进一步深入，也随着学校的进一步发展，加之学科化建设意识的形成，思想政治教育概念得到了进一步的明确和规范。

1983年，教育部召开了政工专业论证会，最终确定学科名称为"思想政治教育学"，专业名称为"思想政治教育专业"，并决定从1984年开始招生。至此，思想政治教育学科正式设立，中国思想政治教育概念得以确立，并为以后的发展奠定了理论基础。

（二）高职思想政治教育的概念

在思想政治教育的理论探讨中，概念和本质形成了相辅相成的关系。概念的理解和定义可以为人们揭示问题的本质，反之，对问题本质的理解又可以促进对概念的深入理解。两者关系紧密，各自都对思想政治教育的理论发展具有推动作用。它们既没有本质上的区别，又共同为抽象总结思想政治教育这项实践活动做出了贡献。

第二章 高职思政教育概述

对于高职思想政治教育概念的理解，最重要的一点便是要先理解何为思想政治教育。由于其实践活动内容丰富，不同的人可能会有不同的解读。如果从历史的角度去看，可以发现在思想政治教育概念的提出和演变过程中，代表性的观点非常多，每个研究者都有自己独特的理解，这是思想政治教育实践活动丰富性在理论上的反映。

陈秉公对思想政治教育的定义更偏向于从内容角度进行。他主张，这是某一阶级或政治集团为了达成其政治目标和任务，以政治思想教育为核心的思想、道德和心理综合教育实践活动。[①] 邱伟光先生也认为，这是一种受社会经济政治文化制约和影响的，以培养和塑造一定社会新人的思想道德素质为目标的教育实践活动，其内容包括思想教育、政治教育和道德教育。[②] 这两位学者的观点明确了思想政治教育的主要内容——政治教育、思想教育、道德教育和心理教育。

按照王礼湛和余潇枫的理论，思想政治教育是一个社会工程，通过有组织、有方向的引导，帮助人们塑造出符合某个特定社会、时代以及人类自身发展需求的思想政治观念与行为品格。[③] 秦在东对此有相似的理解，他将其视为一种特定的社会政治群体或政治组织，为了达到自身的政治目标，通过特定的精神手段和物质载体，对其管辖范围内的民众进行有计划、有组织的意识形态影响的教育活动，从而提升其政治素质。[④]

陆庆壬[⑤]与王勤[⑥]的观点更进一步，他们强调，思想政治教育是一种有意识地影响人们的意识形态，以达成特定阶级或政治集团的政治目标的社会行为。这种教育活动不仅期待能够改变人们的思想，还期望能够塑造人们的品格，引导人们的行为。这些观点从功能角度凸显了思想政治教育在转变人们思想、指导人们行动中的传统优势。

在袁礼周的观念中，思想政治教育被定位为一种无产阶级的政治思想、

---

① 陈秉公.思想政治教育学原理[M].沈阳：辽宁人民出版社，2001：3.
② 邱伟光.思想政治教育学概论[M].天津：天津人民出版社，1988：1.
③ 王礼湛，余潇枫.思想政治教育学[M].杭州：浙江大学出版社，1989：69.
④ 秦在东.思想政治教育管理论[M].武汉：湖北人民出版社，2003：17.
⑤ 陆庆壬.思想政治教育学原理[M].上海：复旦大学出版社，1986：59.
⑥ 王勤.思想政治教育学新论[M].杭州：浙江大学出版社，2004：8.

政治理论和政治观点的教育过程，该过程解决人们的政治思想、政治观点和政治行为的问题，提升了人们认识和改造世界的能力，是一种为实现当前和长期目标而进行的社会实践活动。[①] 这种看法将思想政治教育限制在无产阶级的教育实践活动之中，并明确了其价值追求。

孙其昂提出，思想政治教育是某个特定政党或集团组织为其成员进行的以政治为核心的思想教育，该教育旨在培养新的一代人，动员所有人为实现当前目标和长期目标进行奋斗，这是一种社会实践活动。[②] 这种理解从满足社会需求和人类发展需求的角度出发来看待思想政治教育。

基于以上各位学者的观点，高职思想政治教育可以被理解为一种针对高职教育人群的有组织、有目的的社会实践活动。高职思想政治教育作为特殊的教育领域，其概念具有深远的含义和价值。从宏观角度看，高职思想政治教育是指在高职教育环境中，教育者通过一定的教育手段和途径，对学生进行思想道德教育和政治理论教育，旨在培养学生的社会主义核心价值观、提高学生的思想道德素质和政治理论素养的过程。从微观角度看，高职思想政治教育是一种人文关怀，具有独特的价值引导作用。作为高职教育的一部分，它对学生的职业素养、职业技能的形成乃至于人格完善，都具有积极影响。高职思想政治教育的主要任务包括形成正确的世界观、人生观和价值观，提高思想政治素质和道德素质，培养良好的社会责任感和团队精神。

二、高职思想政治教育的特征

（一）教育的特殊性

高职学生主体构成多样，其中包括应届高中生、在职职工等。他们的年龄、知识水平、社会经验均存在较大的差异，在认知方式、学习习惯、思想观念方面也有明显的个体差异。这就要求思想政治教育必须精准对接，深入理解学生需求，因材施教。教育的内容、方式和手段需要灵活多变，充分考虑到学生群体的复杂性和多样性，进而达到预期的教育效果。此外，相较一

---

① 袁礼周.思想政治工作学理论基础[M].北京：团结出版社，1991：54.
② 孙其昂.思想政治教育学原理[M].南京：河海大学出版社，2004：5.

般高等教育，高职教育更注重技能训练和培养。因此，高职思想政治课程需要平衡理论与实践，既要有深度，又要有广度，涵盖政治理论、经济学、法学、社会学、历史学等多个学科，还需设定相关的职业道德、法律法规和工作伦理等课程，与学生的未来职业生涯紧密相连，使他们在掌握技能的同时，能明确个人定位，树立正确的价值观和职业观。

传统的灌输式教学方法已不能满足高职教育的需要，需要引入更多互动性和实践性的教学方法，可以运用案例分析、角色扮演、小组讨论等方式，激发学生的学习兴趣，提高他们的思考能力和问题解决能力。通过这种方式，思想政治教育更加贴近实际，更有助于学生的全面发展。评价不仅要注重学生的理论知识掌握程度，还要重视他们的实践能力和思想品质。因此，高职思想政治教育应该建立一个多元化的评价体系，包括课堂表现、平时成绩、实践活动、思想表现等方面，全面反映学生在思想政治教育过程中的表现和成长历程。

（二）教育的复杂性

高职思想政治教育的复杂性体现在多个方面，如教育主体、教育内容、教育环境等。对于复杂性的理解，有助于提高教育的精准性和有效性。

首先，教育主体的复杂性。高职教育涉及的主体包括教育者和受教育者。教育者包括政府、教育机构、教师等，他们在政策导向、教育理念、教育方法等方面可能存在差异。受教育者主要是高职学生，他们在年龄、知识水平、学习经验、生活背景等方面也存在差异。这种复杂性要求教育者在教育过程中充分考虑各方的差异，进行个性化的教育。其次，教育内容的复杂性。高职思想政治教育的内容涉及政治理论、经济学、法学、社会学、历史学等多个学科，涵盖了马克思主义基本原理、中国特色社会主义理论、道德与法律、经济与社会等多个方面。这种复杂性要求教育者精通多个学科的知识，能够将这些知识有机地结合起来，为学生提供一个全面、系统的知识结构。再次，教育环境的复杂性。高职院校通常涵盖多个专业，学生来自不同的地区、不同的家庭，学校的设施、资源、文化等也有所差异。此外，高职院校所处的社会环境、经济环境、政策环境等也会对教育效果产生影响。这种复杂性要求教育者充分考虑环境因素，创建一个有利于思想政治教育的环境。最后，教育效果的复杂性。高职思想政治教育的目标是提高学生的思想政治素质，包括思想觉悟、道德品质、社会责任感等多个方面。这些目标的实现需要时间，且受到多种因素的影响，因此，教育效果的评价和反馈也具有一定的复杂性。

（三）教育的实践性

在教学理念上，高职思想政治教育强调知行合一，主张将理论知识与实际情境相结合，倡导学生在实践中认识和理解思想政治理论。实践性的教学理念强调的不仅是知识的传授，更注重培养学生的实际操作能力以及将理论知识运用于实际生活的能力。在课程设计上，高职思想政治教育注重理论与实际的结合，通过案例教学、情境模拟等方式，让学生在实际操作中体验和理解思想政治理论。除了传统的政治理论课程外，还可能设有企业伦理、劳动法等与职业生涯密切相关的课程，让学生在实际情境中感受和理解理论知识。在教学方法上，高职思想政治教育注重引导学生主动参与，激发他们的主体性和创新性，可以运用研究性学习、问题解决、合作学习等教学方法，让学生在解决实际问题的过程中提升思考能力和创新能力。这种方式使教育不再是单向的灌输，而是双向的互动和探索。此外，高职思想政治教育还注重实践活动的设计和组织。例如，可以通过社会实践、志愿服务、实习实训等活动，让学生在实践中提高思想政治素质。这些活动不仅能让学生接触社会、了解社会，还能让他们在实践中培养社会责任感和公民素养。

（四）教育的政治性

高职思想政治教育是中华人民共和国教育系统的重要组成部分，政治性是其根本特征之一，具有决定性的意义。政治性表现在坚持马克思主义指导地位、积极传播社会主义核心价值观、坚守国家的政策法规以及培养学生的爱国主义情感等方面。

在高职教育中，马克思主义作为指导思想，为学生提供了一套关于社会、政治和经济的全面理论体系。这种理论体系的传授和引导，有助于学生理解世界，理解社会，理解自己的位置和任务，使其在日后的工作和生活中，树立正确的世界观、人生观和价值观。积极传播社会主义核心价值观是高职思想政治教育的重要内容。这一点是为了培养学生的社会责任感和公民意识，使他们了解和接纳社会主义核心价值观，包括富强、民主、文明、和谐、自由、平等、公正、法治、爱国、敬业、诚信、友善等，并以此作为个人行为的指导准则。

坚守国家的政策法规是高职思想政治教育的政治要求。这种要求表现在教育活动中应遵循的基本原则和行为规范上。学习国家的政策法规，使学生了解和遵守宪法和法律，尊重社会公序良俗，承认国家的法律和政策的权威性和合法性。培养学生的爱国主义情感是高职思想政治教育的核心任务。爱国主义教育是为了使学生建立起对祖国的深厚感情，树立国家利益高于一切的观念，使他们具有为国家和人民做出贡献的热忱。这也是使他们认同并自觉维护国家的统一和领土完整、维护国家的尊严和人民的尊严、抵制各种错误思想和行为的重要基础。爱国主义教育同样涉及对国家历史文化的深入理解和热爱以及对中华民族伟大复兴的理解，这在高职思想政治教育中具有无可替代的地位。

爱国主义教育不仅是知识的灌输，更是一种情感的培养和情怀的熏陶。在教学过程中，教师需要借助各种方式，如史地教学、爱国主义教育基地参观、红色经典文献的阅读等，引导学生深入了解中华民族的历史文化，激发他们对祖国的热爱之情，使其在日常行为中自觉地维护国家的利益。然而，爱国主义教育并不意味着盲目的崇拜和无条件的顺从，相反，它鼓励具有独立思考能力的公民，不仅要热爱祖国，还要关心社会问题，积极参与社会改革。为此，高职思想政治教育也强调培养学生的批判性思维能力和问题解决能力，使他们能够正确看待社会问题，积极寻找解决方案，从而推动社会的发展。

（五）教育的时代性

高职思想政治教育的时代性，不仅体现在其反映了现阶段社会主要矛盾和主要任务这一方面，还体现在贴近现实、反映社会发展潮流、体现时代精神等方面。时代性是高职思想政治教育内容、形式、方法和手段必须具备的重要特性。

在内容方面，高职思想政治教育秉持时代性特征，具体表现在对现阶段主流思想理论的深入阐述，尤其是对马克思主义中国化最新成果的深入理解和精神实质的准确把握，保证了教育内容的时代性。同时，针对现阶段国家和社会面临的主要问题，提出解决问题的办法和途径，也体现了时代性特征。从形式上看，高职思想政治教育积极探索和运用新的教学方式和手段，满足当代学生的学习需求和心理特征，这也是时代性的重要体现。例如，利用现代信息技术手段，如网络、多媒体等，进行思想政治教育，既能引起学生的兴趣，又能优化教学效果。在方法上，高职思想政治教育顺应时代发展，强调启发式、探究式教学，注重学生的主体性，鼓励学生独立思考，旨在提高学生的思辨能力和创新精神。同时，也要根据学生的特点和需要，调整和改进教学方法，满足学生的实际需求。从教育目标上看，高职思想政治教育坚持以培养德才兼备的社会主义建设者和接班人为根本任务，体现了时代性要求。同时，针对现阶段社会主义事业发展的实际需要，坚持德才兼备、人格全面发展的培养目标，也体现了高职思想政治教育的时代性。

（六）教育的针对性

高职教育以培养具有专业技能的人才为主要目标，同时提高学生的思想素质。这就决定了高职思想政治教育必须具备针对性，即注重理论与实践相结合，强调将思想政治理论与学生的专业学习、生活实践结合起来。高职教育的针对性体现在以下几方面：

对特定受众群体的聚焦。高职学生群体以就业为导向，有自身的成长背景、学习需求和职业规划。在对他们进行思想政治教育时，高职院校必须考虑到这些特殊性，使教育内容、方式和方法能够根据学生的实际需求进行精准服务。

职业道德教育的独特地位。思想政治教育需要紧密结合学生的职业生涯规划，以培养职业道德素质为重点。这意味着思想政治教育并非只注重理论知识的灌输，更要注重职业道德的培养，强化学生对社会责任和职业道德的认知。

教育形式上的创新。由于高职学生普遍对实际操作和技能学习有较高的需求，传统的思想政治理论教育方式往往难以引起他们的学习兴趣。因此，高职院校需要创新有针对性的思想政治教育形式，如案例讨论、角色扮演、实地参观等，以激发学生对思想政治理论的认知兴趣。

贯彻落实德才兼备的人才培养目标。在高职思想政治教育中，高职院校既要注重提升学生的技术技能，又要强调思想道德素质的培养。在此过程中，高职院校需要寻求技术教育和思想政治教育的有机结合，以实现对学生全面、均衡的培养。

第二节　高职思政教育的目的与任务

一、高职思政教育的目的

（一）高职思政教育目的的特征

1. 方向性和客观性的统一

高等职业教育的思想政治教育在现代教育系统中占有重要的地位。该领域的主要教育目的的特征体现在两个关键方面：方向性和客观性。理解这两个特征并将它们有效地结合起来，是优化高职思政教育效果的关键。

高职思政教育的方向性特征是由其目的的向量性决定的。正确的教育目的方向性不仅定义了教育活动的性质，还对教育实际效果产生直接影响。在中国的教育环境中，高职思政教育目的必须充分体现社会主义的性质和发展方向，这是理论指导和实践操作的重要原则。这些目的需要服务于社会主义现代化建设事业，要符合党和国家的发展战略，也要促进人的全面发展，包括个体的道德、智能、体质等各方面的提升。然而，无论目的的方向性如何重要，如果忽视了实际的客观条件，这个目的也难以实现。因此，高职思政教育的客观性特征尤为重要。这意味着，确定教育目的时，必须考虑到社会实际生活条件和教育对象的思想实际。例如，应考虑当前的社会经济情况、国内外的政治环境以及学生的个人背景、兴趣和需求等。只有这样，教育目的才能保持其实际意义和价值，也才能更好地引导和激励学生。

方向性和客观性是高职思政教育目的的两个基本特征。然而，这两个特征并非相互独立,而是需要有机地统一起来。在确定高职思政教育目的时,就需要在坚持方向性的同时,充分考虑客观性。这样的目的既能保证教育活动的正确方向,又能充分利用现有的客观条件,以获取最优的教育效果。

2. 一元性和多元性的统一

一元性体现在思想政治教育的根本目的就是提高所有社会成员的思想道德素质,并推动人的全面发展。这是由社会主义制度和思政教育自身的性质所决定的。这个总体目的构成了教育活动的基础和导向,为所有的思政教育活动提供了统一的、清晰的方向。也就是说,无论具体的教学方法和手段如何变化,这个根本目的始终保持不变。然而,这并不是说高职思政教育的目的只有一种。一个总体的、一元的目的通常会分解为多个具体的、多元的目的。具体的目的通常更贴近教育对象的实际情况,更有助于发挥教育活动的作用。多元的目的受教育对象的差异性和不同领域、不同部门的具体目的的影响。

3. 超越性和可行性的统一

超越性主要体现在两个方面。第一,高职思想政治教育对社会生活应保持一定的超越性。教育目的的设定应高于受教育者现实的思想品德水平,如此才能够解决社会要求的思想品德规范与受教育者现有思想品德水平之间的矛盾,发挥教育活动的改造和提升作用。这正是教育活动的意义所在。第二,教育目的应具有时间上的超前性,即教育目的的设定应在教育活动之前完成,以便为教育活动提供方向和指导。

超越性是在可行性的基础上实现的,同时,超越性又对可行性产生约束,因为如果目的设定得过于超前,超出了教育活动的实际可能性和受教育者的接受能力,那么这个目的就会失去实现的可能性,变成空中楼阁。所以,超越性和可行性是教育目的的两种互为条件、相互制约的特性,它们在教育目的的设定和实现的过程中形成有机的统一。

(二)高职思政教育目的的具体内容

1. 培养社会主义核心价值观

高职思政教育的目的之一是使学生树立正确的世界观、人生观和价值观,引导他们牢固树立社会主义核心价值观。社会主义核心价值观是中国特色社会主义价值体系的基本内容，旨在引导人们的行为准则和道德观念，以促进社会和谐、进步和发展。在高职思政教育中，培养学生社会主义核心价值观的目标是使他们能够认同和坚守社会主义制度，拥护党的领导，并成为具有社会责任感的公民。

（1）爱国主义。爱国主义是社会主义核心价值观的重要组成部分，要求个人具备对祖国的深厚感情和强烈的爱国之情。高职思政教育应该针对学生加强国家历史、文化和成就的教育，培养学生对国家的认同感和热爱之情。学生应了解国家的发展需要和国家利益，主动参与国家建设和发展，为国家的繁荣和强大贡献自己的力量。

（2）集体主义。集体主义是社会主义核心价值观的重要内容，强调个人利益服从集体利益，弘扬团结、互助和奉献的精神。高职思政教育应该加强对集体意识和团队精神的培养，让学生明白集体的重要性，主动参与集体活动，培养团队合作精神，为集体的利益和发展贡献自己的力量。

（3）社会公德。社会公德是社会主义核心价值观的基本要求之一，要求个人具备诚信、友善、公正的道德观念。高职思政教育应该注重对学生道德意识和道德规范的培养，教育他们尊重他人的权利和尊严，遵守社会公共秩序，积极践行社会公德，树立正确的行为准则。

（4）奉献精神。奉献精神是社会主义核心价值观的重要体现，要求个人关心他人、服务社会，主动参与公益事业。高职思政教育应该加强对学生奉献精神的培养，引导他们树立奉献他人、奉献社会的意识，通过实际行动参与公益活动，积极为社会发展做出贡献。

2.培养良好的道德品质与职业道德

高职思政教育的目的是通过道德教育培养学生良好的道德品质和职业道德。道德品质是个人在道德规范指导下形成的一种处世准则和行为规范，而职业道德则是在特定职业背景下的道德要求。

（1）道德品质。高职思政教育应该注重培养学生的道德品质，包括诚信、正直、守约、友善、公正等方面的道德要求。学生应该具备诚实守信的品质，遵守道德规范，坚持真实、公正和负责任的态度。此外，高职思政教育还应该关注学生的思想道德修养，使他们具备正确的人生观、价值观和道德观念。

（2）职业道德。高职思政教育应该强调培养学生的职业道德。职业道德是指在特定职业领域中遵循的道德准则和行为规范。学生应该了解和遵守相关职业道德规范，保持诚信、正直、责任心和敬业的精神。高职思政教育可以通过案例分析、职业伦理讨论等方式，引导学生正确处理职业道德与个人利益的关系，提高他们的职业道德意识和实践能力。

3. 增强社会责任感与公民意识

高职思政教育的目的是培养学生较高的社会责任感和公民意识，使其关注社会问题，关心他人，积极参与社会公益活动，发挥自己的作用和影响力，为社会发展和进步做出贡献。为此，高职思政教育应该引导学生认识到个人对社会的责任，使他们明白作为公民应该为社会的繁荣和发展尽自己的一分力量。学生应该关注社会问题，了解社会发展的需求和挑战，通过实际行动参与到解决社会问题的过程中。公民意识是指个人意识到自己是一个社会成员、一个国家公民，有相应的权利和义务。学生应该了解自己的权利和义务，尊重法律和社会规范，积极参与公共事务。

4. 塑造正确的政治立场与思想观念

高职思政教育的目的之一是塑造学生正确的政治立场和思想观念，加强对中国特色社会主义道路、理论体系、制度和文化的认同，增强对中国特色社会主义的坚定信念，坚决抵制各种错误思潮和意识形态的侵蚀，保持对党的领导的高度认同。

高职思政教育应该引导学生形成正确的政治立场，而学生应该对党的领导、社会主义制度和中国特色社会主义有正确的认识，坚定支持和拥护中国共产党的领导，始终站在党和人民的立场上思考问题。高职思政教育应该帮助学生树立正确的思想观念，加强对中国特色社会主义意识形态的学习和理解。学生应该坚持用马克思主义中国化最新成果武装头脑，加强对各种错误思潮和意识形态的辨析和抵制，培养批判思维和辨别能力，树立正确的政治立场和思想观念。

二、高职思政教育的任务

（一）高职思政教育的任务要求

1.提高政治站位，以党建为先抓实思政教育工作

在高等职业教育环境中，思想政治教育的推进要强调政治地位的提升。通过全面精准的分析和解决改革发展所面临的课题，融合党委领导和基层组织建设，稳固党在高等职业教育中全面领导的政治基础是至关重要的。同样，高职院校的领导层需要提高政治敏感度，全方位地深化学生的思想政治教育，并推动综合性改革，将此项工作视为深化学校改革的关键课题。

结合高职院校的工作情况，一种可行的策略是全力打造思政教育工作的重要窗口，并积极履行思想政治教育主体责任。在此过程中，高职院校必须始终遵循党委的领导，以民主集中制为原则，实施校长负责制，对于重大决策，严格遵守议事规则，最后由第一负责人发表观点。高职院校应通过构建规范化和标准化的党建工作机制，精细化分解各项党建工作，确立细致入微的党建工作准则，明确各项任务，坚守责任，加强过程控制和目标管理，确保党委主体责任和纪委监督责任落实到位。在督导执行环节，必须创建全方位、全记录、全检查、全考核的管理体系，使之贯穿学校工作的各个层面。

2.聚焦根本任务，以学生为本做好思政教育工作

职业教育中的思想政治教育，其核心任务在于聚焦学生，以他们为主体，为他们提供思政教育。思想政治教育本质上是人的教育，关键在于关注学生，为学生提供服务，不断提升他们的思维水平、政治觉悟、道德品质和文化修养，以期让学生成为既有道德又有才能、全面发展的人。学生不仅是思政教育的接受者，也是思政课程的目标受众。因此，思政教育的所有工作必须以学生为中心。在高职院校中，学生应被视为思政教育的重要组成部分，结合新时代的特点和实际需求，必须坚持以满足学生正当合理的需求为出发点，创新工作方式，丰富工作内容，充分挖掘和发挥学生的主体作用，为学生量身定制思政课程和活动。

在此过程中，高职院校应全方位培养学生的能力和素质，包括理想信念、思想品德、文明礼仪、道德情感、艺术审美、身体健康、组织沟通、语

言表达、专业技能、实践能力、法制安全、生涯规划、职业道德等方面，以全面提高学生思想政治素质，使他们成为德才兼备、全面发展的人才。

3.注重因事而化，以规律为基统筹思政教育工作

高职教育需要秉持马克思主义与时俱进的核心特征，对时代新变化和新发展有深刻把握。这一立场在高职院校的思想政治教育中具有重要的适用性。思想政治教育存在两大基本规律，即思想政治素质的形成发展与教育引导规律以及思想政治教育适应并促进社会发展的规律。在进行思想政治教育工作时，高职院校应深化"与时俱进"的观念，具备灵活性和进取性，适应当前情境，创新教育方式。

在开展思想政治教育工作时，高职院校必须遵循思想政治教育的规律以及教育和学生发展的规律、社会发展的规律，统筹推进高职思政教育工作。通过深入理解思想政治教育规律，充分利用新机遇，迎接新挑战，从而提升思政教育实效。除此之外，思想政治教育还要不断融入实践，通过实践，提升学生的思想层次、政治觉悟、道德素质、文化修养等。因此，为培养德才兼备、全面发展的学生，理论教育与实践活动应有机结合，相辅相成。

（二）高职思政教育的任务体现

1.以理想信念教育为核心，进行正确的世界观、人生观和价值观教育

高职思政教育的任务之一是以理想信念教育为核心，树立正确的世界观、人生观和价值观。理想信念教育是高职思政教育的重要组成部分，其目标在于引导学生形成正确的认知、态度和行为准则，以适应社会发展和个人成长的需要。

在高职思政教育中，树立正确的世界观意味着培养学生对世界及其发展规律的准确把握和理解的能力。学生应当通过系统学习各门学科知识，了解人类社会发展的历史进程、基本法则以及重要理论观点，从而形成客观全面的世界观。这需要教育者通过讲授相关课程、开展学术研讨等方式，使学生了解并分析不同国家、不同社会制度以及各种文化的优点与局限性，培养学生对多元文化的包容性和开放性。人生观的树立要求学生对自身的人生价值、发展方向和人生目标有清晰的认识。高职思政教育应该帮助学生理解人生的终极意义，认识到人的价值在于发挥自身潜能、为社会做出贡献以及与

他人建立积极、和谐的关系。为此，教育者可以引导学生思考人生的意义和价值，并通过案例分析、讨论和个人规划等方式，帮助学生明确自己的职业追求、个人兴趣和社会责任，从而形成积极健康的人生观。价值观的树立涉及对道德、公平、正义等价值观念的理解和认同。高职思政教育应该引导学生树立正确的道德观念和行为准则，培养学生的社会责任感和道德判断力。教育者可以通过讲解道德原则和伦理道德理论以及开展道德教育活动和实践课程，使学生能够在现实生活中面对各种道德困境时，正确判断和处理，坚守道德底线。

在高职思政教育中，以理想信念教育为核心的任务是关系到学生全面发展和社会进步的重要环节。通过学习正确的世界观、人生观和价值观，学生可以更好地适应社会需求、树立正确的人生目标，并在实践中积极投身社会，为实现个人价值和社会进步做出积极贡献。

2.以爱国主义教育为重点，深入培育和弘扬民族精神

爱国主义教育旨在培养学生对祖国的热爱和忠诚，激发他们为国家繁荣富强、民族复兴做出贡献的意识和行动。民族精神教育旨在弘扬中华民族的优秀传统文化和价值观，培养学生对民族文化的认同和自豪感，激励他们为中华民族伟大复兴而奋斗。

高职思政教育应深入进行民族精神教育。民族精神是中华民族文化的重要组成部分，是中华民族凝聚力和创造力的源泉。在高职思政教育中，应注重弘扬中华民族的优秀传统和精神，如团结协作、勤劳勇敢、自强不息等。教育者可以通过讲述民族英雄事迹、传承中华传统文化、引导学生参与传统节日等方式，培养学生对民族文化的认同感和自豪感，激发他们传承和发扬民族精神的决心和行动。

高职思政教育应重点弘扬爱国主义精神。爱国主义是国家意识形态的核心，是国家发展和社会进步的重要动力。在高职思政教育中，应通过教育手段，向学生传递爱国主义思想，如对国家的忠诚、对人民的热爱、对社会责任的担当等。教育者应通过讲授爱国主义的基本理论和历史背景，引导学生深刻理解国家利益与个人命运的紧密关联，培养他们保护祖国利益、服务国家发展的意识和责任感。

此外，高职思政教育应注重培养学生的社会责任感和使命感。学生作为

社会主义事业的建设者和接班人，应承担起社会责任，为国家和民族的发展做出贡献。高职思政教育应引导学生关注国家和社会的重大问题，组织社会实践活动，使学生亲身感受社会的发展与变革，提高他们的社会责任感和使命感。教育者可以组织学生参与志愿服务、社区建设等实践活动，培养他们关爱他人、乐于助人的精神，同时引导他们关注社会公益事业，积极参与社会建设。

3.以基本道德规范为基础，深入进行公民道德教育

基本道德规范是引导学生成为"四有"新人的重要准则和导向，其目的是培养学生的道德情操和道德修养，促使他们自觉遵守道德规范，成为具备良好道德品质的合格人才和公民。高职阶段是学生形成自觉道德意识的关键阶段，他们所形成的思想道德观念将对其一生产生深远影响。因此，在高职思想政治教育中，加强学生公民道德教育具有重要意义。公民道德教育的核心任务是通过教育引导，帮助学生明确"做什么人"和"怎样做人"的基本道理。

公民道德教育要以为人民服务为核心。这意味着高职学生应当将为人民服务作为核心目标，树立贡献社会、服务他人的意识。为人民服务是社会主义道德建设的核心，体现了人民利益至上的原则。公民道德教育要以集体主义为原则。学生应培养团队合作精神和集体主义观念，强调个人利益服从集体利益。集体主义是社会主义道德建设的基本原则之一，强调个人价值在集体中的体现和个人与集体关系的正确处理。公民道德教育要注重诚实守信。诚实守信是学生立身之本，也是公民思想道德素质最核心的外在表现。

此外，公民道德教育还包括广泛开展社会公德、职业道德和家庭美德教育。通过多样化的道德实践活动，将道德教育融入学生的学习生活中。这有助于引导学生自觉遵守爱国守法、明礼诚信、团结友善、勤俭自强、敬业奉献等基本道德规范，正确处理个人与社会、个人利益与集体利益、竞争与协作等关系。特别需要重视诚信教育，因为诚信是公民思想道德素质最核心的外在表现。学生应树立守信为荣、失信可耻的道德观念，坚持言必信、行必果的原则，注重诚实、守信的行为准则。公民道德教育应坚持知行统一的原则，引导学生从身边的具体事情做起，通过多种方式使道德教育丰富多彩、生动活泼、扎实有效。

4. 以高职学生全面发展为目标，深入进行基本素质教育

深化高职学生基本素质教育，使之全面发展，对人类全面进步和整体素质的提升至关重要。理想的学生发展并非局限于知识丰富和技能提升，而应包含思想道德素质、科学文化素质及健康素质的全面增长。

强调人本主义，并将高职学生的全面发展设定为目标，是高职思政教育的重要方向之一。人本主义强调个体的价值，关注个体的成长和发展，使学生能够在学习、生活和成长中得到有效的引导和支持。同时，高职思政教育还关注学生人格因素的成长，如动机、兴趣、情感、意志和性格等。全面发展亦包含学识才干的增进和身心健康的提升。教育需要加强社会主义民主法治理念，强调人文素质和科学精神的培育以及集体主义和团结合作精神的培育。这些都是高职学生思想道德素质、科学文化素质和健康素质协调发展的重要组成部分。引导高职学生在获取科学文化知识的过程中提高思想政治素养，以实现知行合一、德才并进、和谐成长，是教育的重要职责和目标。

第三节 高职思政教育的主要原则

一、高职思政教育原则体系的特征

（一）整体性

理解高等职业教育中的思想政治教育原则体系，需要深刻认识其内在的整体性特质。这一特质体现在各原则层次之间的紧密联系和互动，是以思想政治教育规律为客观依据形成的。在这一体系中，各层次原则互相制衡，上一层次原则对下一层次原则起到规范和指导的作用，下一层次原则则在一定程度上是上一层次原则的具体表现，并对其产生影响。这种整体性特质不仅体现在原则之间的联系和互动上，更表现在原则体系的整体功能上，其重要性远大于各个具体原则功能的简单相加。这是因为，各具体原则通过相互联系、相互作用，使思想政治教育原则体系呈现出其主体功能，也就是保证教育的性质和方向，引导教育者选取合适的教育内容和方法，实施恰当的教育

行为。因此，在应用这一原则体系时，需要考虑其各个原则的协同作用，对其进行综合运用，从而最大化发挥其整体效应。这种对于高职思想政治教育原则体系整体性特征的理解，有助于教育者更全面地认识和把握这一体系，使其在教育实践中充分发挥其应有的作用。

（二）层次性

在深入理解高职思想政治教育原则体系的结构和特性时，重要的是注意到其明显的层次性。可以将其理解为从全局到细节、从普遍到特殊的有序排列。每个原则都在确定的范围和条件下发挥作用，具有特别的功能和意义。

所述的层次性，可以分为从属层次、关联层次和运行层次。从属层次揭示了高职思想政治教育与经济基础和上层建筑的本质联系，是理解两者关系的核心。而关联层次展示了高职思想政治教育与其他社会子系统的关系，是理解高职思想政治教育与经济活动、管理等并行子系统之间关系的关键。运行层次，又呈现了高职思想政治教育系统内部各要素之间的内在联系，是处理高职思想政治教育内部各元素之间关系的基本准则。每一层次都有其独特性和优先级，而在每一层次中，同样存在优先级的区别。例如，在关联层次中，实事求是原则反映了正确思想路线的需要，对其他同层次有着指导作用，其他同层次原则大致上是此原则的展开。另外在运行层次中，民主原则覆盖面广，起到总体的指导作用，同层次的其他原则在某种程度上都是民主原则的具体表现。

（三）辩证性

高职思想政治教育原则体系的辩证性，揭示了这一体系在认识和把握上既具有绝对性又具有相对性，体现了二者的统一。这一原则体系在辩证唯物主义和历史唯物主义的指导下，形成了对高职思想政治教育的客观规律的主观认识。它与其他形式的真理性认识具有共同特点，即绝对真理与相对真理的辩证统一。

关于高职思想政治教育规律以及反映这一规律的教育原则的认识，固然有绝对真理性的成分。然而，每一步前进的认识都标志着对高职思想政治教育原则理解的提升。随着实践的发展和认识能力的提高，教育者对高职思想政治教育原则的认识水平在总体上正在不断提高。然而，高职思想政治教育是一个持续发展的过程。在这个过程中，新的事物、新的情况和新的问题不断出现，因此人们对高职思想政治教育的规律和原则的认识总是有局限性的、不全面的。同时，不同的认识主体的认识能力和认识水平也存在差异，对高职思想政治教育规律和原则的认识也具有相对性。这也是高职思想政治教育原则存在一些不同观点的重要原因。

高职思想政治教育原则的划分具有相对性。将高职思想政治教育原则划分为不同的层次，是为了教育者能够更深入地认识和把握原则，以便更好地运用原则开展思想政治教育活动。然而，高职思想政治教育中不同层次原则之间以及具体原则之间既有区别又有联系，对各个原则的认识不能绝对化，必须看到它们之间的相容性、交叉性、衔接性。高职思想政治教育原则是对思想政治教育所涉及的各种关系的辩证抽象。教育者只有深刻理解高职思想政治教育过程中的各种关系，对高职思想政治教育原则的认识和把握才能符合实际，避免片面性。

二、高职思想政治教育原则的价值

（一）保障高职思想政治教育的正确方向

高职思想政治教育必须与党的方针和路线保持一致，具有鲜明的阶级性和政治性。高职思想政治教育原则的确立确保了思想政治教育与党的路线、方针、政策一致，使得教育工作不偏离正确方向，确保教育的有效性。只有在正确的方向下进行思想政治教育，才能使学生正确理解和接受党的指导思想，培养合格的社会主义建设者和接班人。高职思想政治教育原则的确立有助于学生坚持正确的政治立场。高职思想政治教育必须坚持正确的政治立场，坚持党的领导，以马克思主义为指导，培养学生正确的世界观、人生观和价值观。通过原则的约束和引导，确保教育过程中不出现偏离党的指导思想的行为，防止出现错误的政治倾向和思想偏差。高职思想政治教育的正确方向是培养学生对中国特色社会主义制度的坚定信仰，使学生树立正确的政治观念和意识，提高政治敏锐性和辨别力。

（二）保障高职思想政治教育的科学性

高职院校在进行思想政治教育时，必须遵循一定的原则，以确保其科学性和有效性。这些原则是高职思想政治教育科学性的具体体现。通过遵循这些原则，高职教育能够遵循思想政治教育的内在规律，并确保教育活动的科学性。当然，随着时代的变迁和高职思想政治教育任务及条件的变化，思想政治教育规律也会呈现出新的特点和表现形式。只要随着实践的发展和形势的变化，不断更新高职思想政治教育原则，教育者就能够完全适应并体现高职思想政治教育的新特点和规律。

（三）提高高职思想政治教育的效益

高职思想政治教育原则是提高教育效益的决定性因素之一。首先，原则为教育工作提供了指导，使教育者在实际工作中有章可循、有法可依，准确把握工作的方向和量度，从而优化教育的效果。其次，原则总结了经验教训，为教育工作提供了有益的借鉴，减少了失误，确保教育的效益。高职思想政治教育原则的遵循能够使教育更加有针对性和有效性，提高学生的思想政治素质和实践能力。

（四）促进高职思想政治教育的创新

随着形势的变化和社会的发展，高职思想政治教育必须不断发展和创新。高职思想政治教育原则在客观上为教育的发展与创新奠定基础，是对过去实践经验的总结，为指导未来教育实践提供依据。原则要求教育者具有创造性和主动性，能够适应新形势和要求，推动高职思想政治教育的创新发展。

三、高职思想政治教育的原则体现

（一）方向性原则与求实原则

1. 方向性原则

高职思想政治教育的方向性原则是指在高等职业教育阶段对学生进行思想政治教育时应遵循的基本准则和指导原则。这些原则在马克思主义理论指导的前提下，结合高职院校的特点和学生的实际情况，旨在培养学生的社会主义核心价值观，提高他们的思想政治素质，使其成为德智体美劳全面发展的社会主义建设者和接班人。

（1）坚持以马克思主义为指导。马克思主义作为科学的世界观和方法论，是高职思想政治教育的理论基石。在教育实践中，必须深入学习和贯彻落实马克思主义基本原理，加强对社会主义核心价值观的宣传和教育，引导学生正确把握社会主义事业发展的方向和目标。

（2）注重理论与实践相结合。高职院校的学生是职业教育的受益者和实践者，他们面临的问题和挑战与实际工作密切相关。因此，思想政治教育应当结合学生所学专业和实际工作，通过引导学生运用马克思主义理论指导实践，提高他们的创新能力和实践能力，培养他们解决实际问题的能力。

（3）注重个性化和差异化教育。高职院校的学生具有不同的背景、兴趣和特点，因此思想政治教育应根据学生的个体差异和需求因材施教。这意味着教育者应充分了解学生的特点和需求，采取多样化的教育手段和方法，注重激发学生的学习兴趣和积极性，培养他们的自主学习和创新能力。

（4）注重实效和可操作性。思想政治教育不仅要传授理论知识，更重要的是培养学生的实践能力和解决问题的能力。因此，在教育实践中，应注重培养学生的思辨能力、判断能力和批判能力，引导他们运用所学知识分析和解决实际问题，使思想政治教育具有实效性和可操作性。

（5）注重教育的全面性和系统性。思想政治教育应当贯穿高职院校的整个教育过程，与专业教育和职业能力培养相结合。教育者应在教学内容和教学方法上进行整体规划和设计，使思想政治教育与其他学科教育相互融合，形成系统化的教育体系，确保满足学生全面发展和终身发展的需要。

2. 求实原则

高职思想政治教育的求实原则是指在教学实践中，坚持以事实为依据，注重真实性、客观性和实用性的原则。这一原则要求高职思想政治教育注重理论联系实际，贴近学生的现实生活和工作环境，以促进学生的思维能力、创新能力和实践能力的提高。

（1）教育者依据客观事实进行教学。教育者应当对相关的社会、经济、政治现象进行深入研究和分析，确保教学内容的准确性和可靠性。通过引用权威的理论框架、调查数据和案例研究，教育者能够帮助学生对事实有清晰的认识，避免主观臆断的情况和片面观点的干扰。

（2）注重真实性。真实性是指教育内容与学生所处的现实环境和实际问题紧密联系，具有实践性和可操作性。教育者应当深入了解学生所面临的职业领域和行业特点，将教育内容与实际工作需求相结合。通过引入真实的案例、实际的问题和实践活动，激发学生的兴趣和动力，增强他们学习的积极性和主动性。

（3）注重实用性。实用性是指教育内容能够满足学生职业发展和实际工作需求。教育者应当将教学内容与学生的职业技能和职业素养相结合，培养学生解决实际问题和应对挑战的能力，通过引导学生运用所学知识进行实践操作、模拟职业场景和开展团队合作，提高学生的实际操作能力和综合应用能力。

（二）民主原则与渗透原则

1. 民主原则

高职思想政治教育的民主原则是指在教学实践中坚持民主的价值观和原则，注重学生的主体地位，以促进对学生的民主意识、民主态度和民主行为的培养。这一原则要求高职思想政治教育注重学生的自主性、平等性和参与性，以实现教育的民主化和人性化。

（1）倾听学生的声音。教育者应当为学生提供表达意见和参与决策的机会，尊重学生的权利和主张，通过课堂讨论、小组活动和学生代表参与教学管理等方式，使学生充分参与到教学过程中，培养他们的独立思考和判断能力，促进学生民主意识的形成。

（2）注重学生的平等性。平等性是指教育者对待每个学生都应当公平、公正，不偏袒、不歧视。教育者应当尊重学生的多样性和差异性，关注每个学生的成长需求，为每个学生提供平等的学习机会和发展空间，通过鼓励学生互相尊重、平等交流和合作，培养学生的平等意识和公正的价值观。

（3）注重学生的参与性。参与性是指学生在教育过程中具有积极的参与意愿和行动，能够自主选择、主动参与学习活动。教育者应当提供开放、包容的学习环境，鼓励学生发表观点、提出问题和参与讨论。通过组织学生自治的学生组织、开展社会实践和参观考察等活动，培养学生的参与意识和参与能力。

2.渗透原则

高职思想政治教育的渗透原则是一种整体性的教育理念，旨在将思想政治教育的内容和价值观渗透到高职教育的各个方面，实现全面育人的目标。这一原则要求在高职教育的方方面面都贯彻思想政治教育的理念，从课程设置、教学方法、教育环境等方面进行深入的渗透。

首先，在课程设置中贯彻思想政治教育的核心内容。高职教育课程的设置应当融入思想政治教育的基本理论、原则和价值观，使学生在学习专业知识的同时也能够接受思想政治教育的熏陶。这意味着教育者需要在教授专业知识的过程中引导学生思考专业发展与社会责任的关系，培养学生的社会责任感和职业道德，使其具备综合素质和全面发展的能力。其次，在教学方法上贯彻思想政治教育的教育方式。教育者应当采用启发式教学、案例分析、讨论和互动式教学等方法，激发学生的主动性和参与性，培养学生的批判性思维和创新能力。通过这些教学方法的运用，教育者能够将思想政治教育的内容渗透到实际的学习过程中，使学生在实践中体验思想政治教育的意义和价值。最后，在教育环境中贯彻思想政治教育的精神氛围。教育者应当创造积极向上、充满民主和协作氛围的教育环境，为学生提供良好的学习和发展条件。这需要教育机构加强管理和引导，建立健全的教育管理体制和规章制度，促进教育资源的公平分配和优化配置。通过提供良好的教育环境和教育资源，为学生创造接受思想政治教育的良好条件，培养学生的良好品质和道德观念。

（三）层次原则与激励原则

1.层次原则

高职思想政治教育的层次原则是指在教育过程中教育者对思想政治教育内容和方法进行分层次、有机整合的原则，以优化教育效果和提高学生的思想素质。

从理论角度来看，高职思想政治教育的层次原则是在教育学和思想政治教育学的理论基础上提出的。这一原则借鉴了教育学中的分层次教学原则和有机整合原则。分层次教学原则要求教育过程应根据学生的认知水平和发展阶段，由浅入深、由易到难进行教学，而有机整合原则强调教育内容和方法的整体性和相互关联性。在高职思想政治教育中，将这两个原则相结合，可以使教育过程更具针对性和系统性。

从实践角度来看，高职思想政治教育的层次原则能够更好地满足学生的需求。高职教育的特点是注重实践性和应用性，学生对实际问题更感兴趣。因此，思想政治教育的内容应与学生所学专业相结合，注重理论与实际问题的结合。层次性教学可以根据学生的认知水平和实际需求，逐步引导他们建立正确的政治思想和价值观。同时，启发式教学方法的应用可以激发学生的思考和参与，培养他们的独立思维和创新能力。此外，高职思想政治教育的层次原则还应注重情感教育的开展。情感教育是培养学生正确的情感态度和情感价值观的重要手段。教育者通过情感体验、情感交流和情感共鸣等方式，强化学生的爱国情感、社会责任感和集体主义精神。在教育过程中，教师应注重情感教育的引导，帮助学生树立正确的情感取向和情感态度。

2.激励原则

高职思想政治教育的激励原则是指在高职院校中，通过采取一系列激励措施和策略，激发学生对思想政治教育的兴趣。这些原则的目的是提高学生的思想政治素养，培养他们的社会责任感和公民意识以及增强他们的思想认同。

学生对思想政治教育的感兴趣程度直接影响其参与和学习效果。为了激发学生的兴趣，教育者可以采用多样化的教学方法和教材，注重教学内容的实用性和生动性，提供具有吸引力的案例分析和互动性的讨论。此外，应该鼓励学生参与有趣的课外活动，如实地参观、组织辩论赛等，以使思想政治教育融入学生的实际生活经验，提高其主动学习的积极性。建立奖励机制是高职思想政治教育的重要激励原则。通过设立奖学金、荣誉称号等激励机制，激励学生主动参与思想政治教育的学习和活动。奖励机制应当设定明确的标准和公正的评选程序，以确保奖励的公正性和公平性。此外，应该为学生提供一系列的机会和平台，展示他们在思想政治教育方面的成果和能力，如学术研究、社会实践等，以促进学生的自我实现和发展。教育者应该充分了解学生的需求和动机，针对学生的兴趣和特长，设计并提供个性化的学习机会和挑战。通过鼓励学生形成学习小组、参与团队合作等形式，激发学生之间的合作精神和积极性。另外，教育者还应该积极引导学生提高自主学习能力，为其提供自主学习的资源和指导，使学生成为思想政治教育的主体，增强其学习的主动性和积极性，为其构建良好的学习环境，鼓励学生积极参与讨论和思考。同时，教育者应该与学生建立良好的师生关系，关注学生的学习需求和问题，给予他们适当的指导和支持。此外，教育者还应该积极倡导和践行良好的道德品质和价值观念，以身作则，成为学生的榜样和引领者。

（四）主体原则与示范原则

1. 主体原则

高职思想政治教育的主体原则是以学生为主体开展教育，旨在充分尊重和关注学生的主体地位和个体差异。这一原则的核心是以学生为中心，关注学生的成长发展和个性特点，以满足学生思想政治教育的需求。

学生在认识、价值观和发展需求上存在差异，因此，教育者应该充分认识学生的个体特点，采取灵活多样的教育手段和方法，以满足不同学生的思想政治教育需求。主体原则要求教育者尊重学生的兴趣爱好、学习风格和思维方式等个体差异，通过差异化的教学设计和个性化的辅导、指导，促进学生的全面发展。学生应当成为思想政治教育的积极参与者和主体，而不只是被动接受者。教育者应该积极激发学生的学习兴趣和主动性，鼓励他们参与思想政治讨论、社会实践和公共事务等活动，培养学生的民主意识和社会责任感。参与性原则要求教育者为学生提供多样化的参与机会和平台，使他们能够发表自己的观点，并在集体中形成共识。教育的最终目标是培养学生的全面发展能力和自主能力。发展性原则要求教育者关注学生的思维能力、创新能力和领导能力，促进学生的个性成长和职业发展。教育者应该为学生提供有利于思想政治教育发展的环境和条件，鼓励他们自主学习、自主思考，并通过实践活动和项目任务的设计，培养学生的综合素质和职业能力。

2. 示范原则

高等职业教育阶段是学生形成职业理想、人生观念和核心价值观的关键时期。在这一时期，思想政治教育的示范原则显得尤为重要，旨在为学生提供具有示范作用的教育内容和教育方法，使之树立坚定的社会主义核心价值观、深入的法治观念，培养崇高的公民道德素养。

示范原则首先体现在内容的设计上。教育内容需要反映出社会的发展方向、国家的核心价值观和人民的共同期望。通过典型案例、历史事例和实际生活中的正面榜样来向学生展示如何践行社会主义核心价值观，树立法治观念和坚守公民道德。除了内容上的示范，教育方法也应当具有示范性。教育者不仅要用言传，更要用身教。一个真正的教育者，其行为、言语乃至日常生活中的点滴，都应该成为学生学习的范本。例如，教育者在处理问题时展现出的公正、公平，遵循法律法规的精神，都是对学生进行示范教育的方法。

第四节 高职思政教育的重要意义

一、高职思想政治教育对学生的意义

（一）培养学生正确的人生观和价值观

高职思想政治教育有助于塑造学生正确的人生观。人生观是一个人对生活意义和目标的认知和态度，直接关系到学生的人生选择和发展方向。思想政治教育通过教育和引导，帮助学生认识到人生的终极价值在于实现个人的全面发展和推动社会的进步，使他们有正确的人生追求，如追求知识、追求自我完善、追求社会贡献等。这些正确的人生观可以激励学生追求更高的目标，不断提升自己的素质和能力，实现个人的价值和梦想。

高职思想政治教育有助于学生塑造正确的价值观。在现代社会，价值观对于个体的成长和发展至关重要。思想政治教育通过引导学生对社会、生活等问题进行思考，传授正确的价值观，如尊重他人、诚实守信、勤劳进取等，帮助学生树立正确的道德观念和行为准则。这些正确的价值观可以指导学生的行为和决策，使他们能够成为有道德、有责任感的社会成员。

（二）培养学生的社会责任感和公民意识

高职思想政治教育有助于培养学生的社会责任感。社会责任感是指个体对社会问题的认识和关心，并主动承担起改变社会现状的责任。思想政治教育通过引导学生关注社会问题，如环境污染等，让他们深入了解这些问题的出现原因和影响，从而激发他们对社会问题的关切和责任感。学生在教育的引导下，会认识到个体是可以推动社会变革的一部分，他们会积极参与到解决社会问题的行动中，通过志愿服务、社会实践等方式为社会发展做出贡献。

高职思想政治教育有助于培养学生的公民意识。公民意识是指个体对公民权利和义务的认同和理解。思想政治教育通过向学生传授有关法律、公民权利和义务的知识，使他们了解自己的权利和责任。学生在教育的引导下，会认识到作为公民，他们享有权利和自由，也应当承担相应的义务，如遵守法律、关心公共事务等。这种公民意识的培养可以使学生认识到自己在社会中的角色和责任，成为积极参与社会民主和法治建设的公民。

（三）帮助学生塑造积极向上的人格品质

思想政治教育能够培养学生的积极乐观心态。通过教育和引导，学生能够学会从积极的角度看待问题和挑战，保持乐观的态度面对困难和挫折。积极乐观的心态使他们更有勇气面对挑战，更有韧性克服困难，从而更有可能取得成功。

思想政治教育有助于培养学生的自律性和毅力。通过教育学生遵守规章制度、自觉遵循道德规范，培养他们自我约束和自我管理的能力。同时，思想政治教育还能够鼓励学生在面对困难和挑战时坚持不懈，不轻易放弃。这种自律和坚持的品质将使学生更有毅力去追求目标，更有耐心去克服难题，从而使他们更有可能取得优秀的成绩和业绩。

思想政治教育有助于培养学生的自我认知能力，推动学生自我成长。通过教育学生关注自己的内心世界、认识自己的优点和缺点，他们能够更清楚地了解自己的兴趣、优势和目标，进而有针对性地进行个人发展和成长。这种自我认知和自我成长的能力将使学生更好地发挥自己的潜能，实现自身的价值和目标。

二、高职思想政治教育的社会意义

（一）培养具有创新精神的高素质劳动者

培养具有创新精神的高素质劳动者是高职思想政治教育的重要任务之一。在传授知识和理论的同时，高职思想政治教育注重培养学生的创新思维和解决问题的能力。通过启发学生的创新意识和培养学生的创新能力，高职思想政治教育能够培养出具备创造性解决问题能力的高素质劳动者，从而推动技术进步和社会发展。

创新精神是高素质劳动者的重要品质之一。在当今快速发展的社会和经济环境中，创新能力成为人才竞争的核心要素。高职思想政治教育通过多种途径培养学生的创新精神，包括鼓励学生独立思考、培养学生的问题意识和问题解决能力、激发学生的好奇心和探索欲望等。通过这些方法，学生可以积极主动地思考问题，勇于挑战现状，不断寻求新的解决方案和创新成果。此外，高职思想政治教育也注重培养学生解决问题的能力。面对现实工作中的各种挑战和困难，高素质劳动者需要具备解决问题的能力。思想政治教育通过案例分析、讨论和团队合作等方式，锻炼学生的问题解决能力。这种能力包括分析问题、收集信息、制定解决方案、实施和评估方案的能力以及在团队中合作协调的能力。这些能力的培养将使学生在实际工作中能够快速准确地应对各种挑战和问题，提高工作效率和质量。

（二）培养社会主义核心价值观的传承者和践行者

高职思想政治教育在培养学生成为社会主义核心价值观的传承者和践行者方面发挥着重要的作用。通过教育引导和实践活动，高职思想政治教育使学生深入理解和把握社会主义核心价值观的内涵，以行为和思想上的实际行动践行这些价值观。培养学生的社会主义核心价值观有助于建设和谐、文明的社会。

高职思想政治教育培养学生成为社会主义核心价值观的传承者和践行者，不仅对学生个人的成长和发展具有重要意义，也对社会的和谐稳定具有积极的影响。学生通过理论学习和实践活动，能够树立正确的世界观、人生观和价值观，增强社会责任感和使命感，培养公民意识和社会责任感。他们将在实际生活中积极践行社会主义核心价值观，为社会的和谐发展贡献自己的力量，推动社会向着更加进步、公正和美好的方向发展。

（三）促进社会和谐稳定和可持续发展

高职思想政治教育在促进社会和谐稳定和可持续发展方面具有重要作用。通过学习丰富的社会科学理论和实践案例，学生能够了解社会运行规律和问题产生的原因，培养理性思维和分析问题的能力。这使得他们能够更好地理解和解决社会矛盾，推动社会的和谐稳定和可持续发展。

高职思想政治教育通过向学生传授社会科学理论和实践案例，帮助学生了解社会的多元性和复杂性。学生将接触到众多领域的知识，如社会学、经济学、法学等，了解不同社会群体的需求、权益和利益冲突等。通过学习社会科学理论，他们能够认识到社会问题的多样性和复杂性，并从多角度思考和分析问题。这种理性思维培养了学生的辨别能力和问题解决能力，使他们能够更好地处理社会矛盾，促进社会的和谐稳定。

高职思想政治教育注重培养学生的环境意识和可持续发展意识。在当今社会，环境问题已成为全球关注的焦点之一。高职思想政治教育通过教育引导和实践活动，让学生了解环境保护的重要性，并引导他们对环境问题进行关注。学生需要了解环境资源的有限性和可持续利用的重要性，学习环境保护的基本知识和技能，积极参与环保活动。例如，学生可以参与社区的垃圾分类行动、节能减排活动等，推动绿色发展和可持续发展。

第三章　高职思政育人体系的建设

第一节　高职思政育人体系概述

一、高职思政育人体系的理论基础与政策依据

（一）高职思政育人体系的理论基础

1.传统文化德政、师法育人思想

中国传统文化中，孔子及其儒家学派的教育理念有着决定性的影响。这一理念强调道德修养与品行的培育，蕴含着中华文化中强烈的德育、德政观念。其主张的"德政"与"仁德育人"精神，已成为中华民族历史长河中的坚实支柱。

《论语·为政》中，孔子深刻阐述了"道之以政，齐之以刑，民免而无耻。道之以德，齐之以礼，有耻且格"的观念。这反映了孔子对于惩罚和道德教化两种治国方式的看法。他主张，尽管刑罚可以威慑人们，防止其行恶，但道德教化可以使人自觉避恶，长效性更强。孔子的教育理念在《三字经》的"性相近，习相远"一句中得以体现，即人们在出生时的本性是近似的，然而，后天教育和习惯让人们形成了差异。这是教育对人的发展产生影响的方式，也显示了思想政治教育在人的身心发展中的重要性。

孔子特别重视道德教育，其中教师的首要职责便是"立德"。《论语·述而》记载了孔子的相关观念："德之不修，学之不讲，闻义不能徙，不善不能

改，是吾忧也。"这表明，教师首先需要修身养德，然后才能"育德"，这正是德政育人理念的根本。除了孔子，孟子也是倡导以德治国的重要代表。他在《孟子·公孙丑章句上》中阐述："以德行仁者王……以德服人者，中心悦而诚服也。"这强调了仁政和德政的重要性。孔子和孟子被人尊称为"圣人"和"亚圣"，他们的教育思想成为中国思政教育中最有影响力的代表性思想。

荀子在其著作《荀子·性恶》中，提出了一个重要的理论观点，即"师法之化"。他认为如果人们任其欲望驱使，自由发挥其本能，社会秩序将会受到破坏，甚至可能引发混乱和动荡，对国家和社会构成威胁。因此，荀子主张采取一种后天的、有针对性的教育和引导方式。这种教化主要依靠教师的教授和法律的规范，这便是现代思政教育工作的基础之一。

朱熹作为宋明理学的代表人物，主张在学校教育中通过思想理念来教化学生。他认为，应该以正面的教育为主，重视对学生的启发诱导。通过这种积极正面的教育，学生能够理解道理，自发地对自己提出严格的要求。朱熹坚信，道德教育应处于所有教育工作的首要位置。学校培养的应该是"讲明义理，以修其身"的人才。到了晚清，思想家康有为在《大同书》中提出，"以德育为先""养体开智以外，又以德育为重"。他的这些观点进一步明确了思想政治教育的重要性。

中华优秀传统文化对于国内现代高职教育中的思政教育工作具有重大影响。这些传统文化构成了现代高职教育思政教育工作的理论基础，并为此类工作提供了重要参考。

2. 马克思主义理论

理论基础作为高等职业教育中思政教育的重要组成部分，有着深厚的马克思主义根基。马克思的"人的需要观"是此项工作的首要支柱。根据马克思主义理论，人类的实质性需求是通过实践活动得到满足的。在这个过程中，思政教育起到了指导和疏导的作用。实际上，高校的思政教育工作是解决人类学习的内在需求和本性的实践活动，它是人的精神需求和物质需求的融合。这项工作的核心目标是提升学生的受教育水平，促进他们自我认识、自我发展，并使他们在精神、思想和物质生活各方面取得进步。

马克思主义的实践观在马克思的《关于费尔巴哈的提纲》中被明确地提出。这个观点强调了实践活动在人类发展中的重要性，环境虽然对人类发展起决定性作用，但也可以通过实践加以改变。教育本身受社会和个人等各种因素的影响，因此，只有在实践中不断改革，人们才能在实践活动中受到环境和教育的影响。高校的思政教育工作就是人的实践活动的体现，其目标是将不同时代、不同环境下的思想理论有意识地作用于不同的人群，从而实现教育目标，培养出适应时代需求的人才。

马克思主义人的全面发展思想也为高职思政教育提供了理论支持。即人的发展需要全面、自由、充分的体现。因此，高职思政教育的任务就是依据马克思主义"人的全面发展"思想，全面、自由、充分地促进学生的发展，使他们在实现个人发展的同时，实现全体发展，不仅要在某一方面发展，还要全面发展。

马克思主义的以人为本思想在高职思政教育中也起到了重要作用。在这项工作中，教育不仅是人与人之间的互动，更是人与社会的互动。因此，无论在何种情况下，高职思政教育的出发点和落脚点都应该是学生，所有的工作都应围绕学生展开。只有这样，才能真正做到以人为本，实现高职思政教育的目标。

3. 习近平新时代中国特色社会主义思想政治教育论述

中国高等职业教育的思政育人工作体系，拥有深厚的文化底蕴，且作为党的思想政治工作体系的重要组成部分，它在马克思主义指导下，构建出了具有中国特色的思政育人体系。习近平新时代中国特色社会主义思想对于培养出符合新时代要求的高素质人才、提升人的全面发展水平、促进社会主义现代化建设，具有极其重要的指导意义。

习近平新时代中国特色社会主义思想是新的历史条件下对马克思主义中国化的伟大贡献，是党的理论创新的最新成果，对新时代高校思想政治教育有着全面的指导作用，强调立德树人、全程育人、全方位育人以及推动思想政治理论课改革创新等方面的任务和要求，为新时代的高等职业思政教育提供了新的指导和要求。

（二）高职思政育人体系的政策依据

随着社会的演进，群众的思维方式正经历着变迁，高职学生的思维表现得尤为复杂多样。在这样的背景下，各高等职业教育机构被赋予了一项艰巨的任务——提升思想政治教育工作的质量。思想政治教育在高职教育中扮演着不可或缺的角色，其成效也被视为评价高职教学质量和教学水平的重要指标。这无疑是一项长期而艰巨的任务，需要持之以恒的努力。自改革开放以来，我国已经颁布了许多法律、法规，这些文件为高职思想政治教育工作提供了强大的政策支持，也起到了指导和规范的作用。

2017年，教育部发布了《高校思想政治工作质量提升工程实施纲要》，指出思政育人工作应坚持立德树人的根本任务，坚持思政育人工作的价值引领，坚持分类指导、因材施教，坚持党对高职思政育人工作领导的原则。还强调了课程、科研、文化、管理、服务、实践、网络、心理、资助、组织等十大工作领域的作用，构成了高职思政育人的全面体系。

2018年，习近平在全国教育大会发表上重要讲话，指出国无德不兴，人无德不立。育人之本，在于立德铸魂。实现立德树人，离不开教育体系的制度支撑。要把立德树人作为教育工作的主线，融入思想道德教育、文化知识教育、社会实践教育各环节，贯穿基础教育、职业教育、高等教育各领域。构建起德智体美劳全面培养的教育体系，为人才培养筑牢更高水平、更加科学的制度基础。

2019年3月18日，习近平出席了学校思想政治理论课教师座谈会，他强调，高校思想政治工作关系高校培养什么样的人、如何培养人以及为谁培养人这个根本问题。要坚持把立德树人作为中心环节，把思想政治工作贯穿教育教学全过程，实现全程育人、全方位育人，努力开创我国高等教育事业发展新局面。

2020年1月，教育部第一次部务会议审议通过了《新时代高等学校思想政治理论课教师队伍建设规定》，强调思政育人工作需要全社会的支持，需要思政课教师的投入，要调动所有教育工作者的积极性和主动性。培养专职、专兼结合的思政教师，教师们不仅要讲好思政课，还要在增强"四个意识"的基础上，做好"六个统一"，引导学生的思想教育工作。

二、高职思政育人体系的概念、内涵及构成

（一）高职思政育人体系的概念

高职思政育人体系以提升学生政治素养为核心，以学生为主体，注重学生的主动参与和实践。它是一种全方位、全过程、全员参与的育人模式。这一体系有助于培养学生的社会责任感，增强其社会参与意识。在高职思政育人体系中，理论教育是重要组成部分。通过深入研究和掌握马克思主义基本原理，学生能够理解社会现象，形成正确的世界观、人生观和价值观。同时，它也培养学生的批判性思维能力，使他们能够在面对复杂的社会问题时做出理性的判断。此外，实践教育也是高职思政育人体系的关键要素。它通过实践活动，让学生将理论知识与实际操作相结合，提高学生解决实际问题的能力。这种实践教育模式旨在培养学生的社会实践能力，使其在未来的工作和生活中能够更好地适应社会环境。

高职思政育人体系强调全员参与。这意味着不仅是教师，学生、家长和社会也都是这一体系的参与者。他们的参与可以为学生提供多元的视角，促进学生全面的成长。尽管高职思政育人体系的建设面临一些挑战，如如何平衡理论教育和实践教育、如何有效提高学生的参与度等，但其对于培养高职学生的政治素养、增强其社会责任感和社会实践能力的重要性不容忽视。这种体系需要教师、学生、家长和社会的共同努力，以实现真正的全面育人。这样，学生不仅可以学到丰富的知识和技能，还能树立正确的社会价值观，成为社会的有用之才。

（二）高职思政育人体系的内涵

1. 以正确的育人模式为指导

对于高等职业教育中的思想政治教育，其育人体系的建构必须以全员、全过程、全方位育人为核心导向，创造一种工作格局，即以全面的视角来审视并实践思政教育。在这个意义上，该工作格局不仅是一个理念的转变，还是对思政教育所有影响因素的整合，通过特定的活动或机制将这些因素连接，形成了一个具有推动力的、系统的育人模式。

此育人模式有三个重要特征，即人员的广泛参与、场域的大规模延伸以及工作过程的持续性。对于人员广泛参与的方面，现代思政育人工作已经打破了传统的边界，不再只是由思想政治理论课教师、辅导员或班主任负责，而是需要全体教师、领导干部，甚至是后勤服务人员和学生干部共同参与。此外，工作部门也从一线的思政工作部门拓展到教学部门、行政部门、管理部门和后勤服务部门，这无疑增加了教育者的数量，从而提高了全体教职工和学生的主观能动性，形成了一个分工合理、联系紧密、有机协调的全员性工作体系。在场域大规模延伸的维度上，思政育人工作的平台得到了进一步拓展。不仅在思想政治理论课上，所有课程都应承担育人任务，所有实践活动也应承载育人责任。此外，家庭和社会也必须肩负起育人责任，这无疑将思政育人工作的平台和范围大大拓宽，使之打破了课堂和校园的界限，延伸至整个社会和国家。在工作过程持续性这个维度上，高职思政育人工作并不是一朝一夕就能完成的任务，而是需要贯穿学生的成长过程。从新生入学到毕业，各个阶段都要有明确的规划和侧重点，甚至在学生毕业后进入社会工作，其影响力也应当持久存在。

这种全员、全过程、全方位的育人格局，以求达到高校思政工作的全面和动态平衡，使得高职师生之间、单位部门之间，甚至各种影响因素之间形成良性互动、协调一致并相得益彰。高职思政育人体系格局是对思政工作整体、系统、协同的实践概括，充分体现了"大思想政治教育"的特征，为思政教育注入了新的活力和可能性，也为育人工作提供了全新的视角和理念。

2.以人为出发点和归宿

在探讨高职思政育人体系的内涵时，人们必须清楚地认识到人是教育的起点和终点。教育的本质目标是人的培养和塑造。在心理学的框架中，人性的发展被视为知识、情感和意愿的统一发展，显示出其不可割裂的特性，这也暗示了教育活动本身的不可割裂性。

在中国，高职教育旨在推动学生在德智体美劳等五个方面的全面发展，这是一种整体的教育观，即五个方面是教育过程的不同方面，而不是五种不同的教育。在高职的思想政治教育中，通过对学生的有意识、有目的地引导，提高他们的思想道德素质，这是教育的一个方面，而不能孤立于整体的教育活动之外。如果出现了思想政治教育各自为政、互不相干的情况，那就背离了整体教育观。

人既是教育的起点，也是教育的终点。高职思政育人体系建设以人为出发点和归宿，即"以人为本"。在高职思想政治教育的背景下，"以人为本"的理念同时关注学生和高职教师。

思想政治教育的根本是人的培养。对于高职学生，关注他们的想法，回应他们的困惑和精神需求，着力促进他们的全面发展是教育的核心。但同时，高职教师的重要性也不可忽视。这里的教师不仅指思想政治教育的工作者，也包括高职院校的管理者和服务者。要提高高职学生的思想水平、道德品质和政治素养，建设他们的精神世界，就需要教师的精神世界积极健康、向上。因此，高职思政育人体系建设既主张"以人为本"的价值观，也追求全员、全过程、全方位育人的理想状态。

3.注重系统化的思维

通过系统论的视角审视高职的思想政治教育工作，这是一项多维度、全方位的教育工程，目标在于全面培育学生。在实践中，高职院校的思想政治教育工作往往面临着系统建设思维缺乏、功能定位模糊不清、评价体系不全等问题。这些都容易使高职院校的思想政治教育工作面临困境。因此，高职思政育人体系的形成需要聚焦专业化、体系化、立体化、制度化和创新化五个方向，形成系统化思维。

第一，思想政治教育队伍需要进一步专业化，具备强健的师资力量，这需要加强对队伍的培训和指导，严格管理和提高标准，并且注重评价。第二，课程建设需要进一步体系化，真正实现全课程育人的目标。这就需要充分利用多学科的优势，实现专业课智育和德育双修，让思政课和专业课程互相协调渗透，形成不可分割的整体。第三，育人方式需要进一步立体化，通过多种方式、多个渠道、多个载体来进行育人。第四，各种机制，如领导机制、评价机制、监督机制、激励机制等需要进一步制度化。这需要通过制度规范行为，保证党对高职教育的正确、科学的领导，及时监督反馈高职院校各项育人工作的实施状况，强化责任担当，提高思想政治教育工作的实际质量。第五，随着社会大环境的变革和时代的发展，思想政治教育工作也需要进行创新。创新是事物发展的动力，如果高职院校的思想政治教育工作想要保持在不败的地位，就必须注重创新。这就需要用新时代的新思想来引领工作方向，利用新的资源来增强前进的动力，运用新技术来拓宽育人的方式，建立健全系统化的育人长效机制。

(三)高职思政育人体系的构成

1. 构建高职思政育人体系的指导思想

在现代中国特色社会主义思想的引导下，构建高职思政育人体系，需要注重强化社会主义的办学取向，确保党的教育方针的全面贯彻。明确的使命体现在"何种人才需要培养、如何进行培养以及为何要进行培养"等方面，并以此作为初心。

以道德立人为核心理念，以信念教育为重要组成部分，以社会主义核心价值观为导向，目标是优化和提高思政课程的教学效果和技术人才的培养质量。为实现这些目标，构建高职思政课程体系，培养"六要"思政教师队伍，进行思政课教学改革，建设思政特色精品课程是必要的步骤。同时，推动课程与思政的融合，实现全员、全过程、全方位的"大思政"育人布局，进行综合育人的思政实践。

研究具有高职教育特点和校本特色的思政教育教学模式，培养全面发展的社会主义建设者和接班人，培育具有工匠精神的高素质技能人才，是高职思政育人的追求。

2. "136"高职大思政育人体系构成

在对思政教育体系进行深入研究的过程中，可以观察到，思政课程的多元化融合成为一种必然的趋势，这涉及与其他科目的交融、课堂与课外教育的整合、理论教学与实践教学的合并以及理论教育与日常思政教育的联结。

"136"高职大思政育人体系是一个整体的教育体系，将思政课程、课程思政和综合育人结构有机地融合在一起。这种体系不仅突出了思政课程在思政教育中的主要地位，而且以"一段渠、责任田"的原则，强化了课堂与社会、理论与实践的紧密联系。如图3-1所示。

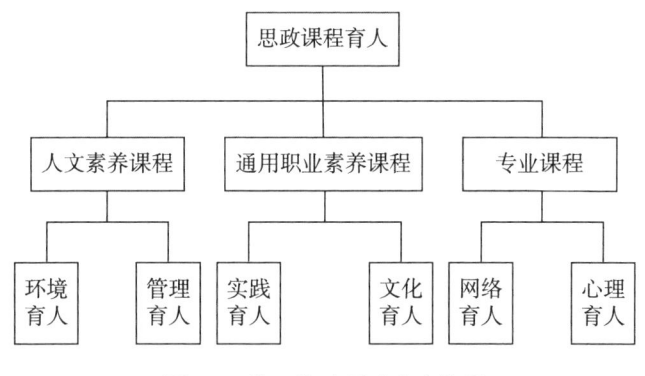

```
           思政课程育人
      ┌─────────┼─────────┐
   人文素养课程  通用职业素养课程  专业课程
   ┌──┴──┐    ┌──┴──┐    ┌──┴──┐
  环境   管理   实践   文化   网络   心理
  育人   育人   育人   育人   育人   育人
```

图 3-1 "136"大思政育人体系

第一层是思政课程体系，被视为思政教育的核心。它教授马克思主义理论、中国特色社会主义理论和习近平新时代中国特色社会主义思想，旨在强化学生的理想信念、政治立场，使学生坚定对中国特色社会主义的信念，让学生能在实际行动中展现出这种信念。

第二层的课程思政体系，是由人文素养课程、通用职业素质课程和专业课程思政三个模块组成。这个体系深度挖掘课程中的思政元素和德育功能，通过课程教学，引导学生增强文化自信和丰富人文素养，树立对家国的情感和技能强国的理想信念。

第三层的综合育人体系，是思政教育的基础。它包括管理育人、实践育人、心理育人、网络育人、文化育人和环境育人六个模块。这个体系旨在通过构建社会大课堂育人阵地和载体，推进综合协同育人，促进学生在品格、态度、思维、行为等方面全面发展。

该思政教育体系展现了系统思维和整体性理念，以综合育人体系为基础、课程思政体系为重点、思政课程体系为核心，通过分层推进、相互衔接的方式构建了十大育人模块，形成了一个完整的育人系统。这个体系利用了多主体参与、多形式展现、多场域运作、多层面影响的合作效应，并具备动静结合、显隐并举、量质递进等特点，符合全员性、全方位性、全过程性的"大思政"格局要求。同时，该体系以立德树人为根本，以理想信念教育为核心，以社会主义核心价值观为引领，通过构建校本大思政课程体系、推进课程思政融合，开展综合育人思政实践，培养德智体美劳全面发展的社会主义建设者和接班人、承担民族复兴大任的时代新人、具备工匠精神的高素质技能人才。这一体系为贯彻"培养什么人、怎样培养人、为谁培养人"的初心使命提供了有力的载体。

三、高职思政育人体系主要任务

(一)丰富高职思政育人内容

1. 世界观的培养

世界观是一个人对生活和世界的总体理解和解释,它对个体的思想行为、价值取向和人生观具有深远影响。因此,世界观的培养是思政育人工作的重要内容,旨在引导学生形成科学的世界观。

世界观的培养需要基于社会主义核心价值观。社会主义核心价值观是现代中国的道德标准和精神支柱,它要求个体尊重科学、追求真理、崇尚公正、热爱和平,这些原则应成为构建学生世界观的基石。教育者需引导学生理解和接纳社会主义核心价值观,并将其内化为他们观察和理解世界的基本准则。世界观的培养应包括对国内外重大现实问题的深入研究和理解。在全球化的背景下,学生需要了解和关注国内和国际的重要事件和趋势,理解他们在社会、政治、经济、文化等各个领域的影响。这种对重大现实问题的研究和理解,不仅可以增强学生的社会责任感,也可以帮助他们形成科学的、开放的世界观。此外,世界观的培养还应借助多元化的教学方法和实践活动。可以通过讨论会、讲座、研究项目等形式,使学生有机会深入了解和探讨各种重要问题,增强自己的思考和判断能力。此外,可以通过社会实践、志愿服务、国际交流等活动,让学生在实际行动中体验和实践社会主义核心价值观。在高职思政教育中,世界观的培养也与职业教育密切相关。通过了解和学习各种职业知识和技能,学生可以更好地理解社会的运行机制和规则,从而形成科学的世界观。教育者应努力将职业教育和思政教育紧密结合,使学生在学习和工作中不断形成和完善自己的世界观。

2. 社会主义核心价值观的培养

明确社会主义核心价值观的内涵是高职思政育人的前提。它是社会主义意识形态的重要组成部分,包括富强、民主、文明、和谐等国家层面的价值目标和自由、平等、公正、法治等社会层面的价值取向以及爱国、敬业、诚信、友善等个人层面的道德品质。这些内容共同构成了社会主义核心价值观的基本框架，为社会主义思想政治教育提供了明确的价值导向。社会主义核心价值观的培养的意义在于其对个体和社会的影响。对个体而言，社会主义核心价值观有助于塑造积极向上的人格特质，引导个体形成正确的价值观和行为模式，提升个体的社会责任感。对社会而言，社会主义核心价值观的普及能够提升社会道德水平，构建和谐稳定的社会环境。总体来说，社会主义核心价值观的培养是构建和谐社会、推动社会主义现代化进程的重要手段。

3. 传统文化的继承和发扬

传统文化是一个国家和一个民族精神的集中体现，它包含了世代相传的智慧和经验，对于个体的思想和价值取向具有深远影响。在全球化的背景下，传统文化的继承和发扬不仅有助于增强民族自我认同感，对于建立全球化视角、理解和尊重多元文化也具有重要作用。高职思政教育中的传统文化教育是一种"根"文化教育。这意味着，高职思政教育应致力使学生深入了解本民族的历史和文化，理解民族精神的核心要义，对本民族的传统文化有深深的热爱和自豪感。这种"根"文化教育有助于学生树立积极的民族认同感，增强文化自信。

传统文化的继承和弘扬应当与时俱进，与社会主义核心价值观相融合。优秀的传统文化中包含了许多与社会主义核心价值观相一致的价值理念和道德观念。例如，中华优秀传统文化中的仁、义、礼、智、信等价值理念，都与社会主义核心价值观有着深厚的内在联系。将这些传统文化价值观念与社会主义核心价值观相融合，可以使传统文化教育与社会主义思想政治教育相得益彰。此外，传统文化的继承和发扬还需要借助多元化的教学方式和手段。例如，可以通过故事讲述、文化实践活动、网络平台教育等方式，让学生亲身感受和体验传统文化，提高他们对传统文化的理解力和接受度。同时，应鼓励学生积极参与到传统文化的创新和弘扬中来，使他们成为传统文化的传承者和创新者。

4. 爱国主义的培养

爱国主义的培养在高职思政育人体系中占据重要位置。爱国主义是对国家的热爱与支持，这种热爱与支持来源于对国家历史、文化、发展现状和未来趋势的深刻理解和认同。爱国主义的培养能够激发学生对国家的责任感和使命感，对形成积极的社会主义公民精神和提升国家竞争力具有重要作用。

首先,爱国主义的培养需要学生深入学习和理解国家的历史和文化。这是因为,对国家历史和文化的理解能够帮助学生了解自己民族的成长轨迹,感受民族的辛酸与荣耀,从而产生深厚的民族自豪感和自信心。对于国家历史和文化的深入学习和理解,也能够帮助学生发现和领悟到国家和民族的独特价值,从而形成对国家的热爱和支持。其次,爱国主义的培养也涉及对国家现状和未来发展的关注和理解。这包括了解国家的政治、经济、社会、科技等各方面的现状,对国家未来的发展趋势有清晰的认识以及对国家面临的挑战和问题有清醒的认识。这种对国家现状和未来发展的深入理解,能够帮助学生明确自身的责任和使命,激发他们的爱国热情和社会责任感。最后,爱国主义的培养需要通过具体的教育活动和实践活动进行。例如,可以通过讲述国家历史、展示国家文化、解读国家现状和未来发展等方式,使学生深入了解自己的国家。同时,也可以通过参与社会服务、志愿服务、科技创新等实践活动,让学生在实际行动中体验到自身为国家做出贡献的满足感和成就感。

5. 理想信念的树立

理想信念的树立在高职思政育人体系中担当关键角色。理想信念作为人的精神支柱和行动动力,其树立对于塑造健全人格、促进个体全面发展、形成正确的价值取向和行为准则具有决定性影响。在高职教育环境中,理想信念的树立也直接关系到学生的职业态度、职业道德以及未来的社会责任感。

理想信念的树立首先要建立在深入的社会主义核心价值观教育基础之上。社会主义核心价值观包括富强、民主、文明、和谐、自由、平等、公正、法治等方面,它们共同构建了社会主义的理想信念体系。学生需要理解这些原则的内涵,认同其价值,进而内化为个人的理想信念,形成对社会主义的坚定信仰。理想信念的树立亦需在深入了解国家历史、民族文化以及社会主义的伟大实践中进行。学生要通过学习国家的历史文化,了解民族的发展轨迹,熟悉社会主义的实践经验,形成对社会主义的深厚情感和自豪感,进而坚定对社会主义的理想信念。理想信念的树立还要在实际的生活和学习实践中进行。教育者可以设计一系列的活动和项目,让学生在实践中理解社会主义核心价值观的实践意义,激发他们对社会主义的热爱和忠诚,从而进一步树立他们的理想信念。例如,通过社会实践活动,学生可以了解社会的现状，思考解决社会问题的方法，这种经验会使他们更加坚定对社会主义的信念。在高职思政教育中，理想信念的树立还与学生的职业发展紧密相关。学生需要树立明确的职业理想，坚定从事某一职业的决心和信心，这种职业理想也是他们理想信念的一部分。教育者可以通过职业指导，帮助学生了解各种职业的性质和要求，使他们形成对未来职业的清晰认知并树立理想。

（二）提升学生学习主体地位

1.树立思想政治教育中学生为主体的教育理念

主体性理念在高职思想政治教育中的塑造至关重要，这涉及对教育者和受教育者之间关系的全面理解。教育者的主体性是教育过程中不可忽视的因素，因其能影响教育效果和教育质量。受教育者也应有自己的主体性，他们有权自行决定与教育相关的各个方面，如接受教育的目标、方式和要求。传统的教育理念往往过分强调教育者的主导作用，这种理念在一定程度上忽视了受教育者的主体地位，致使受教育者陷入被动和从属的地位。为此，构建现代思想政治教育的理念需要平衡教育者和受教育者的地位，保证教育过程中的互动和平等。对于尊重受教育者的主体性，需要认识到每个高职学生都拥有独特的潜在品质，教育者既需要严格要求，也需要平等对待，甚至需要发掘学生潜在的创造性。同时，也应引导学生意识到他们自身的主体性，使学生主动参与到教育过程中，进行自我学习和与教师的有效沟通，这样才能根本性地优化学习效果。因此，高职思想政治教育中的主体性理念要求正确对待教育者和受教育者的关系，既要发挥教育者的主导作用，又要尊重受教育者的主体性。

2.教育目标设置中融入高职学生基本需求

在构建高职思想政治教育目标时，需要考虑教育方向、原则、要求以及受教育者的基本需求。理解高职学生的思想和需求成为制定这类教育目标的核心前提。在此过程中，应从人性化、个性化和制度化三个角度来融入高职学生的需求。

首先，考虑人性化因素时，教育者需全面客观地理解高职学生的群体思想特性，强化其良好特质，抑制和纠正其不良特性，并将这些因素纳入教育目标。其次，在个性化层面，教育者应充分理解每个高职学生在智力、家庭背景、情感、心理、兴趣和特长等方面的差异性。在尊重个性差异的同时，也需要避免学生间因个性差异产生的冲突和摩擦，求同存异，这也是教育目标的重要组成部分。最后，在制度化层面，教育者应充分认识到制度规范对高职学生思想、态度和行为的规范、调节、引导作用，因此，教育者制定的教育目标中应包含学生行为基本规范，以培养学生的规则意识。

3.创造条件让高职学生明确和利用其主体地位

首先，学校可以搭建更多的学生与学校、教师之间的沟通互动平台。这可以通过多种形式实现，如课堂讨论、网络论坛、学生代表会议、意见箱、主题讨论和一对一谈话等，以便理解和掌握学生的思想动态，同时满足他们的合理需求。其次，学校应该积极鼓励学生自我管理。这意味着要充分利用学生会、社团等自我管理组织，引导学生参与这些组织，以此来培养他们的自我管理能力、服务能力。通过开展校园文化活动和社会实践活动，可以培养学生的自主能力、合作能力和参与能力，从而激发他们的主动性和创造性。最后是为学生的自我学习和自我发展创造一个有利的环境。例如，学校可以通过设置选修课、弹性学分等制度，鼓励学生自主选择学习内容。

（三）开拓高职思政育人路径

1.疏导教育法

思政教育中的疏导教育法拥有双重构成元素，分别为"疏通"与"引导"。这两个概念皆有其特有的实施形式。关于"疏通"，其包括两类方式：集体表达和个别谈话。集体表达关注群体性问题，借助民主讨论、干群对话等方式让特定数量或特定组织的群众集体发表观点或看法；个别谈话着眼于单一个体的问题，通过书信表述、个别谈话等方式，让个体有充分的机会阐述自身的观点和想法。

在"引导"的维度上，根据其不同的形式，可以将疏导教育法分为三个层面：分导、利导与引导。

分导，又称分而导之，着眼于复杂的思想问题，通过分散、分步、分头引导进行解决。分导专注于群体共有的思想问题，借由分散引导，逐个解决群体成员的思想问题，阻断不良思想在群体内的传播，最终将复杂的群体问题逐个解决；分步而导针对个体思想问题，寻找主次、轻重缓急之间的关系，识别主要矛盾，有针对性地解决问题；分头而导则将教育资源进行集中，全方位解决集中而严重的思想问题。

利导，即因势利导，强调善于抓住有利的时机和环境进行教育。通过及时的、生动的教育，让受教育者接纳正确、积极的思想。这种方法可利用当前发生的重大事件，如国庆节、学雷锋活动月等，利用观看阅兵式、志愿服务活动等方式，实现教育目标。

引导，即启发诱导，采用"提出问题—分析问题—展开讨论—统一思想"的路径，激发学生进行思考，通过思想交锋和比较分析，学习探究事物内在联系，全面看待问题，开阔视野，拓展思维。通过此方式，使学生放弃不良思想，走向正确的思想轨道。

2.榜样教育法

在高职思政育人教育环境中，榜样教育法占据重要地位，其通过设立进步典范，利用先进个体的思想和事迹作为示范，进而提升学生的思维认知水平、道德品质及政治觉察力。此教育方法在实践中呈现出示范性、生动性及激励性等独特性质。教师应深入理解这些性质，为了使教育成效更佳，需调动学生的主动性，发掘其潜在能力。适时地运用恰当的榜样教育法，有利于推动学生的个性发展及个人素质提升。

在高等职业教育中，学生主动参与校内榜样教育活动极为关键。由于学校是榜样教育的主要场所，且是学生个体成长与发展的核心平台，学生的主动性应在此得到充分的发挥。这包括响应学校发起的榜样宣传活动，支持榜样评选和选拔流程，以推动该过程的民主化和透明化。此外，党员学生干部需要进一步展示示范引导作用，坚定理想信念，关注其他学生的生活和学习情况，并在他们面临困难时提供帮助，以此逐渐成为道德和品质都出色、乐于助人的学生榜样。高职学生也应积极参与社会榜样活动，自觉在日常生活中传承榜样精神。考虑到高职学生不仅在高等教育环境中成长，更要在社会大环境中扎根，他们作为社会的一员，应积极响应国家的号召，参与社会化的榜样活动。高职学生应理解到，只有在社会奉献中，他们才能真正实现个人价值的提升。

3.言传身教法

个体的思考内容和思考结果，会受到其接触或接受的理论、观点和社会提倡的价值标准的重要影响。这种影响不仅来自理论知识，也来自他人和社会的各种言传教育。言传教育需要教育者具备教育艺术。然而，在高职教育的实践中，一些教师尽管对工作充满热情，对学生充满关爱，但他们却忽视了对科学教育方法的探寻以及对学生接受心理的研究和观察。这种忽视可能会导致教育效果的缺失，甚至使教育产生反效果。

然而，另一种常见的教育方法，即"身教"，也有其重要性。桃李不言，下自成蹊。身教的重要性在于宣扬真理的人能在何种程度上践行这些真理，将直接决定人们对这些真理的信任程度。在教育实践中，道德是对每个人行为的规范和约束，是一种社会契约，它对每个人的自由和欲望施加压力和威慑。如果教育者能够通过实际行动践行道德规范，那么学生就会更容易在情感上与之共鸣，这样就更可能促成道德行为的发生，从而达到德育的目标。

4. 开展第二课堂

"第二课堂"是指在高职专业课程以外的，形式多样、以实践活动为主的知识补充课堂活动。这类活动包括创新课题研究、兴趣活动主题创作、知识竞猜、社会调研等。典型案例有中国人民大学的博士生服务团、研究生支教团以及以学生深入延安等革命老区进行实地考察的"千人百村"品牌调研项目等，这些实践活动在推动"第二课堂"建设中起着至关重要的作用。

将理论教学与实践活动紧密相连，充分挖掘和运用"第二课堂"的价值，对于建立和完善高职全面思想政治教育体系具有深远影响。在"第二课堂"的运作过程中，思想政治理论知识的传播不应被轻视，应始终将其融入其中，引导学生在实践中检验理论知识的真实性，并协助学生将感性的体验升华为理性的认知。在构建高职全面思想政治教育体系的"第二课堂"过程中，对于各类实践活动，需要教师的引领和对具体要求的设定，同时需要为学生提供必要的物质条件，以便实现从思想认识到技能应用的转换。为此，需对各类实践资源进行整合和开发，做好项目管理，创新和调整实践活动的内容和形式，加强产学研结合，建立实践活动平台，并加大对社会实践活动的支持力度。这一系列措施能够帮助学生在深入社会的过程中，全面提升实践能力，加深对家国情怀的理解。

5. 线上线下教育相结合，打造网络育人新阵地

在现代高职教育体系的构建过程中，网络新媒体所发挥的作用不容忽

视。借助在线与离线教育的结合方式，将网络新媒体的育人功能引入思政育人体系，显得至关重要。

互联网时代下的思政育人，需立足于线上线下的协同教育机制。协同教育机制旨在构建一个既包括传统的面对面教学、也包含线上的异步互动学习的环境。这种模式使得教学过程更具连贯性和全面性，使得思政育人在高职教育中具备了更广的覆盖面和更深的影响力。通过线上线下的融合，可以拓宽教育的视野，将教育延伸到课堂之外，丰富学生的学习体验，并使得教育的效果更具持久性。同时，网络教育在高职思政育人体系中的作用不可忽视。网络教育作为一个新兴的教育形式，具备开放性、灵活性等特点，能够有效地推动高职思政育人工作的深化。在网络教育中，重要的是建立专门化、职业化的网络育人工作队伍。这个队伍不仅需要有对网络教育有深刻理解的理论人才，也需要有丰富实践经验的实践人才。这样的队伍可以为高职教育提供更精准、更有效的服务，更好地满足高职学生的思政教育需求。此外，社交媒体和立体化教学素材也是思政育人体系中重要的组成部分。社交媒体可以作为学生的日常生活的一部分，让学生在日常交流中接触到思政教育内容，从而无形中加强思政教育的影响力。立体化教学素材可以丰富教学手段，使得教学内容更加生动，更具吸引力，从而更好地达到思政育人的目的。在此过程中，教育者要重视线上与线下的协同与配合，以离线为主，在线为辅，将"键对键"作为"面对面"的有力补充，以取得最佳育人效果，增强高职全方位思政育人体系的灵活性。

第二节 高职思政育人体系建设的价值与意义

一、高职思政育人体系建设的价值

（一）推动人才培养体系的完善

高职思政育人体系的建设在人才培养体系的完善中发挥着至关重要的作用。这一体系结构涵盖了从理论学习到实践操作的全方位内容，体现了当代高职教育的特色和要求，从而在一定程度上保障了高职教育的质量和水平。

第一，高职思政育人体系的建设为学生的全面发展提供了强大的支持。这一体系关注学生的道德素质、社会责任、法治观念和历史文化素养等多方面的教育，使学生在学习专业技能的同时，充分理解和掌握社会主义核心价值观，从而形成正确的世界观、人生观和价值观。这对于培养充分理解和掌握社会主义核心价值观的高素质人才具有重要意义。

第二，高职思政育人体系的建设推动了学校教育教学改革。这一体系强调的是全面教育，包括知识教育、能力教育和素质教育，这样的教育方式能够更好地适应社会发展的需求。同时，这一体系的建设可以有效地调动教师的积极性，激发他们的教育教学热情，使教育教学质量得到提升，从而推动学校教育教学的改革和发展。

第三，高职思政育人体系的建设为人才培养提供了丰富的教育资源。这一体系的建设能够整合各类教育资源，形成一个全方位、多角度、深层次的教育体系，从而为学生提供了全面的教育支持。这不仅能够提高教育教学质量，也能够使学生的知识、能力和素质得到全面的提升。

第四，高职思政育人体系的建设有助于学生的全面发展。通过这一体系的建设，学生能够在掌握专业知识和技能的同时，深入理解社会主义核心价值观，树立正确的社会主义道德观，从而在面对社会生活中的各种问题时，能够有正确的价值取向和行为方式。这样的教育方式不仅能够使学生在个人发展上取得全面的进步，也能够使他们更好地为社会主义建设做出贡献。

（二）推动人才培养素质有效提升

人才培养素质是衡量教育体系质量的重要标准之一。在此方面，高职思政育人体系的建设起到了积极的作用。它通过不断完善和深化教育内容、教育手段和教育环境，有力地提升了人才培养素质。

高职思政育人体系的建设强化了学生的思想政治素质。在这个体系下，学生不仅可以学习到专业知识，还会系统地接受思想政治教育，从而能够全面提升自身的思想政治素质。这种全面的教育方式，让学生在面对复杂的社会问题时，有了正确的价值取向和行为方式，为社会主义事业的发展做出积极贡献。

高职思政育人体系的建设强化了教师的职业素养。通过完善和深化教育内容，提升教育手段和教育环境，教师的专业素养得到提升。在教学过程中，教师不仅需要传授专业知识，还需要有效地进行思想政治教育，从而提升学生的思想政治素质。这种全面的教育方式，使教师在教学过程中有了更大的动力和热情，从而提升了教学质量。

高职思政育人体系的建设促进了教育资源的整合。在这个体系下，各种教育资源得到了充分的利用和整合，构建了全面、多元、开放的教育环境。这样的教育环境不仅提高了教学效率，也使学生的学习更加深入和全面，从而提升学生的思想政治素质。

（三）扩大高职思政教育影响力

高职思政育人体系的建设，进一步扩大了高职思政教育的影响力，为高职教育在社会中的发展和推广提供了强大的支撑。

这一体系的建设可以提升学生对社会主义核心价值观的认同度和接受度。学生在接受高职教育的过程中，不仅可以学习到专业知识，还可以深入理解和掌握社会主义核心价值观。这样的教育方式使学生更加积极地参与到社会主义建设中去，从而使社会主义核心价值观在社会中得到更广泛的传播。此外，这一体系的建设也提升了高职教育的教学质量。在这个体系下，教师可以有效地进行思想政治教育，也可以全面提升自身的教育教学能力，从而提升教育教学质量。这样的教育方式不仅使教师在教学过程中有了更大的动力和热情，也提升了学校的教育教学水平，使学校在社会中的声誉得到提升，从而扩大了高职教育的社会影响力。这一体系的建设也整合了各类教育资源，构建了全面、多元、开放的教育环境。这样的教育环境不仅提高了教学效率，也使学生的学习更加深入和全面，从而提升了学生的思想政治素质。这样的教育方式使高职教育在社会中的影响力得到了进一步的扩大。

二、高职思政育人体系建设的意义

（一）高职思政育人体系建设是社会发展进步的切实要求

在探讨思政育人体系的重要性时，必须强调其对社会发展进步的贡献。社会进步并非随意而为，而是一种显现在社会运动、变化和发展过程中的前进趋势，由低级向高级不断演进。

社会进步的动力源于内部基本矛盾的运动，包括生产力和生产关系、经济基础和上层建筑之间的矛盾。其中，人类成为这一历史演进的最核心要素，人的角色在生产力的诸要素中尤为突出，特别是具有深厚思想知识和科学技术的劳动者，其能动性与革命性最为明显。思政育人体系建设的实践有力促进了科技发展、社会交往进步及现代文明的发展，这是育人体系对社会发展直接贡献的显著体现。面对这种需求，新时代高职院校应当积极响应，以思政育人体系作为手段，进一步推动社会发展进步，实现人民的美好愿望。

（二）高职思政育人体系建设是实现民族复兴的重要举措

中国共产党将继续团结带领全国各族人民，坚持中国特色社会主义道路，不断推动中国的现代化建设和伟大复兴进程，为实现中华民族伟大复兴做出更大的贡献。这一宣示也为中国人民提供了信心和动力，激励大家为实现这一宏伟目标而奋斗。中华民族伟大复兴的实现，要倚重强大的知识力量和人才储备，这正是立德树人工作的价值所在。

立德树人旨在塑造社会主义道德和培养社会主义的合格建设者及接班人，这一目标与民族复兴的价值观念和实践要求高度一致。社会主义现代化建设的进程的内在要求就是培育有志于民族复兴的建设者和接班人。新时代的民族复兴，对立德树人提出了更新更高的标准，揭示出二者之间的辩证关系。民族复兴的目标，不仅为立德树人提供了明确的价值导向，也有助于整合国家的思想共识，凝聚社会力量。为了实现中华民族伟大复兴，必须强化高职院校在立德树人工作中的关键作用，加强高职思政育人体系建设，转化人口优势为人才优势，不断提高国民的综合素质，积聚民族复兴的动力，以期更好地服务于民族复兴的宏大实践。

（三）高职思政育人体系建设是我国高职院校的发展需求

高等职业教育是我国职业教育体系的关键部分，为社会和经济发展提供了大批优秀的技术技能型人才。然而，技术和技能的传授并非高职教育的唯一目标，构建高职思政育人体系，对于我国高职院校的发展具有深远的意义。

高职思政育人体系的建设是为了贯彻党的教育方针，实现为党育人、为国育才的使命。这是高职院校存在的根本理由和目的，也是其发展的根本需求。在新时代背景下，高职院校的发展必须围绕思政育人这一核心任务。只有在这个方向上不断提升和优化，高职院校才能发挥出自身的特色和优势，进一步推动教育事业的发展。作为教育工作的主题，思政育人体系不仅决定了学生的德育实践，也是检验高职院校工作质量和水平的关键标准。这意味着高职院校在追求其他教育目标的同时，必须确保思政育人体系的稳健和完善。这样的育人体系可以有效推动高职院校在思政教育方面的不断创新和提升。在此背景下，建设中国特色社会主义高职院校的核心标准，就是思政育人体系的建设。这既是高职院校的基本任务，又是其他工作发展的统帅。只有在思政育人体系建设方面做出成果，高职院校才能真正培养出一流人才，提升到世界一流水平。

高职思政育人体系的建设，不仅是我国高职院校为党育人、为国育才的使命，也是提升教育质量、培养一流人才、建设世界一流大学的关键，对于把握我国高职院校的发展需求、推动高职教育的改革和发展具有重要的指导意义。

（四）高职思政育人体系建设是学生个人成才的重要保障

思想政治育人体系是学生个人成才的重要保障，它的构建和完善贯穿教育的全过程，为学生的全面发展提供有力支撑。其影响体现在个人品行、知识技能、人格塑造和身心发展等各个方面，深度影响着学生的成长轨迹。

教育阶段，特别是大学生阶段，被誉为人生的"拔节孕穗期"，这一阶段的教育质量对个人成长有着决定性的影响。教育的作用就在于为学生的全面发展创造条件，使学生的才能得到充分发展。而高职思政育人体系建设的任务，就是通过培养学生良好的品行、传授知识技能、塑造健全的人格、促进身心发展，来促进学生的全面发展，满足其成长和成才的内在需求。

在这个过程中，学校教育在学生个人成才的实践中发挥了至关重要的作用。因此，新时代高职思想政治育人体系的建设，应当充分认识到其对个人成才的现实意义，深入理解和发挥学校教育的重要作用。通过高质量的教育，学校能够帮助学生全面发展，实现个人的成才目标，为社会提供大批优秀的人才。这是新时代高职思想政治育人体系建设的重要任务和追求，也是学校教育的重要责任和使命。

第三节 高职思政育人体系建设的内容与原则

一、高职思政育人体系建设的内容

（一）高职思政育人体系建设的具体内容

1.明确的教育目标

在高职思政育人体系建设中，教育目标的确定是关键一环。教育目标的明确性和针对性能够为高职院校提供指导，使得其思政育人工作更加有针对性和有效性。

教育目标的确定对于高职院校的思政育人工作具有重要意义。第一，教育目标的确定为思政教育提供了明确的方向和目标，为教师的课程设置、教学方法和内容提供了准绳，使得教育工作更加有针对性和有效性。第二，教育目标的确定有助于教师明确教育任务和育人目标，引导学生在思想、道德和职业等方面全面发展。第三，教育目标的确定还可以使得思政育人工作更加具有针对性和实效性。明确教育目标后，学校才能够制定人才培养方案、教学方案和评价体系，确保思政育人工作与学生的成长需求相匹配。第四，教育目标的确定使学校更加注重学生的个性发展和特点培养，增强思政育人工作的实际效果。通过明确教育目标，学校能够引导学生树立正确的世界观、人生观和价值观，培养积极向上的品德和职业素养。第五，教育目标的确定可以激发学生的学习动力和自主发展能力，推动学生全面成长和自我实现。

为了实现上述目标，学校可以采取以下做法。首先，教育目标应与高职院校的定位和发展方向相契合，结合学校的使命和愿景进行制定。其次，学校可以组织相关专家和教师团队进行研讨和讨论，以确保教育目标的科学性和可行性。在制定教育目标时，应充分考虑学生的实际需求和发展潜力，注重个性化培养。最后，学校还可以建立完善的评估体系，定期评估教育目标的达成情况，并根据评估结果进行调整和改进。最重要的是，学校应注重教师的专业培训和能力提升，使他们能够有效地实现教育目标，引导学生朝着目标发展。

2.课程体系的建设

高职思政育人体系建设中的课程体系建设是非常重要的一环。通过合理设计课程内容，将思政教育与专业教育相融合，采用创新教学方法和设置实践环节，可以有效促进学生的思想道德发展、职业素质提升和专业能力培养。课程体系的建设将为高职院校的思政育人工作提供坚实的基础，为学生的全面发展和职业发展奠定良好的基础。

（1）课程内容的设计。高职思政育人课程体系的建设要合理设计课程内容，使之既符合思政教育的要求，又能融入专业教育中。课程内容应包括马克思主义基本原理、中国特色社会主义理论体系、社会主义核心价值观等方面的内容，旨在引导学生树立正确的世界观、人生观和价值观。同时，课程应涵盖职业道德、法律法规、职业技能和创新创业等方面的内容，以培养学生的职业素质和综合能力。

（2）融入专业教育。课程体系的建设要将思政教育与专业教育相融合，使之相互渗透、相互促进。课程设置应根据不同专业的特点和要求，将思政教育贯穿专业教育的全过程，可以通过开设专业导论、职业道德、行业规范和专业伦理等课程，将思政教育与专业知识相结合，帮助学生理解专业背景和职业责任，培养专业素养和职业操守。

（3）创新教学方法。课程体系的建设要注重创新教学方法，提高课堂教学的活跃性和有效性。可以采用案例分析、小组讨论、角色扮演和问题导向等教学方法，激发学生的思考和参与积极性，培养学生的分析、判断和解决问题的能力。教师还可以运用多媒体技术、互联网资源和在线学习平台，丰富教学内容，为学生提供多样化的学习方式，激发学生的学习兴趣和主动性。

（4）实践环节的设置。课程体系的建设要注重实践环节的设置，使学生能够将所学知识应用于实际情境中，提升实践能力和创新能力。高职院校可以通过实习实训、社会实践、科研项目和创业实践等方式，将思政教育与实践相结合，培养学生的实践能力、团队合作精神和创新创业意识。实践环节的设置不仅可以加强学生对思政教育的理解和应用，还能提升他们的综合素质和职业竞争力。

3. 师资队伍的培养与建设

高职思政育人体系建设离不开优秀的师资队伍。

（1）师资培养与引进。高职院校应注重师资培养与引进，提升教师的专业素养和思政育人能力。师资培养方面，学校可以通过开展师资培训、专业研修、教学研究等活动，提高教师的学科知识水平和教学能力，增强他们的思政育人意识。师资引进方面，学校可以通过引进具有丰富思政教育经验和专业背景的教师，丰富师资队伍的结构，为学生提供多样化的思政教育资源。

（2）师德修养与专业能力培养。师德修养是高职思政育人师资队伍建设的重要内容之一。学校应加强师德教育，培养教师的良好师德品质和职业道德素养，使其成为学生的榜样和引领者。同时，学校还应注重教师的专业能力培养，通过专业发展计划、教学观摩、案例研究等方式，提升教师的学科知识水平和教学能力，使其具备扎实的学术知识和教学技能。

（3）师资队伍建设。师资队伍建设是高职思政育人体系建设的基础和保障。学校应建立健全师资队伍建设机制，构建相应的评价激励体系，扩大和提高教师的职业发展空间和待遇。同时，学校还应加强师资队伍的管理，建立有效的教师激励机制和职称评定体系，提高教师的积极性和创造力。此外，学校还可以通过建立专业思政教师队伍，加强学科与思政教育的融合，提升整体师资队伍的专业素质和教学能力。

4.育人活动和实践平台的构建

育人活动和实践平台是高职思政育人体系建设的重要内容。

（1）实践活动的多样性。高职院校应注重开展多样化的实践活动，包括社会实践、校内实习、科研实践等，为学生提供更多的实践机会。通过实践活动，学生可以将学到的理论知识应用于实际问题，增强专业能力和解决问题的能力。实践活动的多样性可以包括行业实训、参观考察、竞赛实践等形式，使学生在实际操作中不断锻炼和提升自己。

（2）育人主题活动的开展。高职院校应开展丰富多样的育人主题活动，通过主题班会、座谈会、讲座、研讨会等形式，引导学生深入思考社会、人生、价值等问题，培养正确的人生观、价值观和道德观。育人主题活动可以涵盖思想政治教育、职业素质教育、创新创业教育等方面，旨在引导学生积极向上、健康成长。

（3）实践平台的构建。高职院校应构建多样化的实践平台，为学生提供广泛参与实践活动的机会。实践平台可以包括学生社团、创新创业基地、实验室、校外合作实训基地等。学生社团可以提供学生自主发展和实践的空间，培养学生的组织能力、合作精神和领导才能。创新创业基地可以提供创业教育和实践培训，激发学生的创新思维和创业能力。高职院校应为学生提供实践操作的场所和设备，提升学生的实践技能。

通过多样化的实践活动、丰富的育人主题活动和多样化的实践平台，高职院校能够激发学生的兴趣、培养学生的实践能力和创新能力，促进学生全面发展。同时，这些活动和平台也为学生提供了交流、合作和分享的机会，促进了学生之间的互动和共同成长。因此，高职思政育人体系建设中，育人活动和实践平台的构建是不可或缺的要素，对于培养高素质应用型人才具有重要意义。

（二）高职思政育人体系建设的实践应用

1.浙江工商职业技术学院

（1）守正创新，拓展第一课堂育人路径。浙江工商职业技术学院始终坚持守正创新的原则，致力拓展第一课堂育人路径，特别是在课程思政工作上下足了功夫。该校于2018年4月制定了《推进和加强"课程思政"工作的实施办法（试行）》。其独特之处在于，不仅将"课程思政"纳入人才培养方案，还设置了课程标准和授课计划。为此，该校将其融入了专业核心课、新生研讨课的教学设计表中，同时还举办了多期教学论坛，致力探索如何将思想政治教育融入课程教学全过程。校方深知，课程思政的实现需要改变教师的教学理念和行为。为了了解和改善这种现状，2019 年 10 月，学校成立了课程思政专题调研组，通过一系列深入研究和调查，以深化对课程思政工作情状的了解。在此过程中，调研组发现了一些问题，例如，对课程思政推进的系统设计缺乏、教师对课程思政的理解和认识不到位、课程思政的挖掘和设计不够深入、方法和途径不够多样等。面对这些问题，调研组提出了一系列改进对策和建议，包括加强课程思政组织领导和系统设计，建立检查、评价和激励机制，搭建交流培训平台等。这一系列措施，使得教师们的理念得以改进，思路得以拓展，全员、全程、全方位育人的氛围日益浓厚。浙江工商职业技术学院随后陆续制定了《课程标准制订与实施指导意见》《课程思政教育元素挖掘指南》和《课程思政建设实施方案（修订稿）》。同时，学校成立了课程思政工作领导小组，构建并完善了优化一套课程思政内容与教学体系、建立课程思政"三个课堂"联动机制、搭建"九个一"的课程思政交流共享平台的"139"系统设计。

　　为了进一步推进第一课堂思政教育，学校开展了思政教师与各二级学院专业（教研室）结对工作。这一措施使得教师们对课程文件如课程标准、授课计划、教案等有了更深入的理解和把握，也使得思政教育元素融入的过程变得更加顺利。在不断的探索实践中，浙江工商职业技术学院成功建立了一套党委统一领导、党政齐抓共管、教务部门牵头抓总、相关部门联动、各二级学院落实推进的课程思政工作格局。这种格局不仅培育出了一批优秀的课程思政典型实践案例和理论研究成果，还使得全校课程思政覆盖率从 2018 学年的 20.7% 提升至 100%。从实际操作上看，教师们在教学中如何将课程思政元素融入，如在"BIM 技术工程应用"课程中融入"责任担当、工匠精神、技术创新"等思政元素以及进行专业课"浙江乡土旅游"的课程思政整体设计，这都体现了教师们对课程思政的理解和运用已经更加得心应手，育人效果日益凸显。在这一过程中，教师和学生均感到充实，全校也形成了"门门有思政、课课有特色、人人重育人"的良好氛围。

（2）统筹设计，发挥第二课堂育人实效。浙江工商职业技术学院注重全面发展和培养学生，深化第二课堂育人实效，着重在精神、道德和社会责任等方面对学生进行全面教育。它建立了多种活动和平台，如"厚德讲坛"和"明智红学堂"，以弘扬校园文化，凝聚和激发学生的学习积极性。

浙江工商职业技术学院在2007年设立了"厚德讲坛"，并在过去的十几年里聘请了数十位优秀人士作为德育导师，参与学生思想政治教育工作。这种实践提供了一个生动的平台，让学生们直接与先进人物接触，了解他们的成功经验和丰富的人生智慧。裘银芳是其中之一，作为全国劳动模范和省市人大代表，她讲述了自己的"助农三部曲"，这对学生来说是一种深刻的启发和鼓舞。每年三月，浙江工商职院会举行"笃行"志愿服务活动，这是学校服务学习和志愿服务相结合的社会实践体系的一个重要组成部分。活动主题是"弘扬雷锋精神，做文明使者，树时代新风"，为学生提供了丰富的社会实践机会。该活动吸引了大量的学生志愿者参与，产生了很多深刻、积极的社会影响，成为学生思政教育和校园精神文明建设的有效载体。

浙江工商职业技术学院还充分利用校内外资源，建立了多个校外实践基地和思政理论课现场教学基地，实践了"校地融合、行思并举"的教学模式。这种模式让学生有机会在实践中学习，在实际情境中对知识进行深化和拓宽，增强了课程的生动性和实用性。该校还通过开展社会实践活动、考察研学、公益志愿服务、创新创业活动、校园文化活动等方式，持续拓展课程思政教学的新途径，进一步完善了第二课堂的育人实效。此外，学校还组织了一系列活动，如跟随老校长重温百年校史，与优秀校友、知名企业家面对面交流，听青年学者讲述宁波建城1 200年的历史等。这些活动使学生们在社会大课堂中接受历史人文的熏陶，学习中华优秀传统文化，开展爱党、爱国、爱社会主义教育，深化了学生们对国情、社情、民情的理解。

（3）知行合一，形成第三课堂育人特色。浙江工商职业技术学院积极采取"双标准、双导师、双考核"的校企一体化管理模式，逐步形成了一种鲜明的职业教育特色，即"第三课堂"的教育方法。这种方法强调产教融合和校企合作，注重专业体验和专业实践，旨在引导学生的专业认知和职业兴趣。

以浙江工商职业技术学院2020届影视动画专业学生王同学为例，由于学校紧密的校企合作模式，她得以早早地以"准员工"的身份进入企业，参与实际的项目，锻炼职业素养和岗位核心技能。这种模式极大地提高了学生的实践技能和业务水平。此外，王同学和她的团队制作的短视频作品《我生在中国》，在庆祝中华人民共和国成立 70 周年之际，获得了"我与中国"全球短视频大赛的优秀奖，并在"学习强国"平台上线，这正是校企合作育人模式的成功案例。

浙江工商职业技术学院还开创了首席工人带徒工程、特长生培养工程、现代学徒制等人才培养模式，旨在以"工学结合、知行合一"的方式培养出一大批"德技兼修"的高素质技能型人才。这种模式的实施，使得学校相继获评浙江省现代学徒制试点单位、浙江省首批课堂教学创新校和省级双创示范基地。为了进一步推动劳动教育与专业教育、学生素质拓展的有机融合，浙江工商职业技术学院在 2020 年 11 月设立了首个劳动教育周。在这一周内，各专业的学生都参与了一系列实践活动，如电商专业的学生参与稻谷收割劳作并完成了近千斤大米的销售，应用英语、旅游管理等专业的学生组织了英语标识标牌纠错、景区志愿讲解、酒店志愿服务等活动，机电工程学院的学生则前往合作企业参加生产实习。这些活动不仅丰富了学生的实践技能，也磨炼了他们的意志品质，提升了综合素质。

浙江工商职业技术学院根据自身特色和浙东学派的经世致用、工商皆本、知行合一的教育理念，培育并打造了校园商品展销会、"未来工匠"智能科技展、叮咚 e 商节等仿真模拟专业实践平台，为学生提供了锻炼专业技能、展示创新创意、习得职业精神的舞台。

总体来说，浙江工商职业技术学院通过思政育人体系建设的系统工程，始终围绕立德树人的根本任务，为党育人，为国育才，积极探索，积极实践，构建高职课程思政协同育人体系，培养出更多德技兼修的社会主义合格建设者和可靠接班人，为中国的职业教育提供了新的思考和借鉴。

2.宁夏职业技术学院

习近平总书记在党的二十大报告中强调了社会主义核心价值观在人才培养中的重要性，他倡导推进大中小学思想政治教育一体化建设。这一主张不仅指明了新时代高校思想政治工作的方向，也为其提供了遵循。以宁夏职业技术学院为例，其深入贯彻习近平新时代中国特色社会主义思想，着眼于立德树人的根本任务，对本校的思想政治工作体系进行了全面整合。该校将思想政治工作体系与专业教学体系、日常教育体系、管理服务体系进行了融合，以增强教育的全面性和有效性。他们强化了党建的引领作用，重视顶层设计的重要性，创新思政课堂的教学模式，努力进行文化赋能。为了更好地实现教育目标，宁夏职业技术学院党委选准了教育的"着眼点"、强化了教育的"生命线"，力求在思想政治工作的质量上进行提升，推动思想政治工作与人才培养的深度融合，以期达到人才培养的最佳效果。

（1）培育党建品牌，让思政底色"亮"起来。在学校的教育实践中，宁夏职业技术学院党委积极发挥党建品牌的引领作用，以此确保思想政治工作的正确方向，引导学院在开展教育工作的过程中始终沿着正确的道路前行。宁夏职业技术学院党委注重建设和发展党建品牌，他们创建了名为"匠心筑梦"的党建品牌，以此强化党建在人才培养中的引领作用。他们努力在师生间传承劳模精神、劳动精神和工匠精神，通过课堂教学、实践活动、无声的影响和竞争的激励，推动这些精神的内化和落地。通过这种方式，截至2021年，学校逐步构建了25个"匠心筑梦"党建子品牌，进一步推动学校党的建设与"双高"计划的深度融合以及开放教育综合改革的实践。宁夏职业技术学院党委的这些努力在全国得到了广泛的认可，他们获得了"全国党建工作样板支部"的荣誉称号。同时，他们在学校的育人实践中提出了"开放、合作、包容、发展"的育人理念，牢记"笃信好学、志在生民"的校训，形成了"团结坚韧、永远向上"的"白杨树精神"。这些成就都为学生培养"匠心筑梦、技能报国"的远大志向，奠定了坚实的思想基础。

（2）加强顶层设计，让思政教育"活"起来。在高等教育的思想政治工作中，顶层设计的重要性不容小觑，尤其是在对学生整体发展的关注上。宁夏职业技术学院便是在这个思路下，依据教育教学的不同阶段，优化了思政教育的总体布局。通过建立协同、贯通、联动的工作体系，强化了工作的整体效应，使得全程的思想政治教育富有生机，也使社会主义核心价值观深入人才培养与成长的每一个环节。

宁夏职业技术学院致力为学生提供多元化的教育体验，开展了开学典礼、入学教育、军事训练以及职业生涯规划讲座等一系列活动，旨在增强学生的职业准备度和职业理解力，充分利用这些活动磨炼学生的政治素养、公民素养以及职业素养，使学生在专业技术学习的同时，也能够具备健全的社会道德认知。通过组织文明修身月、企业文化体验周和素质教育活动周等活动，鼓励学生积极参与，提升个人素质，这一切都是为了培养学生的团队精神和社区意识。进一步提升学生的健康素质是学院的重要任务之一。为此，学院实施和开展了劳动教育、健康素质提升计划和阳光体育活动，通过参与各种体验性和体育活动，学生在提升身体素质的同时，也增强了团队合作精神和集体责任感。学院鼓励学生通过社团活动来拓宽视野，增加实践经验。在这里，每个社团都有一位负责的指导教师，为学生提供全方位的指导和帮助。

进入网络信息时代，宁夏职业技术学院不仅强化了阵地管理，也开设了学校视频号作为新的思政教育阵地，这也使学院在全国职业院校视频号影响力排行榜上屡次位于前列。学院强调实习实训、国情考察、专业实践、生产劳动、志愿公益和创新创业的重要性。通过与企业大讲堂、竞思论坛等平台的合作，学院为学生提供了直接接触行业和企业的机会，让他们能够获得前沿的行业知识和经验。学生新时代文明实践团是学院的另一个创新活动。通过这个平台，学院鼓励学生学习党史、坚定信念、跟随党的步伐。学生们还有机会参与乡村振兴项目，通过直播带货等方式开展社会实践活动，从而在实践中学习和成长。

（3）开展书记项目，让思政课堂"强"起来。思政课在高等教育中至关重要，该课程的实施对于铸造学生的灵魂、育成人才起着不可替代的作用。宁夏职业技术学院深度融合了习近平新时代中国特色社会主义思想，创新地构建了一种由思政课程、职业素质系列课程和专业课程思政建设三个部分构成的课程体系。这一体系将"思政课程"与"课程思政"两个概念相互结合，形成了一种圈层效应。

学院在全区职业院校中率先建设了马克思主义学院，制定了由党委书记直接分管马克思主义学院、思政课教师主动联系"课程思政"项目负责人的制度。学院在教育领域里探索出一条全新的道路，它所实行的是"思政课程＋课程思政＋网络思政"的教育改革，尤其突出的是马克思主义教学科研部建设联盟的成立。此举开创了宁夏高职院校间的联盟模式，对于推动全区的思政课程整体建设水平提升产生了重大影响。为了进一步强化学生的爱国主义情怀，学院致力推行爱党、爱国、爱社会主义的教育理念。全区首个思政课教学实践中心和实体教学馆的建设，就是学院此项工作的实质性成果。这些成果引领着学生坚定与党同行，努力向着民族复兴的目标前进，面对生活中的困难挑战，他们毫不退缩，勇担时代的使命。此外，课程思政"双百工程"的全面启动，进一步丰富了学院的教学内容。通过生活中的实例、工作中的实践，帮助学生形成正确的世界观、人生观和价值观。同时，学院也着重引导学生培养高尚的职业操守和优秀的职业素养，以期使这些价值观和素养真正化为他们自觉的行动。在这个过程中，"匠心"是每一个学生所必须具备的品质。学院倡导"大国工匠"和"技能大师"的精神，旨在通过教育引导，帮助学生以匠人之心，精益求精，追求技术上的极致。因此，无论是在技术技能的学习中，还是在职业素养的养成中，他们都能坚守"匠心"，不断精进，持续成长。这样的教育模式不仅促使学生在职业技能上得到极大提升，还使他们的世界观、人生观、价值观逐渐形成和发展，使他们在接触到社会、走入职场时能更好地应对，更有力地贡献社会，为我国的繁荣和发展做出更大的贡献。

（4）加强文化建设，让思政体系"融"起来。文化建设与思政体系并行不悖，两者的融合有着不可忽视的重要作用。就宁夏职业技术学院来说，文化建设被作为育人的重要工具，并通过实施具体的策略来进一步促进其影响力。宁夏职业技术学院实施了"文化铸校"战略，旨在将文化融入学院的每一个角落，使之成为校园生活的重要组成部分。学院通过推进"四进工程"，即企业文化进校园、网络文化进校园、社区文化进校园、红色文化进校园，建立丰富多元的校园文化环境。学院还打造了"四个文化带"，包括企业文化带、网络文化带、社区文化带、红色文化带，以促进不同类型的文化在校园内的流动和互动。此外，举办各类校园文化活动也是学院的一项重要举措，通过各种形式，展示并传播学校独特的文化魅力。

宁夏职业技术学院采用了"党建品牌+思想政治教育+校园文化"育人新模式，三者之间形成了有机的联动。这种模式集中体现了学院对学生全面发展的关注和承诺，尤其注重学生思想政治教育的培养和引导。在此基础上，学校通过建设"新时代劳模（工匠）育人中心"和"星光大道"劳模（工匠）教育基地，弘扬劳模精神、劳动精神和工匠精神，形成了富有特色的劳动教育模式。对于文化景观建设，宁夏职业技术学院也十分注重，不断优化和改进校园环境，使校园环境更加美观，更有助于传播学校文化。文化景观的建设，不仅满足了学生的审美需求，也为校园文化的传播提供了物质载体。经过这一系列的努力，学院成功获得了"自治区文明校园"称号，并成为全国高职院校爱国主义教育培训基地，这既是对学校在文化建设和育人工作上的肯定，也鼓励学校在未来的日子里，继续在这条道路上前行，为全体学生提供更优质的教育环境和资源。

3. 无锡职业技术学院

深入剖析无锡职业技术学院党委的实践动向，可以看出其坚守了习近平总书记关于强化大学生思想政治教育的重要讲话精神，同时积极贯彻全国高等学校思想政治工作会议和全国教育大会的核心理念。在实践中，该机构着力于完成"立德树人"的基本任务，以此为重心，旨在激发学生的全面发展，进而打造拥有良好思想品格、高级技能素质、强大双创能力和较大发展潜力的人才。为了达成这一战略目标，学院筹建并推行了一套名为"七六五四三二一"的大思政育人体系，其主要任务是培养能够承担民族复兴大任的时代新人。

（1）"七进"并举，落实立德树人根本任务。无锡职业技术学院以"不忘初心、牢记使命"的主题教育为实践指导，坚守了立德树人的根本使命。他们创建了一套系统化的联系学生制度，涵盖了学校领导、机关党员干部以及辅导员。此外，学校还制定了《无锡职业技术学院领导干部深入基层联系学生工作实施办法》，进一步推动领导干部深入基层与学生交流。该校实施了一种名为"七进"的具体策略，包括"进课堂、进班级、进宿舍、进食堂、进社团、进讲座、进网络"。这一策略通过面对面的交流，让学校领导、职能部门党员和干部、辅导员、班主任深入了解学生的思想、生活、学习和心理状况，认真听取他们的诉求和意见，努力解决他们在学习和生活中遇到的紧急和困难问题。结合学生在入学教育阶段、专业学习阶段、顶岗实习阶段的具体情况，该校开展了理想信念教育、法治安全教育以及心理健康教育，以此提高学生教育服务的针对性和及时性。这种教育方式使学生的思想政治教育更加生活化、人性化和定制化，有助于更好地培育学生的全面素质和技能。

（2）"六"项工程，层层夯实育人基础。无锡职业技术学院在学生工作实践中发展了一套以"创新创业类、国学文化类、科学精神类、法律思辨类、生命关怀类、艺体审美类"为核心的六大类别体系，围绕这些类别打造了"思想素质教育、文化素质教育、心理健康教育、资助育人教育、国防安全教育、就业创业教育"六项育人工程。这些工程旨在通过全面的教育方式提升学生的整体素质和能力。在这些工程中，辅导员素质能力提升工程被视为主线，横向打通了六项育人工作，纵向贯穿了学生的成长发展路径。例如，学校在资助育人教育方面，近两年先后修订发布了《家庭经济困难学生认定工作实施办法》和《建档立卡家庭经济困难学生学费减免实施细则》。改变了之前家庭经济困难学生认定的烦琐流程，使其从"人人提供贫困证明"模式精简为"提出认定申请"模式。

为了强化资助育人效果，自2013年起，学校连续8年开展资助诚信主题教育，逐渐将其打造成主题教育的品牌项目。2021年，学校开展了生源地助学贷款政策宣讲、资助书法作品大赛、资助视频大赛等宣传活动，涵盖了诚信学风教育、诚信道德教育、金融诚信教育、诚信感恩教育等内容。除此之外，学校也强调资助与励志、助学与育人并重的教育理念，选配优秀班主任与经济困难学生结对，提升了帮扶的针对性和实效性。通过召开经济困难学生座谈会、受助学生先进事迹报告会等活动，培养了学生自信自强、成人成才的精神。

（3）"五"大模块，增强学生教育获得感。在无锡职业技术学院的教育模式中，学校整合了"思想理论教育、成长成才教育、心理健康教育、就业创业教育、国防安全教育"等五大主题教育模块，创建了40多个主题教育资源库，并开发出"168"主题教育模式。在此模式下，每个二级学院每年至少组织一次主题教育公开课、六次主题教育实践活动，每个班级每学年至少开展八次主题教育班会。为了更有效地推动这种模式，学校充分运用了线上平台来召开"云班会"并通过"PU口袋"校园社会实践平台实现了主题教育的网络化、数据化和规范化运行。

（4）"四"个课堂，提升学生综合素质。学校以学生成长成才为出发点，开设了思政教育"主"课堂、团学组织"辅"课堂、校园文化"隐"课堂、网络媒体"新"课堂等四个思政课堂，旨在构建理论主课堂、实践大课堂、网络新课堂一体贯通、无缝对接的立体思政育人网络。在此过程中，学校将最新的党的理论成果、学生专业、地方文化等多元素结合到思政教学中，同时依托学生社团、无锡院士馆、万迪文化广场等资源以及"团聚职院""星火燎原""锡心相伴"等微信公众号，从多个方向促进学生的全面发展。

（5）"三"个融合，提高人才培养质量。该校针对制造业产业的转型升级以及《中国制造2025》对高水平技术技能人才的需求，对学校、企业、社会的资源进行了深度整合。通过引进技能大师工作室、聘任产业教授和企业技术专家，实现了学业导师与企业导师的融合，以此培养学生的工匠精神；将校园文化与企业文化融合，营造了多元的文化氛围；融合创新教育与企业项目，以提升学生的创新能力。此举形成了校企协同的人才培养模式，提升了学校对区域经济社会发展的服务能力和人才培养质量。

（6）"两"大职能，筑牢主课堂育人阵地。该校以建设江苏省高校示范马克思主义学院培育点为契机，发挥教师教书育人的双重职能，坚持把握思想政治理论课的核心地位，促进各课程的协同育人。通过举办主题沙龙、定期召开大学生思想政治工作研讨会、意识形态研判会等，探索并实现思政课程与课程思政的有机融合，形成协同育人的机制。

（7）"一"院一品牌，营造良好育人氛围。按照"结合专业学习、融入思政教育、培养人格能力"的思路，倡导各二级学院结合自身的专业特色、学生需求、发展趋势，打造出"一院一品"的学生工作精品项目。通过这种方式，学校强化了品牌效应，营造出良好的育人氛围，并开启了全员、全方位、全过程育人的新局面。同时，学校坚持品牌化、工程化、项目化的运作模式，对"一院一品"的建设进行扶持，从多角度提升学生的专业素养和综合素质，培养学生的合作精神。

4.漳州职业技术学院

在党的二十大报告中，习近平总书记强调了青年工作的重要性，并提出了党的使命与青年发展的关系。漳州职业技术学院非常重视学习宣传贯彻党的二十大精神，并致力构建"三人行"党建品牌，以深度融合党建工作与师生发展，促进教育高质量发展。同时，学校将青年工作视为战略性工作，运用党的科学理论武装青年，唤起青年对党的初心使命的共鸣，并积极探索学校党建的新途径。在党的二十大胜利召开后，学校党委从成为青年朋友的知心人、青年工作的热心人以及青年群众的引路人三个方面展开工作，全面打造了"三人行"党建品牌。

（1）心理健康教育与思政结合。学校党委注重心理健康教育与服务。学校的心理咨询中心进行了升级改造，提供了心理测评室、个别咨询室、沙盘游戏室、音乐放松室、运动宣泄室、团体辅导室等功能室，并配备了相关测评和咨询设备。通过科学细致的人文关怀、帮扶和心理辅导，该中心为师生提供了一个倾诉烦恼、分享幸福的精神港湾。

学校将心理健康教育与思想教育有机结合，加强了心理健康教育的软硬件建设。学校设立了一体化的心理健康服务机构，涵盖心理健康培养、心理困扰咨询和心理危机干预三个方面，帮助学生增强心理素质，培养积极向上的人生态度，为师生提供心理上的支持和帮助。

（2）做青年群众的引路人。漳州职业技术学院党委注重青年工作，实施"五育积分"，推进德智体美劳"五育并举"和10项改革，统筹推进"三全育人"综合改革试点和思想政治工作体系建设，做青年学生的引路人，全力建设高水平高职学校。

学校推进"五育积分"制度，构建学生综合素质评价体系，指导学生德智体美劳全面发展，实施厚德、启智、强体、悦美、尚劳五项专项行动。通过"学工一站式服务平台"，记录流程化、统计智能化、查阅人性化，实现规范、科学、简便的"五育积分"的应用。德育铸魂，推进课程思政、生态文明、心理健康等教育。智育固本，推进工匠文化、三教改革、三创教育，打造技能大赛体系。体育强身，推行健康知识+运动技能，开展智能健身跑等活动。美育怡情，打造青马工程+、漳州红+、传习基地+项目，提升学生审美素养。劳动淬炼，通过实践基地、劳动教育活动，引导学生以劳树德。

漳州职业技术学院党委在教育和引导学生方面取得显著成果，全面培养社会主义建设者和接班人。这一系列措施为青年学生提供全方位支持，推动学校教育事业发展。

二、高职思政育人体系建设的原则

（一）导向性原则

思政课程的建设必须坚持正确的政治方向，严格执行习近平总书记对于思政课程建设的各项讲话精神以及国家、省市对于高校思政课程建设的相关文件要求。这种教学方式的目标是引导学生树立"四个意识"，增强"四个自信"，并自觉将爱国情、强国志、报国行融入对中国特色社会主义道路的坚持和发展中，从而培养出适应时代要求的高素质技能人才。因此，高职思政育人体系建设应遵循导向性原则。

1.思政课程建设必须坚持正确的政治方向

中国共产党的领导是中国特色社会主义最本质的特征，思政课程应当贯彻党的路线、方针、政策，弘扬社会主义核心价值观，引导学生正确理解和把握中国特色社会主义事业的发展方向。通过思政课程的学习，学生应当树立正确的价值观，坚守党的信仰和理想，自觉投身于中国特色社会主义伟大事业。

2.思政课程建设要严格执行党中央的教育思想

党的十八大以来，以习近平同志为核心的党中央高度重视思政课建设，围绕加强思政课建设做出全面部署和系统安排。习近平同志专门主持召开学校思想政治理论课教师座谈会并发表重要讲话，为新时代思政课建设提供了原则遵循和方向指导。2022年4月25日在中国人民大学考察调研时，习近平同志指出，鼓励各地高校积极开展与中小学思政课共建，共同推动大中小学思政课一体化建设。这些讲话强调了思政课程的重要性，强调了培养社会主义建设者和接班人的责任，提出了培养德智体美劳全面发展的社会主义建设者和接班人的目标。思政课程的建设要充分吸收和运用习近平的重要思想，使其成为教学内容和方法的指导，推动思政课程建设走深走实。

3.思政课程建设要遵循国家、省市对高校思政课程建设的相关文件要求

国家和各级政府针对思政课程建设制定了一系列的政策和规定，要求高校积极推进思政课程建设，确保思政课程的质量和效果。2020年，教育部印发《高等学校课程思政建设指导纲要》，强调要结合公共基础课程、专业教育课程、实践类课程的具体特点，科学设计课程思政教学体系。2021年，教

育部公布课程思政示范项目名单，确定课程思政示范课程699门、课程思政教学名师和团队699个、课程思政教学研究示范中心30个，构建国家、地方、高校多层次课程思政建设示范体系。中共中央、国务院《关于新时代加强和改进思想政治工作的意见》和中共中央办公厅、国务院办公厅《关于深化新时代学校思想政治理论课改革创新的若干意见》，全面推进高校课程思政建设，发挥好每门课程的育人作用，提高高校人才培养质量。这些文件要求思政课程注重培养学生的思想道德素质，注重培养学生的创新精神和实践能力，注重培养学生的国家意识和社会责任感。思政课程建设要遵循这些要求，确保教学目标的实现和学生能力的全面发展。

（二）系统性原则

思政课程的建设需要采用整体性和系统性的思维来推进，强调顶层设计，确保思政课在思政教育中的主导地位。这包括推动人文素质课程、通用职业素质课程、专业课程与思政课程融合以及通过管理、实践、文化、网络、心理、环境等多个方面的育人功能，构建全面的育人体系。

1. 强调顶层设计

思政课程建设需要进行顶层设计，确保课程的内容、教学方法和评价方式与国家、省市的相关文件要求一致。顶层设计要体现教育目标的明确性、科学性和可操作性，确保思政课程在整个教育体系中的地位和作用得到充分重视。在顶层设计中，需要明确思政课程的核心内容和基本要求，确定教学大纲和教材体系，制订教学计划和教学评价标准，确保思政课程的质量和效果。同时，顶层设计还需要考虑教师队伍建设、教学资源配置、教学环境创设等方面的问题，为思政课程的有效实施提供支持和保障。

2. 推动人文素质课程、通用职业素质课程与思政课程融合

思政课程应与人文素质课程和通用职业素质课程进行有机融合，形成相互支撑、相互促进的育人体系。人文素质课程注重培养学生的人文精神、人文素养和人文关怀，思政课程可以通过讲授党的理论、党史、国家发展历程等内容，激发学生的爱国情怀和社会责任感。通用职业素质课程注重培养学生的创新能力、实践能力和团队合作能力，思政课程可以通过引导学生思考社会问题、参与社会实践等方式，培养学生的创新意识和实践能力。通过将

思政课程与人文素质课程和通用职业素质课程相融合，形成一体化的育人课程体系，实现全面育人的目标。

3.构建全面育人体系

思政课程建设应该在整个教育体系中发挥引领和支撑的作用，形成全面育人的体系。除了思政课程本身的教学外，还应通过管理、实践、文化、网络、心理、环境等多个方面的育人功能来促进学生全面发展。在管理方面，可以通过开设学生社团、班级自治等方式培养学生的组织能力和领导力。在实践方面，可以组织学生参与社会实践、社会服务等活动，培养学生的实践能力和社会责任感。在文化方面，可以举办文化艺术活动、鼓励学生阅读经典著作等，培养学生的文化素养和审美能力。在网络方面，可以利用信息技术手段开展网络教育、网络交流等，扩大思政课程的影响力。在心理方面，可以开展心理健康教育，帮助学生树立正确的人生观和价值观。在环境方面，可以打造积极向上的学习环境和生活环境，为学生提供良好的成长条件。通过这些方面的努力，高职院校构建全面育人体系，实现思政课程的全方位教育目标。

（三）创新性原则

思政课程需要以社会主义核心价值观作为思政课程改革的统领，结合高职教育特色，采用一体化课程教学改革和行动导向教学理念，创新思政课堂教学模式，推进理论思路、内容形式、方法手段的创新，以改革创新为抓手提高教学质量和人才培养质量。

1.以社会主义核心价值观为统领

社会主义核心价值观是当代中国的价值追求，思政课程应当以社会主义核心价值观为统领，将其渗透到教学内容和教学过程中。教师应当引导学生深入理解社会主义核心价值观的内涵，通过案例分析、讨论、互动等教学方法，激发学生对核心价值观的认同感和行动意识，培养学生的道德情感、价值观念和行为准则。

2.结合高职教育特色

高职教育注重实践能力和职业素养培养，思政课程应当与高职教育的特点相结合，注重理论与实践的有机结合。教师可以通过案例分析、项目实践、实训活动等方式，将思政理论知识与实际问题相结合，引导学生在实践中深入思考和解决现实社会问题，培养学生的实践能力和创新精神。同时，思政课程还应注重职业道德和职业素养的培养，帮助学生树立正确的职业观念和职业道德，为他们的职业生涯打下坚实的思想基础。

3. 践行一体化课程教学改革和行动导向教学理念

思政课程的创新需要践行一体化课程教学改革和行动导向教学理念。一体化课程教学改革强调学科之间的融合和交叉，思政课程可以与专业课程相互渗透，形成有机的教学体系。通过跨学科的教学设计和项目化的教学活动，促进学生的综合能力和创新能力的培养。行动导向教学理念强调学生的参与和实践，思政课程可以通过社会实践、调查研究、模拟演练等方式，让学生亲身体验和实践，增强他们的实践能力和问题解决能力。

4. 改革创新思政课堂教学模式

思政课程的教学模式需要不断创新。传统的教师讲授模式已不能满足学生的需求，教师应积极探索互动式、探究式的教学模式。通过小组讨论、案例分析、角色扮演等活动，激发学生的学习兴趣和主动性，培养他们的批判性思维和创新思维。此外，借助现代技术手段，如多媒体教学、在线教学平台等，拓展教学资源和形式，优化教学效果。

5. 推进理论思路、内容形式和方法手段的创新

思政课程需要不断推进理论思路、内容形式和方法手段的创新。教师应该多关注国内外最新的思想理论成果，不断更新教学内容，使其与时俱进。同时，教师还应积极探索多样化的教学方法，如问题导向教学、情景模拟教学等，根据学生的实际情况和学习特点，灵活运用不同的教学手段，激发学生的学习兴趣和能动性。

（四）实践性原则

思政课程的建设要遵循实践性原则，要按照"六要"标准，打造高素质的思政教师队伍，遵循教育规律和学生成长规律，全面推进思政育人工作。具体实践中，以"一校一品牌，一系一特色、一课一精品"为目标，输出一系列具有实践指导意义的成果，并深入开展思政教育理论研究工作，构建具有高职教育特点、校本特色的思政育人模式。

1.打造高素质的思政教师队伍

思政教师是思政课程的重要组成部分,他们的素质和能力直接关系到思政课程的教学效果。在实践性原则下,需要通过培训和选拔,提高思政教师的理论水平和教学能力。思政教师应具备良好政治素质、教育教学能力和职业道德,能够熟练将党的理论与学科知识结合起来,引导学生进行实践探究和思想认识。高职院校要通过提供学科研究和教学方法的培训,加强思政教师队伍的建设,为学生提供高质量的思政教育。

2.遵循教育规律和学生成长规律

思政课程建设要遵循教育规律和学生成长规律。思政课程要通过设计多样化的教学内容和教学方法,满足学生个体差异,激发学生的兴趣和主动性。学生成长规律包括认知发展、情感发展和行为发展等方面,思政课程要针对学生的认知水平和情感需求,培养学生正确的价值观和行为准则。

3.全面推进思政育人工作

思政课程建设要全面推进思政育人工作。思政教育不仅要在课堂上进行,还应该渗透到学校的日常管理和学生的全面发展中。学校可以通过组织实践实习、开展社会服务等方式,引导学生将思政课程所学应用到实际生活中,培养学生的实践能力和社会责任感。

4.输出具有实践指导意义的成果

思政课程建设要输出具有实践指导意义的成果。这包括教材、课件、教学案例、研究成果等。通过总结和分享教学实践经验,推广成功的教学案例,提供教学资源和经验交流的平台,促进教师之间的互相学习和共同进步。

5.深入开展思政教育工作理论研究

思政课程建设要深入开展思政教育工作的理论研究。这包括对思政教育的理论基础、教学方法、评价体系等方面进行深入研究,探索适合高职教育特点和校本特色的思政育人模式。通过理论研究,提升思政课程的理论水平和实践效果,推动思政课程的创新和发展。

第四章　工匠精神与高职思政的育人功能及耦合性

第一节　工匠精神与高职思政的育人功能分析

一、工匠精神的育人功能

（一）德育功能

工匠精神就是专业精神，就是追求完美，致力创新，以高质量的产品或服务为追求目标的精神状态。在这个过程中，工匠精神所涵盖的伦理道德标准和行为准则对人的德育发挥了积极的促进作用。

工匠精神体现出对专业、对品质的执着追求。这种追求对于培养对工作的敬业精神、提升个人的品质都具有重要的意义，体现了道德责任感。这种责任感是一种高度的自我要求，是对社会、对他人的一种尊重，也是对自身的一种尊重。这种敬业、精益求精、诚信待人的精神风貌无疑是道德教育的重要方向。工匠精神对创新的强调体现了对增加知识储备和提升技能的追求以及对进步的追求。这种精神要求人们以积极的态度面对问题，勇于探索未知，热爱挑战。同时，这种精神丰富了道德教育的内涵。原因是这种精神鼓励人们追求更高的目标，促使人们不断自我提升。更重要的是，工匠精神所体现的是尊重劳动、尊重技术的高尚情操，这也是道德教育的重要内容。在现代社会，有些人可能会忽视手工劳动的价值，但工匠精神提醒人们，任何工作都有其价值，都值得尊重。这种尊重劳动、尊重技术的态度是道德教育的重要方面。因此，工匠精神在德育功能上的体现是全面的、深入的，它既涵盖了对专业的执着追求、对品质的追求，又涵盖了对创新的追求、对进步的追求，更涵盖了对劳动的尊重、对技术的尊重。这种全面的道德教育既能提升个人的道德品质，又能促进社会的道德进步。在未来的社会，工匠精神会成为一个重要的道德引导标志，引领人们向着更高的道德境界进发。因此，充分理解并发扬工匠精神的德育功能对于培养现代社会的道德公民具有重要意义。

（二）引导功能

工匠精神这一深深植根于劳动人民的创造活动中的精神品质包含敬业、精益求精、尊重劳动、尊重技术的理念。在育人功能上，除了对个人道德品质的提升，工匠精神还具有引导功能，这一功能对于引领社会向前发展、指导个人以正确的观念面对生活、引导个人发展有着重要的价值。

首先，工匠精神的引导功能体现在对社会进步的引导。工匠精神倡导的尊重劳动、尊重技术都是能够推动社会进步的重要因素。工匠精神强调的精益求精和不断创新也为社会进步提供了重要的动力。因此，工匠精神在社会进步中起到了重要的引导作用。其次，工匠精神的引导功能体现在其可以引导人们形成正确的价值观和人生观。这一价值观是以劳动为荣、以服务社会为荣、以创新为荣的价值观；这一人生观是以努力工作为荣、以持续进步为荣、以尽职尽责为荣的人生观。这些价值观和人生观对于引导人们工作和生活具有积极作用，对于建立和谐的社会环境也有着重要的作用。最后，工匠精神的引导功能也体现在对个人发展的引导。工匠精神鼓励人们追求专业、追求技术、追求质量，这些追求都能有力推动个人发展；工匠精神还鼓励人们追求创新，这种追求对于个人来说不仅有利于提升技能，还有利于培养创新思维，这对于个人适应现代社会的快速发展无疑具有重要的意义。

（三）传承功能

工匠精神是一种古老而又新颖的精神品质，其育人功能除了德育功能和引导功能，还有传承功能。传承功能是一种精神上的血脉延续，为文化的传承和技艺的保存提供了重要的保障。

工匠精神的传承功能首先体现在对传统工艺技术的传承。在古代，技艺的传承主要依靠师傅带徒弟，这一传统在工匠精神中得到了保留和发扬。尊师重道、尊重技艺的传承是工匠精神的重要内容，这种传承对提升个人技能、保护和发展社会技艺都起到了重要的作用。其次，工匠精神的传承功能体现在对经验和智慧的传承。工匠在从事技艺活动的过程中积累了丰富的经验和独特的智慧，这些经验和智慧是人类智慧的重要组成部分。通过工匠精神的传承，这些宝贵的经验和智慧得以保存并传播，成为后人学习和借鉴的宝贵财富。再次，工匠精神的传承功能体现在对社会价值观的传承。工匠精神包含了尊重劳动、尊重技艺、追求卓越等价值观，这些价值观对于提升社会文明程度、建设和谐社会具有重要的作用。通过工匠精神的传承，这些价值观得以在社会中广泛传播，对社会的稳定和发展起到了重要作用。最后，工匠精神的传承功能体现在对个人品质的传承。工匠精神包含了敬业、精益求精、诚实守信等品质，这些品质是个人品格的重要组成部分，对于培养优秀的公民具有重要的作用。通过工匠精神的传承，这些品质得以在个人品格培养中深化，对个人的道德提升和全面发展起到了重要的作用。

二、高职思政的育人功能

（一）立德树人的教育理念

立德树人的教育理念在高职思政育人中发挥着重要的作用。高职院校对学生进行思想政治教育旨在培养学生正确的世界观、人生观和价值观，使他们对社会有深刻的理解，并引导他们成为具有社会责任感的公民。同时，这一理念有助于培养学生健全的思维能力、道德素养和人格魅力。

立德树人的教育理念致力帮助学生树立正确的世界观、人生观和价值观。首先，高职院校致力通过思政教育引导学生认识世界的本质和发展规律，让他们形成客观、科学、全面的世界观。这意味着学生需要了解社会的多元性、变化性和复杂性，能够客观地看待事物，理解事物之间的相互联系和相互作用。其次，高职院校希望通过思政教育引导学生明确人生的意义和目标，树立积极向上、有责任心的人生观。这意味着学生需要明确自己的人生目标、树立正确的人生追求，并且具备积极的人生态度和对未来的信心。最后，高职院校重视通过思政教育引导学生明确正确的价值取向，使学生树立崇高的道德观念和践行正确的行为准则。通过接受思政教育，学生能够认识到道德的重要性，理解道德与个人、社会的关系，形成正确的价值观念，坚守行为准则和底线。

立德树人的教育理念强调培养学生的社会责任感。高职院校通过思政教育引导学生认识社会问题和挑战，使学生对社会有深刻的理解，从而培养他们对社会负责任的意识。学生需要了解社会发展的现状和趋势，认识到自己作为社会成员的责任和使命：关心社会问题，积极参与社会实践和公益活动，为社会的发展和进步做出积极的贡献。学生的这种社会责任感不仅应体现在个人行为上，还应该贯穿于专业发展和职业道德中。学生应该意识到自己的专业能力和知识可以为社会所用，为社会经济发展和民生改善做出贡献。

立德树人的教育理念有助于培养学生健全的思维能力、道德素养和人格魅力。思政教育能够提高学生的思维水平、培养学生的批判性思维、提升学生独立思考和判断的能力。同时，思政教育注重培养学生的道德素养和人格魅力。学生应该具备正确的道德观念和行为准则，能够在面对各种诱惑和挑战时保持自律和正直。人格魅力则涵盖了学生的品德修养、形象塑造和社交能力等方面，思政教育应使学生能够以积极阳光的形象与他人交往，展现出自信、包容和谦逊的特质。

（二）课程设置的功能性体现

高职思政的育人功能体现在课程设置中，高职院校不应仅设置理论教育课程，也需要通过实践活动来让学生亲身体验和实践。课程设置应该结合学生的实际需要和社会的发展，涵盖政治、历史、经济与社会、文化等多个领域，从而帮助学生全面提升自身的素质。

（1）政治理论知识教育。高职思政育人所设置的课程包含政治理论课程，目的是使学生通过系统的学习，了解和掌握政治学、马克思主义理论、中国特色社会主义理论等相关理论知识。这些课程旨在帮助学生理解政治的本质、政治制度和政治过程，培养学生的政治意识和政治参与能力。

（2）历史教育与国情教育。高职思政育人的课程设置重视历史教育，使学生通过历史课程的学习，了解和认识国家的历史发展过程，包括中国历史、世界历史等。这有助于学生形成对历史的整体认知，从历史中吸取智慧和经验，培养学生对国家的认同感和归属感。

（3）经济与社会知识教育。高职思政育人所设置的课程涵盖了经济学和社会学等领域的知识，能够使学生了解经济的基本原理、社会结构和社会问题。通过学习经济和社会知识，学生能够理解经济发展与社会变革的关系，认识到经济与社会是相互影响的，提升对社会经济问题的洞察力和分析能力。

（4）文化教育与人文关怀。高职思政育人的课程设置注重文化教育，包括文化学、文化传播、文化艺术等相关课程。这些课程旨在培养学生对优秀的传统文化和现代文化的理解能力和欣赏能力，提高学生的文化素养和审美能力。同时，这些课程注重人文关怀，致力培养学生良好的人际关系和社会交往能力，使学生关爱他人、尊重他人。

（5）实践教育与社会实践活动。高职思政育人的课程设置强调实践教育，高职院校通过组织学生参与社会实践活动，让他们亲身体验和实践所学的知识和理论。这些实践活动可以是社会调研、志愿服务等形式，旨在培养学生的实践能力、创新精神和团队合作意识，使学生加深对社会问题的认识和理解。

（三）教学方式的创新与活动的组织

高职思政的育人功能还体现在教学方式的创新与活动的组织上。高职院校可通过创新课堂讨论、小组讨论、案例分析、模拟实验、实地考察等多种教学方式，使学生积极参与教学过程，提高学生的学习兴趣和主动性。

课堂讨论是一种互动性强的教学方式，教师通过鼓励学生积极发言、提问和辩论，促进学生之间的思想碰撞和交流。这种方式可以培养学生的思辨能力、表达能力和批判思维，激发学生的学习兴趣和主动性。同时，课堂讨论能够提高学生的团队合作能力和沟通能力，培养学生的合作意识和社交技巧。

小组讨论是一种以小组为单位进行的学习和讨论活动。通过小组讨论，学生可以在小组内进行交流和合作，共同解决问题和完成任务。这种方式可以促进学生之间的合作，培养学生的团队合作意识和领导能力。同时，小组讨论可以激发学生的创造力，提升学生的思维活跃度，提高学生的问题解决能力和综合应用能力。

案例分析是教师通过分析实际案例来引导学生思考和讨论的教学方式。教师通过对真实的案例进行分析，使学生深入了解问题的背景和复杂性，这有助于培养学生的问题意识和解决问题的能力，帮助学生将理论知识应用到实际情境中，培养学生的实践能力和判断力。

模拟实验是一种通过模拟真实情景进行的实践活动。通过参与模拟实验，学生可以亲身体验和实践所学的知识和技能。这种方式可以培养学生的实践能力、操作能力、问题解决能力和应变能力。

实地考察是一种通过参观、调研和社会实践来了解和研究实际情况的教学活动。通过实地考察，学生可以深入了解社会、行业或特定领域的实际运作和发展情况。这种方式可以拓宽学生的视野，加深学生对理论知识的理解，培养学生的观察能力、实践能力和解决问题的能力。

除了教学方式的创新，组织各类思政活动也是高职思政育人的重要手段。

主题演讲是一种围绕所设置的特定主题进行的演讲活动。通过参与主题演讲，学生可以深入研究和讨论某一特定主题，提高研究能力和演讲表达能力。主题演讲可以培养学生的自信心和在公众面前的演讲能力，引导学生对重要问题进行思考和表达。

辩论赛是一种通过竞赛形式来讨论特定议题的活动。辩论赛可以培养学生的逻辑思维和辩论技巧，提高学生的辩证思维能力和论证能力，启发学生的思辨意识和批判思维，提高学生的思维敏捷度和表达能力。

通过教学方式的创新与活动的组织，高职院校能够激发学生的学习兴趣和主动性，培养学生的实践能力和团队合作能力，加深学生对社会问题的认知和理解，促进学生全面发展和成长。这些教学方式和活动丰富了思政教育的内容和形式，使其更具针对性和实效性。

（四）实现教育目标

高职思政的育人功能还体现在其教育目标上。高职思政教育注重学生的全面发展，旨在提高学生的综合素质，包括思想素质、道德素质、科学素质、文化素质等。在此基础上，高职思政教育引导学生形成积极健康的生活态度和行为习惯，使他们在毕业后能够顺利地融入社会，成为对社会有贡献的人。

（1）思想素质的培养。高职思政教育致力使学生树立正确的世界观、人生观和价值观，使学生具备辩证思维、批判精神和创新能力。这种思想素质的培养涉及引导学生对政治、经济、社会、文化等领域进行深入思考和理解，使他们具备独立思考和分析问题的能力，培养他们的批判性思维和理性思维。

（2）道德素质的培养。高职思政教育强调培养学生的道德素养和良好的行为习惯。通过思政课程和实践活动，学生可以了解道德的重要性，认识到个人行为对他人和社会的影响。高职思政教育通过引导学生树立正确的道德观念和价值观，使学生形成积极健康的生活态度和社会行为习惯。

（3）科学素质的培养。高职思政教育注重培养学生的科学素质，使他们具备科学的思维方式，懂得运用科学的研究方法进行研究。通过学习科学理论和进行实践活动，学生可以了解科学的基本原理和方法，掌握科学研究的基本技能和解决科学问题的能力。这种科学素质的培养可以使学生具备探索和创新的能力，培养他们的科学精神和创新意识。

（4）文化素质的培养。高职思政教育注重培养学生的文化素质，使他们具备文化修养和审美能力。通过学习文化理论和参与文化活动，学生可以了解和欣赏优秀的传统文化和现代文化，提高文化素养。这种文化素质的培养可以使学生具备跨文化交流和理解的能力，培养他们的艺术鉴赏和创造能力。

第二节　工匠精神与高职思政育人的内在契合

一、工匠精神与高职思政育人的内在同一性

无论是从历史的演进和时代的需求出发，还是从工匠精神的地位和作用以及高职思政育人的目的和使命来看，都可以发现工匠精神与高职思政育人之间存在着显著的内在相似性。它们承担着共同的职责，拥有共同的任务，并肩担负着共同的使命，如图4-1所示。

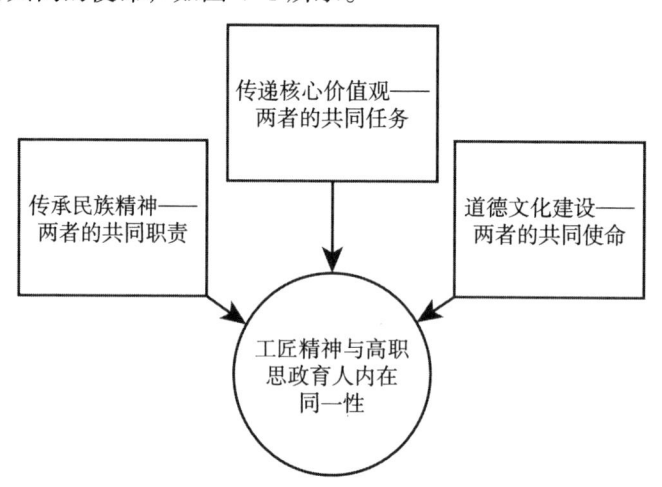

图4-1　工匠精神与高职思政育人的内在同一性

（一）传承民族精神——两者的共同职责

中华优秀传统文化源远流长、博大精深，中华民族自古以来就高度重视精神生活的追求、个人品格的塑造和道德修养的培育。这是一种深刻的文化观念，在漫长的社会历史发展过程中逐步发展成为中华民族的民族精神。民族精神贯穿在我国民族独立、人民解放和国家发展富强的全过程中，激励着无数的中华儿女积极奋斗。工匠精神是以爱国主义为核心的民族精神和以改革创新为核心的时代精神的生动体现，它不仅蕴含着民族精神中的勤劳勇敢、自强不息的品质，还体现出对锐意创新、持续进取的追求。

高职思政育人作为重要的教育领域，必然肩负起传承民族精神的重要

职责。同样，作为民族精神的重要组成部分，工匠精神也承担着传承民族精神的重任。因此，当前的高职思政育人应以弘扬工匠精神为重点，而工匠精神也应通过高职思政育人得到更好的传承。工匠精神的培育和弘扬是对民族精神的继承，也体现了中华文明的延续。辛勤劳动一直是我国文化推崇的品质和我国人民做人做事的原则。由此看来，工匠精神所包含的勤劳和进取的优良品质能鲜明地展示中华民族的道德品质，体现我国人民的精神风貌。工匠精神鼓励人们尊业、专业，更激励人们在熟练掌握技艺的基础上，不断进行创新。这与民族精神的现代发展要求高度吻合，可以说，工匠精神为民族精神做出了最实际、最鲜明的现代表达和诠释。因此，高职院校必须勇于担当，尽职尽责地做好文化和精神传承，积极弘扬中华优秀传统文化和民族精神，培育时代精神。

（二）传递核心价值观——两者的共同任务

社会主义核心价值观是我国社会主义核心价值体系的内核，培育和弘扬社会主义核心价值观是高职思政育人的重要任务。社会主义核心价值观分为国家、社会、个人三个层面。工匠精神所承载的价值理念与社会主义核心价值观存在着许多交汇点。例如，在个人层面，敬业和诚信等基本道德要求与工匠精神的内涵高度吻合。工匠精神与社会主义核心价值观的联系可以从内容和实践两个角度来观察。

从内容上看，工匠精神的内核是尊重和崇尚劳动，这与社会主义核心价值观对劳动的尊重和崇尚是吻合的。对劳动的尊重和崇尚反映了对个体价值的尊重和发挥，也体现了对社会公平和正义的追求。在实践层面，工匠精神更是为民族的昌盛和国家的富强奠定了坚实的基础。个体只有真正践行工匠精神，充分弘扬敬业精神，做好自己的本职工作，才能够推动国家的发展和进步。

培育和弘扬社会主义核心价值观是高职思政育人的重要任务。因此，工匠精神作为与社会主义核心价值观紧密联系的精神，其培育和弘扬也被纳入了这个重要任务中。在践行这个重要任务的过程中，社会主义核心价值观的引领性作用需要得到充分的发挥，从而帮助学生树立崇高的理想和信念。培育和弘扬工匠精神意味着强调劳动者的价值和重要性，这有利于人们增进对劳动者主体地位的认同，有利于形成崇尚劳动的良好社会风尚。

融入工匠精神的高职思政治育人有助于崇尚劳动、尊重劳动的良好社会氛围的形成，有助于增强全社会，尤其是高职学生这个群体对社会主义核心价值观的认同感。这有利于推动社会主义核心价值观的实践和发展。

（三）道德文化建设——两者的共同使命

2016年12月，在全国高校思想政治工作会议上，习近平强调高校思想政治工作要坚持把立德树人作为中心环节，把思想政治工作贯穿教育教学全过程，实现全程育人、全方位育人，努力开创我国高等教育事业发展新局面。[①] 高职思政育人的核心目标和立德树人这一目标有着一致性。高职思政育人的核心目标即提升学生的教育水平，促进他们自我认识、自我发展，并在精神、思想和物质生活各方面取得进步。同时，工匠精神的内涵与立德树人高度符合。工匠精神的内涵包括敬业、精益、专注、创新等，涵盖了坚定的理想信念、强烈的事业心和责任心、脚踏实地的态度、坚韧不拔的品格和强烈的规矩意识等多个方面。这些内容与高职学生全面发展的要求以及思想道德素质的具体表现有着直接的联系。工匠精神的内在价值是注重道德品质，尤其是职业道德；弘扬爱岗敬业和遵纪守法的精神；在道德实践中传承和发展中华美德。这些内在价值在立德树人的过程中占有重要地位。传统工匠技艺的传承强调心传体知、师徒相传，这体现了工匠精神的育人价值。这一过程不仅关注技艺的传授，还兼顾道德品质的养成。宣传工匠精神有助于提升全社会对中华优秀传统文化的认同感，并推动道德和文化建设的进步。因此，工匠精神与高职思政育人的结合可以有效地实现两者的共同使命——推动道德文化建设的发展。高职思政育人以立德树人为核心，贯穿于教育教学的全过程，通过对工匠精神的传承和发扬，提高全社会文化水平，实现全程、全方位育人。

---

① 新华社.习近平：把思想政治工作贯穿教育教学全过程[EB/OL].(2016-12-08)[2023-08-25]. http://jhsjk.people.cn/article/28935836.

二、工匠精神与高职思政育人的内在关联性

(一) 工匠精神的内涵与高职思政育人的内容相契合

在陈万柏和张耀灿两位学者的观点中,思想政治教育的内容应包含四个主要领域:世界观、政治观、人生观和道德观的教育。[①] 这个观点为深入探讨工匠精神在高职思政育人中的角色提供了重要的理论基础。工匠精神不只是一种职业态度,更是对人生态度的深刻反映,富含了对世界观、政治观、人生观和道德观的洞察与领悟。因此,工匠精神能成为高职思政育人的重要元素和宝贵资源。如图 4-2 所示。

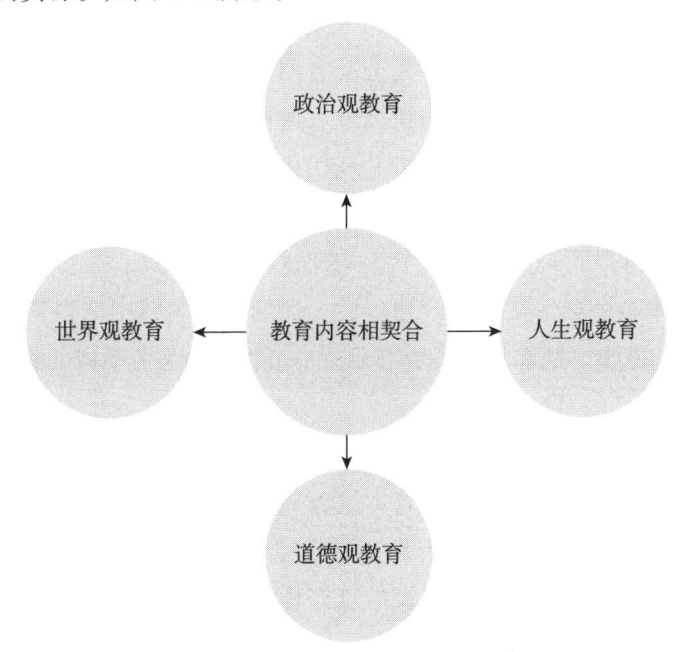

图 4-2 工匠精神的内涵与高职思政育人的内容相契合

1. 世界观教育

此处的世界观教育主要指马克思主义世界观教育中的辩证唯物主义教育和历史唯物主义教育。在辩证唯物主义教育的框架下,人类认识的发展过程

---

① 陈万柏,张耀灿.思想政治教育学原理[M].北京:高等教育出版社,2015:177.

是基于实践活动,从感性认识到理性认识,再从理性认识到实践的辩证过程。真理的认知源于实践,并且实践是检验真理的唯一标准。工匠精神是以实践为核心,致力实事求是地开展职业活动和进行物质生产,以推动社会的可持续发展的精神。历史唯物主义作为一门阐述人类社会本质和其发展规律的科学,其关键认知在于人民群众是历史的创造者,是社会历史的主体。我国作为社会主义国家必须信任和依赖群众,调动他们参与现代化建设的积极性。工匠精神既是一种对细节的专注,又是一种对技艺的热爱,更是一种积极担当的精神。这种精神充分尊重各种职业活动,包括但不限于技术工人、工程师、设计师等的专业技术活动,以及各种职业群体的专业活动。社会主义劳动者经过努力,不仅可以提高个人的技术水平,还可以为社会的发展贡献力量。这一点在工匠精神的教育中得到了充分的体现。将工匠精神的教育融入高职思政育人有助于提升社会主义劳动者的职业荣誉感,激发他们的劳动热情,增强他们对社会主义建设的积极性。这种积极性既体现在他们日常的职业活动中,又体现在他们对社会主义现代化建设的积极参与中。正确的世界观是一种以人的全面发展为目标,强调个人价值和社会价值相统一的世界观。工匠精神的教育既可以帮助高职学生构建这样的世界观,又可以使他们更深入地理解和体验社会主义的现代化建设。他们将在实践中认识到个人的发展离不开社会的进步,社会的发展也需要每一个社会主义劳动者的积极参与。

2.政治观教育

政治观教育作为多元化和综合性的教育模式,旨在深度解读当前国情,包括党的基本理论、基本路线、基本纲领和基本经验等。这种教育不仅涵盖了广泛的政治知识和理念,还有助于塑造受教育者健全的社会观、国家观,从而营造一个有利于社会主义建设的良好环境。弘扬民族精神以及展示时代精神也是政治观教育的重要组成部分。民族精神教育以中华优秀传统文化为主导,旨在引导受教育者更深层次地理解民族历史和文化,培养受教育者对民族历史和文化的认同感。通过这种方式,受教育者可以更深刻地理解民族精神的内涵,强化对民族历史和文化的归属感和自豪感。时代精神教育以改革创新为主轴,鼓励积极开拓、推陈出新、追求进步。这种教育注重质量和效率的提升,致力激发社会创新活力,为社会进步提供持续的动力,提高创新人才的质量和数量,更好地推动社会进步。工匠精神和民族精神有着紧密的联系。工匠精神的内涵中有敬业、精益两点内容,这是民族精神中勤劳勇敢、自强不息的精神风貌的具体体现。弘扬工匠精神可以培养受教育者良好的思想品德和行为习惯,助力全社会形成尊重劳动、尊重知识、尊重创造的社会氛围。工匠精神是民族精神和时代精神的生动体现,也是政治观教育的重要内容。这三者相互支持,相互促进,构建一种全面、深入、多元的教育模式,能够有力推动社会的健康发展和进步。

3.人生观教育

工匠精神起源于传统手工业时代,经过长时间沉淀,已经演化成一种深深植根于中华优秀传统文化中的精神内涵,体现为尊重劳动、追求精湛、坚韧不拔,与思想政治教育的内容尤其是人生观教育,有着密切的关联。

首先,尊重劳动是工匠精神的基本特征,也是思政课程人生观教育的重要内容。尊重劳动意味着尊重每一个人的努力,个体既尊重自己的生活,又尊重他人的劳动成果,认识到劳动是创造生活、改善生活的基本途径。这种尊重劳动的态度有利于个体形成健康的人生观,对生活充满敬畏和尊重。其次,工匠精神的追求精湛体现在对工艺的精益求精、对成果的一丝不苟。这种追求精湛的态度对于个人的人生观具有重要的指导意义,这不仅应体现在职业生涯中,还应体现在生活的各个方面。追求精湛的精神能够使人们对待生活更加认真、对待工作更加专注,也有助于人们形成积极向上的人生观。最后,工匠精神的坚韧不拔也是人生观教育的重要内容。生活中总会遇到挫折和困难,坚韧不拔的精神可以帮助个体在面对困难时不放弃,积极寻求解决方案。这种坚韧不拔的精神有助于个体形成积极的人生观,面对生活的挫折和困难时,不轻言放弃,坚持到底。

在当前快速发展的社会环境中,工匠精神的内涵能给人们提供宝贵的教育启示,特别是在高职思政人生观教育中,工匠精神的内涵能提供重要的价值导向。在思想政治教育中融入工匠精神的教育观念有助于高职学生塑造健康、积极的人生观。

4.道德观教育

道德观教育的领域广泛,涵盖了如集体主义、社会公德、职业道德以及家庭美德等各个方面。

集体主义教育的目标在于使受教育者深入理解集体利益与个人利益的关

系，在面临利益冲突时，能够优先考虑集体的利益。社会主义的集体利益强调的是无私和团结互助的精神，这一精神在《大国工匠》纪录片中的工匠身上得到了生动的展现。当今，我国制造业大国地位不断巩固，中国制造已赢得了国际声誉。超级计算机、"墨子号"量子科学实验卫星、高铁等都是由像管延安、高凤林、胡双钱这样在生产第一线的杰出劳动者、工匠以及其他各行各业的专业人才共同努力研制完成的。这些人才凝聚在一起，挑战个体的极限，展示了集体的智慧和力量，推动了社会进步和国家的繁荣。因此，培养工匠精神有助于加强集体主义教育。

　　社会公德是指人们在与他人、自然和社会互动中应遵循的道德规范和行为准则。工匠精神强调的是对工作的专注、对卓越的追求以及对传统和师长的尊重。在工匠精神中，尊师重道是一种重要的价值观。这意味着工匠对于传授知识和技能的老师要怀有敬意，并以礼对待他们。这种尊师重道的态度体现了社会公德，原因是社会公德强调了人际关系中的互相尊重和尊重他人的劳动成果。工匠精神还鼓励工匠遵守行业规则和社会规范。这意味着工匠应该遵守职业道德和行业标准，以确保他们的工作符合公共利益和社会期望。这也与社会公德教育中的遵纪守法相吻合，原因是社会公德要求个人在社会中遵守法律法规并履行自己的社会责任。工匠精神所倡导的追求卓越和注重细节的态度也与社会公德教育中的乐于助人和文明礼貌相契合。工匠在工作中追求卓越、注重细节，并致力提供优质的产品和服务。这种精神鼓励个人更加关注他人的需求，乐于帮助他人，并以文明和礼貌的方式与他人相处。因此，工匠精神的弘扬有助于塑造良好的社会风气，促进社会公德教育的发展。通过强调尊师重道、遵守规则、追求卓越和乐于助人等价值观，工匠精神在社会中宣传和倡导良好的行为习惯和道德品质，从而对社会公德教育产生积极影响。这种良好的社会风气不仅有助于个人的成长和发展，还对社会的繁荣和稳定起到重要作用。

　　职业道德是指人们在从事特定职业活动时应该遵守的行为准则和道德原则。它是保证职业人员在工作中正确履行职责的基础。职业道德教育旨在使职业人员具备正确的职业道德意识、理解职业道德规范，并能够在实践中遵守这些规范。工匠精神则体现了在职业生涯中追求卓越、专注工作的态度。职业道德教育中的认知、情感、意志和信念等要素与工匠精神密切相关。对工作的执着追求和追求卓越的态度是工匠精神的重要方面。不受职业领域、场地或报酬的限制，工匠精神可以在任何职业中得到体现，个人只要对自己的职业有较强的认同感，并在工作岗位上追求卓越，就能继承和发扬工匠精神。这有助于消除社会上对不同职业的偏见和歧视，使每个人都能得到尊重。弘扬工匠精神有助于在整个社会范围内提升职业道德规范的影响力。个人积极践行职业道德行为可以提高自身对职业的认同感和认知水平，对职业的认同感和认知水平也能够对职业道德行为的践行起到积极作用。因此，工匠精神的传承和发扬能够为个人在职业生涯中实现个人成长和价值贡献提供积极的引导，提高整个社会的职业道德水平。

家庭美德教育与工匠精神之间存在紧密的联系，是相互促进的。工匠精神是一种追求卓越、注重细节、精益求精的态度和价值观，家庭美德教育则注重培养人们的道德情操和品质，包括尊重、诚实、责任感等。家庭美德教育可以为培养工匠精神奠定基础，使个体在道德品质、责任感、团队合作、追求卓越等方面展现出工匠精神，为个人的成长和社会的和谐发展做出贡献。

（二）弘扬工匠精神与高职思政育人的目的相承接

弘扬工匠精神要注重专业知识和技能的掌握，更要注重职业信仰的培养，以强化个人的责任心和职业道德感。高职思政育人的目的在于培养学生的思想品质，强化学生的社会责任感，提升学生的专业素养，并引导他们成为有道德、有文化、有良好社会性格的一代新人。这一目的与弘扬工匠精神的理念高度一致。

工匠精神中的追求完美和精益求精源自每个人内心深处对技术的尊重和热爱、对职业操守和纪律的坚守。这种态度彰显了职业素质与道德素质的高度一致性。工匠精神作为我国民族精神的生动体现，彰显了中华优秀传统文化的特性：刚健、自强、进取。工匠精神体现了我国人民务实创新、寻求突破的精神风貌。工匠精神传承了中华民族的精神财富，为当代中国人照亮了前行的道路。教师以实践性的教学方式将工匠精神融入思想政治教育中，既可以提高学生的专业技能，又可以使他们在实践中感受到工匠精神的魅力，从而增强他们对职业的认同感和尊重感。

（三）工匠精神的培育路径与高职思政育人的教育方式相互通

工匠精神的培育路径与高职思政育人的教育方式之所以具有互通性，主要是因为它们都注重将思想观念、政治观点和道德规范融入学生的思想和行为，并通过一系列培养和转化，使其成为学生自身意识形态的重要组成部分。

在高职思政育人中，人才培养路径包括以下五个环节：知、情、信、意、行。这些环节旨在通过有目的、有计划、有组织的手段，将社会发展要求的思想观念、政治观点和道德规范融入学生的思想体系，并促使学生将其内化于心、外化于行。这种人才培养路径要求学生从认识走向实践，这不仅需要外部条件，还需要通过内在思想矛盾的转化来完成。与此类似，工匠精神的培育路径也经历了相似的过程。大国工匠要得到成长，需要依靠师徒相授或职业教育中理论知识的传授，需要通过自身的实践累积技艺或经验，并逐渐培养对所从事工作的热爱、专注和求精的态度。随着经验的不断积累，工匠精神逐渐沉淀于工匠个人的人生经验哲学之中，工匠坚定地信仰和应用工匠精神，最终使工匠精神转化为实践的生产力，通过不断实践与创新来证明个人价值。因此，工匠精神的培育路径与高职思政育人的教育方式相通。高职思政育人可以通过知、情、信、意、行的路径来培养学生的新时代工匠精神。学生通过获取知识、培养态度、锻炼能力，成为拥有工匠精神的大国工匠。这一路径为在高职思政育人的过程中培养学生的新时代工匠精神提供了广阔的可能性。

第三节 工匠精神为高职思政育人提供价值导向

一、工匠精神为高职思政育人工作创新提供了宝贵的精神资源

工匠精神作为职业教育的灵魂，为高职院校的思想政治教育工作创新提供了宝贵的精神资源。工匠精神强调实践能力、创新能力和职业道德，这与高职院校的培养目标相契合，为思政育人工作注入了新的活力和意义。

第四章　工匠精神与高职思政的育人功能及耦合性

（一）丰富高职思政育人的内容

在今天的社会环境中，工匠精神是追求卓越、精益求精的象征，对于提升人的职业素养和职业道德具有显著影响。在高职教育中，将工匠精神融入思想政治教育的内容被视为一种新的教育理念和教学策略。高职学生在进行职业技能的学习时，不仅需要了解和掌握专业知识，还需要在思想政治教育的引导下，塑造正确的世界观、人生观和价值观。工匠精神思想的注入可以帮助他们理解对专业技能的热爱和投入、对工作的责任和使命以及对社会的贡献和价值。因此，工匠精神是一种职业精神，更是一种社会责任感和人生价值的体现。

思想政治教育是高职教育的重要组成部分。它以思想政治理论课程为载体，通过课程思政的方式，引导学生树立正确的世界观、人生观和价值观，也在潜移默化中提升其职业素养和职业道德水平。工匠精神被纳入思想政治教育内容后，就成为课程思政的重要组成部分，指导学生的思想行为。爱岗敬业、严谨细致、开拓创新、知行合一都是工匠精神的具体体现，也是思想政治教育目标的重要组成部分。在思想政治教育的过程中，教师可以通过引导学生理解和认同这些价值理念，帮助他们形成职业素养和职业道德；通过加强思想政治教育内容的实践性和针对性，培养学生的工匠精神，更好地引导他们成为社会主义事业的建设者和接班人。

（二）提高高职思政育人的实效性

高职思政育人的实效性对于培养社会主义建设者以及促进学生个人成才、实现人生价值都具有重要意义。这里的实效性是指将教学活动产生的客观结果与预期的目标相比较，它所达到的真实有效的程度或状态。高职院校的思想政治教育需要结合时代的发展背景，以丰富的内容贴近高职学生人才培养的特点，这样才能体现其时代性和实践性。

工匠精神是一种重要的职业精神，它包含了大局优先、无私奉献的家国精神，是工匠脚踏实地、献身建设的基础。工匠精神与高职学生成才密切相关。将工匠精神融入思想政治教育中，有助于高职学生更加清楚地认识自己的能力和责任：能为社会、国家做些什么。在理论与实践相结合的过程中，学生可以坚定自己的理想信念，提升思想政治教育的实效性。同时，工匠精神是高职学生提高自身技能水平、实现人生价值的重要精神指导。它是助力我国向制造强国、质量强国转变的重要精神，已被纳入当代中国共产党人的精神谱系。突出工匠精神在思想政治教育中的重要性既能满足高职院校学生个人发展的需要，又能符合制造业蓬勃发展的时代需求。这体现了思想政治教育的时代性，并有助于提高思想政治教育工作的实效性。

（三）彰显高职思政育人的价值导向

高职思政育人是培养高职学生综合素质的重要环节。工匠精神是一种追求卓越、注重实践与创新的精神品质，将其融入高职思政育人过程可以有效彰显高职思政育人的价值导向。

首先，工匠精神强调实践能力的培养，这与高职院校的特点高度契合。高职教育注重培养学生的职业技能，而工匠精神所倡导的专业才能和实践经验对于高职学生来说尤为重要。高职院校可以通过实践活动、实习实训等方式将工匠精神融入思政教育，使学生更加深入地了解和体验社会实践，提高学生的职业素养和实践能力。这种注重实践的教育方式有助于激发学生的主动性和创造力，培养他们对职业的热爱和责任感。其次，工匠精神追求卓越和精益求精的态度与高职思政育人的价值导向相契合。高职院校的思政教育旨在引导学生树立正确的世界观、人生观和价值观，培养他们的社会责任感和家国情怀。工匠精神的要求与这一目标高度一致。在工匠精神的引领下，学生能够追求卓越、精益求精，不断完善自我，为社会、为国家做出更大的贡献。再次，工匠精神强调创新精神，这与高职院校培养创新人才的目标相符。教师在思政教育中发扬工匠精神可以培养学生的创新思维和解决问题的能力。最后，工匠精神注重传承与发展，这有助于弘扬高职思政育人的传统与文化。高职院校作为我国职业教育的重要组成部分，有着丰富的历史和文化传统。将工匠精神融入思政教育有助于传承高职院校的优良传统，发扬工匠精神中的敬业、刻苦、精益求精等价值观念。工匠精神与高职院校优秀文化的结合能够使学生更好地理解和践行思政教育的价值导向，增强文化自信和民族自豪感。

二、工匠精神为促进高职学生成长成才提供了不竭的精神力量

当下社会，风气较为浮躁，从而使得高职学生的价值追求易受到侵蚀，

高职学生容易忽视自身发展的初心和使命。将工匠精神融入高职院校的思想政治教育中，能够帮助学生树立远大理想、端正价值观念，并激励他们成为全面发展的高素质技能人才，为社会的发展贡献力量。

（一）培养学生坚守专业的深厚情怀

工匠精神是一种追求卓越、追求完美的职业态度和价值观，它蕴含着对工作的热情、执着和细致入微的态度。将工匠精神融入高职思政育人有助于培养学生坚守专业的深厚情怀。

工匠精神代表着对成功的追求和对细节的关注。工匠对自己的工作充满热情、追求卓越，致力通过不断地提升自己的技能和专业水平来完善产品或服务。他们注重每一个细节，追求完美，对工作充满责任感和使命感。将工匠精神融入高职思政育人可以激发学生对专业的热爱和追求卓越的动力。学生通过思政课程的学习，能够了解到工匠精神的重要性，意识到只有将专业知识与工作实践相结合，并不断追求卓越，才能在职业道路上有所建树。

高职教育具有职业导向性强和实践性强的特点。高职教育注重培养学生的实际操作能力和职业素养，将专业知识与实践相结合。在这样的背景下，工匠精神的融入更加符合高职院校的办学宗旨和培养目标。工匠精神强调实际操作和实践经验的积累，与高职教育的实践性要求相契合。将工匠精神融入高职思政育人可以引导学生在实践中锻炼自己，培养扎实的专业能力和创新精神，为未来的职业生涯打下坚实的基础。

将工匠精神融入高职思政育人能够培养学生的职业道德和社会责任感。工匠追求卓越，也注重诚信、责任和质量。他们的工作精神和职业道德是当代社会所需要的。通过思政课程的引导，学生可以学习和领悟工匠精神中的道德和伦理要求，明确自己的责任和义务。在今天竞争激烈的社会中，学生只有具备了坚守职业道德的深厚情怀，才能在职业发展中取得长远的成功。

工匠精神的融入还有助于培养学生的创新意识和团队精神。工匠在工作中不断探索创新，注重团队合作。这种精神对于高职院校的学生来说也是至关重要的。高职教育培养的是应用型人才，需要学生具备创新思维和与团队进行合作的能力。将工匠精神融入高职思政育人可以激发学生的创新潜能，培养他们的创新意识和团队合作精神，使他们能够在职业发展中更好地应对挑战。

（二）坚定学生成才报国的理想信念

据中华人民共和国教育部统计数据显示，截至 2023 年 6 月 15 日，全国高等学校共计 3072 所，含 1275 所普通本科院校，而高职（专科）院校 1545 所。2019 年高职院校扩招后，其招生人数已连续 4 年超过普通本科。高职院校学生不仅是大学生人群的重要组成部分，还是社会主义的建设者和接班人，其价值观念会对社会的发展产生深远影响，这一事实不容被忽视。然而，这些学生层次不一，素质差异也较大，他们渴望在入口低、出口高的环境中成才。他们的优势就在于动手能力强，他们共同的目标是成为一名技术人员。在这个过程中，他们需要苦练技艺、掌握技能，以实现个人价值。

在我国的历史发展过程中，大国工匠攻克了一个又一个难关，取得了骄人的成就。他们坚持一丝不苟，精益求精的工匠精神，推动了个人和国家的发展。如今，这种工匠精神正可以引导迷茫的高职学生，使他们坚定技能改变人生的信念，鼓励他们通过发展技能实现人生价值。

（三）提升学生的人文素养

高职院校在培养技能技术人才时，其独特的文化特质——人文精神与工匠精神的融合——也得到了凸显。在高职院校中，师生对技术的重视并未掩盖对全面素质——德智体美劳——的追求。随着社会发展，各行各业对于技术人才的要求不断提高，企业日益青睐具有多元技能的复合型技术人才。

高职院校学生的水平和专业知识储备各异，因此他们需要充分发挥知识、素养、技能、创新等多元要素，以满足社会发展需求。这些学生在社会主义现代化建设中发挥的作用不可或缺，因此深化他们对劳动意义和价值的理解，以实现他们个人的全面发展是一项关键任务。锲而不舍、专注致志、精益求精、追求卓越的工匠精神可提升高职学生的创新能力和职业迁移能力，帮助他们在繁重而单调的工作中保持专业坚持和理想追求，同时增强他们的职业认同感和使命感。这不仅有助于促进高职学生在技能层面的积极健康发展，还能推动高职学生在精神层面的发展，提升他们的人文素养。

第五章 高职思政育人与工匠精神融合的必要性、可行性及现实意义

第一节 高职思政育人与工匠精神融合的必要性与可行性

一、高职思政育人与工匠精神融合的必要性

(一) 个人层面

1.培养高职学生素养对工匠精神的客观要求

在我国当前的社会主义背景下，高等职业院校的任务即培养社会主义合格建设者和可靠接班人。党的二十大报告指出："办好人民满意的教育。""全面贯彻党的教育方针，落实立德树人根本任务，培养德智体美劳全面发展的社会主义建设者和接班人。坚持以人民为中心发展教育，加快建设高质量教育体系，发展素质教育，促进教育公平。"作为技能型人才培育的基地，高等职业院校在推动我国成为制造业强国的宏大计划中起着关键作用。为实现这一目标，高等职业院校积极弘扬工匠精神。

职业素养作为劳动者的核心竞争力之一，主要包括技能、道德、意识和作风等要素。高职学生的就业困境与企业的招工难题之间存在着一定的冲突，尤其是人才培养与企业对员工综合素质的需求之间的匹配问题。观察近年高职院校的人才培养模式和现代职业教育体系可以看出，高职院校更加重

视培养学生的职业素养和人文素养等方面的"软实力"。

工匠精神作为对个人专业能力和职业态度的要求的统一，其本质上与高职院校的职业素养培养目标相符。2017年，中共中央、国务院印发的《关于加强和改进新形势下高校思想政治工作的意见》明确提出："加强和改进高校思想政治工作的基本原则是……坚持社会主义办学方向。坚持马克思主义指导地位，坚持以人民为中心的发展思想，更好为改革开放和社会主义现代化建设服务、为人民服务。"因此，高职院校在进行对高职学生的思想政治教育时，应积极推广工匠精神。这也是实施改革开放以及践行《中国制造2025》这一行动纲领的具体行动。弘扬工匠精神应被看作高职思政育人的重要途径，以更好地体现时代价值。

2.实现自我价值的客观需要

将工匠精神融入高职思政育人的重要性在于其可以帮助个体实现自我价值。高职学生作为社会主体的一部分，他们的全面发展是社会进步的必要条件。实现自我价值不仅包括物质层面的满足，还包括精神层面的追求和满足，这种追求和满足往往通过对自身才能的挖掘来实现。

（1）工匠精神所主张的与中华优秀传统文化和社会主义核心价值观息息相关。工匠精神主张敬业、精益求精、追求卓越，这种精神可以帮助高职学生树立正确的人生观和价值观、坚定信念，培养高职学生的专业素养和职业素质，有助于他们在未来的工作和生活中实现自我价值。

（2）工匠精神是社会发展和进步的重要推动力。在现代社会，科技发展越来越快，社会对高素质技术人才的需求越来越大。高职学生如果能够将工匠精神融入自己的学习和工作中，就能够更好地满足社会的需求，为社会的发展做出更大的贡献。这不仅有利于他们的职业发展，还有助于他们在社会中实现自我价值。

（3）将工匠精神融入高职思政育人是当前教育改革的重要方向。高职教育应该注重学生的知识技能培养，更应该注重学生的人格塑造和价值观引导。将工匠精神融入教育中就可以更好地达到这一目标，有助于提升教育质量。

3.思想政治教育目的论对人的发展要求

思想政治教育目的论主张思想政治教育的根本目的在于提升人们认识世

界和改造世界的能力,在改造客观世界的同时改造主观世界。工匠精神的培养注重在精神层面引导劳动者形成正确的价值观,从而指导劳动者的行为,进一步推动劳动者在道德、智力、体质、美学等方面的全面发展。高等职业教育的一项主要目标就是培育高素质技术人才。为了达到这个目标,高职院校为学生提供了专业理论、应用技能和职业素养的训练,以推动学生全面发展。开展思想政治教育是立德树人的基本要求,高职思政育人成为推动学生个性和品性形成的重要媒介,有助于培养学生的独立性、责任感、敬业精神、团队意识以及职业操守等核心职业素养。工匠精神包含的精神要素,如严谨认真、一丝不苟、踏实负责、不怕失败等素养与新时代合格劳动者需具备的素养以及人的全面发展的要求是一致的,这与思想政治教育的内容也有共通性。

此外,从工匠精神的历史发展来看,从清代思想家魏源"技可进乎道,艺可通乎神"的实践总结到2017年党的十九大报告提出的"营造劳动光荣的社会风尚和精益求精的敬业风气"的要求,再到党的二十大报告提出的"加快建设国家战略人才力量,努力培养造就更多大师、战略科学家、一流科技领军人才和创新团队、青年科技人才、卓越工程师、大国工匠、高技能人才",工匠精神已经成为中国共产党人精神谱系的伟大精神之一。发扬优秀文化和精神是新时代思想政治教育的重要任务。

4.价值理性对学生的价值关注

价值理性强调个人在生活和改造世界的过程中的主体地位,这意味着人在社会实践中的自我意识和价值追求得到了尊重。从工匠的角度来看,价值理性关注的是工匠的社会存在意义和社会价值。工匠在劳动中展现出的专注、敬业、精益求精和追求完美的态度,如果从价值理性的角度去理解,就是工匠的内在驱动力,是他们自觉性和主动性的体现。这可以理解为他们乐在其中,因此工匠精神能有效地解决人的劳动异化问题,在一定程度上实现人的自由发展。另外,以价值理性的视角去审视工匠精神有助于更理性地建立工匠的社会认同,正确地引导人们对工匠的社会地位、身份和价值观念建立正面的认知,有效地克服人性的缺陷,避免工具理性导致的功利性倾向。工匠精神是一种理性的价值追求,是对个人存在意义和社会价值的主观体验。工匠追求专业技能的同时,也注重精神追求,他们追求物质生活的富裕，更追求精神生活的丰富。他们精益求精的工作态度、独立思考的能力、对于工作的热情和专注充分体现了人的价值理性。

高职思政育人注重对学生的价值关注，尤其是价值理性的关注。以工匠精神为载体，教师可以引导学生正确对待劳动，树立良好的职业道德和职业习惯。同时，工匠精神的培养有助于学生的人格形成和个性发展，提升学生的社会责任感和使命感。工匠精神的价值理性并不是偶然形成的，而是在长期的社会历史发展中逐渐形成的，它体现了人对于价值的主观追求、对于生活的深深热爱。工匠精神展示了人在社会生活中的主体地位，强调人的主体性，反映出人对于生活的深深关注。对工匠精神的培养是对人的价值理性的尊重，是对人的生活追求的理解和赞美。工匠精神能够引导学生正确看待工作和生活、形成积极的生活态度和价值观，提升学生的社会责任感和使命感，有助于学生全面发展，实现自我价值的提升。

（二）社会层面

1.社会主义核心价值观的体现

将工匠精神融入高职思政育人体现了社会主义核心价值观的重要性和必要性。社会主义核心价值观是社会主义核心价值体系的内核，是全体人民共同追求的精神理念。工匠精神所包含的爱岗敬业、追求卓越和创新精神与社会主义核心价值观的内容相契合。将工匠精神融入高职思政育人有助于加深高职学生对社会主义核心价值观的理解和认识。

工匠精神强调对工作的热爱和专注，以及追求卓越和创新的态度。这与社会主义核心价值观中的敬业理念相契合。在进行高职思政育人时，教师应引导学生树立崇高远大的理想，培养学生热爱劳动、敬业奉献的精神，这有助于促进社会主义核心价值观在高职学生中的传承和发展，有助于建立良好的社会风尚，推动社会主义核心价值观在社会中的广泛传播和实践。

2.我国思想政治教育发展的时代诉求

将工匠精神融入高职思政育人是我国思想政治教育发展的一个重要标志，体现了时代对思想政治教育的新要求和思想政治教育在新时代的发展方向。

工匠精神与高职思政育人的深度融合是我国思想政治教育发展的时代

第五章　高职思政育人与工匠精神融合的必要性、可行性及现实意义

诉求。工匠精神所体现的执着、细致、创新等品质正是高职思政育人追求的理想人格特质，也是其教育使命和文化传承责任的重要体现。通过工匠精神的内化，高职思政育人能够更好地促进人的全面自由发展，弘扬中华优秀传统文化和时代精神。工匠精神如能有效地融入高职思政育人，高职思政育人的教育内涵与教学目标将得到进一步丰富。工匠精神强调精益求精、追求卓越、不断创新，已成为推动我国制造业转型升级的重要动力。因此，将工匠精神引入高职思政育人能有效地引导学生理解并实践工匠精神，提升其思想品质和专业技能。思想政治教育的发展必须跟随时代的脚步。工匠精神的融入能推动高职思政育人教学组织的创新、教学方法的改革以及教学目标和评价的变革。与工匠精神相融合的高职思想政治教育能更符合社会发展需求、满足国家发展要求。高职教育者需深刻理解和吸收工匠精神，将其运用到日常工作和生活中，以提升教学素养和技能水平，推进教学方法的改革和创新。这种改革和创新能够更好地引导高职学生的职业道德发展。

3.国家对工匠精神培育的大力号召

我国对于培育工匠精神的大力号召旨在推动制造业高质量发展并满足人们对美好生活的需求。工匠精神自从2016年首次出现在政府工作报告中，已在国家的各种文件中被多次提及，引起了全社会的广泛关注。

党的十九大报告和二十大报告都体现了国家对工匠精神的重视。党的十九大报告提出，建设知识型、技能型、创新型劳动者大军，弘扬劳模精神和工匠精神，营造劳动光荣的社会风尚和精益求精的敬业风气。党的二十大报告提出，加快建设国家战略人才力量，努力培养造就更多大师、战略科学家、一流科技领军人才和创新团队、青年科技人才、卓越工程师、大国工匠、高技能人才。

由此可以看出，将工匠精神融入高职思政育人是基于国家对工匠精神育人的大力号召。在这样的大背景下，将工匠精神融入高职思政育人无疑是顺应了时代发展的大潮。而从社会层面来看，工匠精神的提倡和发扬是推动我国制造业转型升级、满足人们对美好生活的需求的重要途径。工匠精神体现了对技艺精湛、精益求精的尊重，这是推动我国制造业从大国向强国迈进的重要动力。同时，工匠精神体现了对劳动者的尊重，倡导每一个劳动者都能成为一名高级工匠，这是提升社会整体素质、推动社会和谐发展的重要基

础。从教育层面来看，将工匠精神融入高职思政育人是推动职业教育改革、提高教育质量的重要手段。工匠精神倡导的是实践、创新和敬业，这与职业教育的培养目标高度一致。将工匠精神融入高职思政育人无疑有助于提高学生的动手能力，激发学生的创新精神，培养学生的敬业精神，从而为社会输送更多的高素质劳动者和技术技能人才。

4.社会对工匠人才的迫切需要

对当前社会经济结构和发展趋势进行探究可知，工匠人才在制造业转型升级、公共服务质量提升、社会和谐稳定等方面发挥了举足轻重的作用。在这样的背景下，工匠精神是高职思政教育深化和提升需要瞄准的方向。

制造业转型升级的压力加大了社会对工匠人才的需求。制造业是国家经济的重要支柱，面对全球制造业竞争格局的深刻变化，制造业转型升级已然成为我国经济发展的主题。然而，制造业转型升级离不开高素质人才的支持。工匠人才能以其精湛的技艺和精益求精的工作态度，为制造业提供质量稳定、技术精良的产品，有力地推动制造业的品质革命。工匠精神的价值追求对于塑造制造业的新形象、提升制造业的社会地位均有深远影响。

公共服务质量提升也需要工匠精神。公共服务领域涵盖了教育、医疗、环保、公共安全等方面，这些领域的服务质量直接影响到人们的生活质量和社会稳定。而服务质量的提升需要从业人员具有工匠精神，用心对待每一个细节，不断追求卓越。这样，他们才能提供令人满意的服务，满足公众的期待。工匠精神在公共服务领域的发扬光大对于塑造和谐社会、提升公众对公共服务的满意度具有深远影响。

面对社会转型期的多元需求，社会对具有工匠精神的人才的需求也在扩大。这样的人才能够凭借其精湛技艺、职业素养和价值追求，在社会转型中发挥稳定作用，为社会提供更多元、更高质量的服务。在这样的社会背景下，高职思政育人需要深化工匠精神。高职教育的目标是培养适应社会发展需要的应用型人才，而工匠精神作为一种积极向上的职业态度和价值追求，有助于培养学生的专业素养、责任意识和创新能力，提高其适应社会的能力和竞争力。

第五章　高职思政育人与工匠精神融合的必要性、可行性及现实意义

二、高职思政育人与工匠精神融合的可行性

(一) 高职思政育人与工匠精神融合的理论可行性

1.马克思主义需要理论

马克思主义需要理论关注人的需求和动机，以人的发展和幸福为出发点，提供了有益的思考框架和理论指导，为高职思政育人与工匠精神融合提供了理论基础和可行性。

马克思主义需要理论将需要的内容分为三个层次，即生存需要、享受需要和发展需要。首先，生存需要是人类最基本的需求，涉及食物、住所、健康和安全等基础问题。在高职思政育人中，教师首先要确保学生对这些基本需求有充分的认识和理解。工匠精神在这里可以理解为对工作的敬重和对技能的追求，工作与生存需要有着直接的联系。其次，工匠精神强调对专业技能的追求和精益求精的态度，这与马克思主义需要理论中的发展需要紧密相关。高职院校的学生正处于专业技能培养的阶段，将工匠精神融入思政育人过程中，可以激发学生对专业技能的热情和追求，使其在学习和工作中展现出工匠精神的品质。最后，马克思主义需要理论的三个层次为高职思政育人与工匠精神融合提供了多维度的视角。工匠精神注重对工作的热爱和专注，强调在工作中获得满足感和成就感，这与马克思主义需要理论中的享受需要相契合。高职思政育人通过培养学生对工作的热爱和追求，引导他们在工作中找到自我实现的价值，满足其享受需要，提高其对工匠精神的认同感，激发其对社会发展和国家建设的责任感和使命感。

2.马克思主义的人学理论

马克思主义的人学理论为高职思政育人与工匠精神的融合提供了有力的理论支持和指导。其中一些概念与高职思政育人的目标和工匠精神的内涵相契合。因此，将工匠精神融入高职思政教育具有理论可行性。

马克思主义人学理论强调人的社会属性。人是社会的产物，社会关系决定了人的本质和行为。高职思政育人应注重培养学生的社会责任感和社会适应能力，使其能够在工作和生活中与他人建立良好的关系。工匠精神强调在实际工作中追求卓越、精益求精，要求个体与他人密切合作，具备良好的团

队意识和合作精神。因此，将工匠精神融入高职思政育人可以促使学生认识到个人与社会的紧密关系，具备良好的社会属性。

马克思主义人学理论强调人的全面自由发展。个人的全面自由发展就是个人有充足的时间休闲和学习，人的本质力量不断提高，个人全部能力、天赋得到充分发展。高职思政育人的目标是学生的全面发展，包括知识、能力、道德和创新等方面的发展。工匠精神追求技能的提升和实践能力的培养，与学生全面发展的目标高度契合。通过接受工匠精神的培养，学生可以积极参与实践活动，提升技能水平、创新意识和解决问题的能力。这样的全面发展不仅有助于学生的个人成长，还符合马克思主义人学理论中的相关观点。

高职思政育人依托马克思主义的人学思想，结合我国崛起形势下的新要求，将工匠精神融入其中，旨在培养适应新时代发展要求的全面综合型人才。这不仅有助于学生的个人成长，还符合社会对高职人才的需求。高职思政育人应紧跟时代潮流，不断进行理论和实践创新，以更好地推动高职教育的发展，为社会培养更多具备工匠精神的优秀人才。

3.思想政治教育的本质理论

思想政治教育的本质问题一直是思想政治教育理论研究的核心议题之一，学术界就此展开了广泛的研究。陈秉公认为，思想政治教育是指社会或社会群体用一定的思想观念、政治观点、道德规范，对其成员施加有目的、有计划、有组织的影响，使他们形成符合一定社会或一定阶级所需要的思想品德的社会实践活动。[①] 陈秉公曾详尽阐述了十种对思想政治教育本质的理解，这些理论对于深入理解思想政治教育的内涵有着重要的影响。[②]

矛盾运动是思想政治教育领域中的一个重要观念。它反映了教育过程中的矛盾与冲突，但是，这种矛盾运动不是消极的，它推动了思想政治教育的进步和发展。人的思想政治品德不可能一蹴而就，需要在矛盾运动中不断改造和提升。思想政治教育的影响是传递性的。通过教育，人们的思想政治素质得到提高，这种提高会影响他们的行为，进而影响到他们周围的人。这种

---

① 陈秉公.思想政治教育学[M].长春：吉林大学出版社，1992.
② 陈秉公.思想政治教育本质研究现状及建议[J].思想教育研究，2014（6）：6-12.

第五章　高职思政育人与工匠精神融合的必要性、可行性及现实意义

传递性使得思想政治教育的影响可以辐射到更多的人，对社会、国家乃至世界的发展都具有促进作用。在今天的社会环境下，思想政治教育的内容需要不断与时俱进，与时代特点相结合。工匠精神作为一种重视专业精神和精细技艺的品质，正好适应了高职思政育人的发展需要。将工匠精神融入高职思政育人可以有效地联系理论与实践，进一步提升教育的质量和效果。高职思政育人的目的之一是培养学生的实践能力。将工匠精神融入教育中可以激发高职学生的动手实践能力，培养高职学生的职业精神和素养。这对于他们的成长和职业发展具有重要的意义，有助于推动社会发展。

4.公民职业道德教育理论

公民职业道德教育理论对于培育工匠精神具有重要的理论支撑作用。职业道德教育可以促进公民职业观念、职业理想和职业技能的全面发展。在职业教育中，教师应将职业道德教育置于首位，注重培养学生的职业道德素养，这有助于提升人才的综合素质和社会认可度。同时，培育工匠精神包括培养正确的职业态度和职业精神，以及强调团队协作和互助合作的重要性。这些理念与公民职业道德教育理论相契合，公民职业道德教育理论为工匠精神的培育提供了理论基础和指导方向。

培育工匠精神涉及职业观、职业理想、职业态度和职业技能的培养。公民职业道德教育理论为工匠精神培育提供了重要的理论支撑。职业教育从业者应在开展本职工作的同时，加强并重视职业道德的培养。公民教育要求将公民的职业与思想道德相结合，不可偏离其中任何一方。教师进行职业教育时应该从谋生和做人两方面教育学生，传授学生谋生所需的专业知识和实践能力，同时培养他们为社会服务的道德观念。这两个方面同等重要，缺一不可。因此，"职业"这个词的真正概念是指既能作为从业者的主要生活来源，又能从宏观角度为社会集体服务的工作。要为社会群体服务，具备一定的服务道德是必要条件，这就是所谓的职业道德。因此，在职业教育工作中，教师应重视职业道德教育，注重培养学生的职业道德。这与职业教育的客观规律相一致。

职业教育过程中，职业道德培养的缺乏会对人才的成长产生不利影响，并且职业道德素质低下的人不会得到社会各界的认可。培育工匠精神主要包括培养正确的职业态度和职业精神，以及强调团队协作和互助合作的重要

性。这与公民职业道德教育理论的基本要求相一致。职业道德教育的基本要求可以归纳为"敬业乐群","敬业"是指以认真负责的态度进行工作;"乐群"则是在敬业的基础上,学会与其他人合作相处。随着社会生产力的不断提高,对现代劳动者的综合素质要求也相对越来越高。为了适应这一大环境需求,劳动者除了提高自身技能、具备责任感和事业心,还必须具备团队协作和互助合作的精神。公民职业道德教育理论可以作为培育工匠精神的理论基础。它强调了职业兴趣、职业情感的培养,同时注重培养学生的责任感和事业心,以使他们能够热爱自己为之奋斗的事业,忠诚地履行自己的职责。

5. 管理学人力资本理论

人力资本理论把个体的脑力和体力等视作一种特殊的资本——人力资本。它包含了教育、培训、医疗卫生和迁移等方面的投入,以及由此形成的专业知识和技能。这种理论的提出为理解人力资本投资与个人收益的关系提供了全新的视角。其中,教育是重要的投资方式。教育包括知识和技能的传授,更包括对个体品德和精神的培养。对于个体而言,教育的投入可以带来长远的收益,不仅在经济上有所增益,还可以为社会的价值创造提供推动力。教育投资的长期回报体现了人力资本理论中边际效益的特性。在新的时代背景下,工匠精神与高职思政育人的融合是一个重要的精神塑造活动。这种融合可以让精神内涵转化为实际效力,对个体的品质塑造和行为转化能力有着积极影响。人力资本理论为此提供了理论参考,也证实了工匠精神可以创造经济效益和社会价值。融入工匠精神的高职思政育人不仅可以提高个体的主动性和创造性,还能促进社会的和谐发展。在这个过程中,乐观的态度十分关键,个体要坚信工匠精神的融入能够产生积极的效果,这是人力资本理论对于新时代教育实践的重要启示。因此,在推动新时代工匠精神融入高职思政育人时,高职院校可以借鉴人力资本理论的原理,将教育视为重要的人力资本投资途径,同时加强对学生的引导,弘扬工匠精神,培养学生的主动性和创造性,使其能够更好地融入社会,并为经济发展和社会进步做出贡献。

6. 心理学自我效能理论

20世纪70年代,美国心理学家班杜拉提出了一个令人耳目一新的概念——自我效能,指一个人在特定情景中从事某种行为并取得预期结果的能

第五章 高职思政育人与工匠精神融合的必要性、可行性及现实意义

力,它在很大程度上指个体自己对自我有关能力的感觉。自我效能强调个人认知在学习过程中的关键地位。根据班杜拉的解读,个体认知涵盖多个层面,包括对预期目标的理解、对职业的认知等。这种认知能够增强个体对实现特定领域行为目标所需能力或信念的理解,从而激发其行动过程中的效能感,进而个体能够创造有利的环境并进行控制。基于班杜拉的自我效能理论,个体可以从认知角度描述或转变自己的认知体验,无论在学习还是工作场景。新时代工匠精神来自个体对学习和工作场景的认知性体验。这种认知性体验可以增强个体在学习和工作过程中的效能感,使其在认知与实践的过程中追求理想的境界。就工作而言,对职业的认同和热爱以及深信自己能够创造出优质的产品是形成精益求精、追求极致的工匠精神的重要动力。这为新时代工匠精神和高职思政育人的融合提供了现实依据和重要启示。新时代工匠精神源于对职业的深刻认同,是这种坚定的认同感所产生的职业效能使得工匠更加热爱工作,愿意在行业一线或者冷门行业默默创造价值,锤炼自己的技艺,最终实现职业技能和职业理想的完美统一。

将新时代工匠精神融入高职思政育人应有层次、有步骤地进行,且需要一份长远的计划。在初期阶段,重要的是培养学生对学习或职业的认同感。教育者应与学生进行平等的沟通交流,探寻学生内心对学习的兴趣或对未来行业的关注度,明确学生的主观意愿后,再逐步培养他们的专业技能,引导他们树立职业理想,使他们能够真正将新时代工匠精神内化于心,从而在未来的学习和工作中坚持做到精益求精、一丝不苟。

7. 习近平青年教育思想

习近平深刻洞察青年的发展态势和新时代中国特色社会主义的变迁,高度重视教育,积极推进青年教育发展,丰富而深邃的习近平青年教育思想由此诞生。习近平多次强调把立德树人作为教育的中心环节,突出了其在青年教育中的决定性地位。这不仅为高职院校工匠精神的培育提供了理论支撑,还为高职教育的思想政治教育提供了新的方法和路径。

2014年5月,习近平在北京大学师生座谈会上强调:"青年的价值取向决定了未来整个社会的价值取向,而青年又处在价值观形成和确立的时期,抓好这一时期的价值观养成十分重要。这就像穿衣服扣扣子一样,如果第一粒扣子扣错了,剩余的扣子都会扣错。人生的扣子从一开始就要扣好。"这

一论述揭示了青年人价值观形成和确立的重要性。青年要自觉践行社会主义核心价值观。

习近平指出："敬业是一种美德，乐业是一种境界。"[①] 2019 年，习近平在对我国选手在世界技能大赛取得佳绩做出重要指示时强调："要在全社会弘扬精益求精的工匠精神，激励广大青年走技能成才、技能报国之路。"这一重要论述强调了青年秉持新时代工匠精神的重要性，为新时代工匠精神融入高职思政育人提供了理论指南和科学导向。

青年是国家的未来、民族的希望，青年的力量就是民族的力量。习近平的青年教育思想为新时代下高职院校工匠精神培育提供了理论指导和方法借鉴，为高职院校思想政治教育工作的中心环节提供了有力的理论支撑，有助于高职院校技能人才实现工匠精神中的"德艺兼修"，为高职院校学生进入社会各行各业、形成良好的职业道德精神奠定了坚实的基础。

8.社会主义核心价值观

社会主义核心价值观是社会主义核心价值体系的内核，体现社会主义核心价值体系的根本性质和基本特征，反映社会主义核心价值体系的丰富内涵和实践要求，是社会主义核心价值体系的高度凝练和集中表达。社会主义核心价值观影响深远，应以社会主义核心价值观引领精神文化产品创作和社会主义精神文明建设。

工匠精神是职业精神的脊梁，是职业道德、职业能力、职业品质的体现，更是民族精神在职业领域的体现。思想政治教育是社会主义精神文明建设的一项基本工程。高职院校将工匠精神和思想政治教育相融合当然要以社会主义核心价值观为基石，对学生加以熏陶引导。

社会主义核心价值观从国家到公民、从宏观到微观，是当代中国精神的集中体现。社会主义核心价值观代表着道德，若缺乏道德的支撑，社会的发展便会失去约束力，秩序亦会陷入混乱。工匠精神与高职思政育人的融合必须在社会主义核心价值观的指引下进行。高职院校应当加强对学生的社会主义核心价值观的熏陶，明确高职院校工匠精神培育和思想政治教育融合的方向。

---

① 习近平.之江新语[M].杭州：浙江人民出版社，2007：177.

（二）高职思政育人与工匠精神融合的实践可行性

1.工匠精神与高职思政育人的本质要求相一致

马克思主义实践观认为，实践是人有目的、有意识改造世界的客观物质活动，是人所特有的主观见之于客观的对象性活动。工匠是有意识地参与社会生产，并将内在尺度运用到产品中的人，他们精益求精、追求卓越、注重细节，这些都是工匠精神的要素。工匠的社会生产实践正是工匠将自己的本质力量通过创造劳动产品进行了对象化。在自由生产的过程中，工匠不仅创造了精美的劳动产品，还实现了个人价值。思想政治教育作为人类的道德教育活动，其本质是坚持主流意识形态的主导和灌输。在这一意义上，高职院校在思想政治教育中大力弘扬工匠精神是与思想政治教育的本质要求相一致的。高职院校致力培养德智体美劳全面发展的高素质技术技能人才，而工匠精神正是培养这样的人才所必需的。工匠精神强调的精益求精、追求卓越、追求完美等价值观念是高素质技术技能人才所应具备的思想品质和道德追求。因此，高职院校在思想政治教育中弘扬工匠精神可以说是弘扬主流的价值观念，符合思想政治教育的本质要求，有助于学生实现个人价值、全面发展职业素养。工匠精神的弘扬与高职思政育人的实施相辅相成，共同促进学生的全面发展和社会进步。

2.工匠精神与高职思政育人的价值取向相统一

随着制造业蓬勃发展，以智能制造为主导的"工业4.0"时代为职业教育创造了独一无二的机遇。当前，全球制造业的复苏和我国对加快建设制造强国的倡导推动着职业教育迈入黄金时代。我国经济发展正朝着高品质的方向迈进，我国正处于制造业转型升级的关键时刻，社会和企业迫切需求工匠人才。高职教育必须善于发挥优势、抓住机遇，这将决定高职院校的长远发展。满足新时代社会和企业的需求、加强思想政治教育、培养学生的工匠精神已成为当务之急。高职思政育人旨在确保学生的道德觉悟与其所掌握技能相匹配，并能超越技能本身，内化为学生个体意志的一部分，从而使他们能够将工匠精神纳入自身的价值体系中，使工匠精神成为他们态度体系的有机组成部分。

3.工匠精神与高职思政育人导向功能相关联

思想政治教育的导向功能在理想信念导向、奋斗目标导向和行为规范导向三个层面上体现。这些导向功能与工匠精神的培养相互关联，共同促进学生的全面发展和职业素养的提升。

在理想信念导向层面，高职院校通过以工匠精神、工匠文化、工匠人才为主题的思想政治教育，将工匠精神凝聚为学生的一种理想信念。经过长期的思想政治教育，学生能将工匠精神内化为坚定的信仰，形成对工匠精神的深刻认同和坚定信念。这种理想信念能成为学生行为的根本动力，使学生在外部环境的冲击下保持稳定、坚定的工匠精神。

在奋斗目标导向层面，高职思政育人将习近平新时代中国特色社会主义思想与工匠精神相结合，让学生将实现社会主义现代化和中华民族伟大复兴这一建设中国特色社会主义的总任务内化于心。经过思想政治教育，学生能将国家的发展目标与自身的职业发展相结合，将个人的奋斗与国家的发展紧密联系起来。这样的引领作用能够使学生在实现个人价值的同时，为国家的进步和发展做出贡献，促使工匠精神在个体和社会层面上得到转化和实践。

在行为规范导向层面，高职院校通过开展涵盖法律法规、思想道德和职业道德等内容的思想政治教育，引导学生的行为符合国家法治、社会舆论和职业环境的要求。接受教育引导后，学生能够遵循正确的行为规范和职业道德，使工匠精神在实际工作中落地生根。这样的引导作用有助于学生养成良好的职业行为习惯，有助于推动工匠精神在职业实践中得到体现和传承。

4.工匠精神与高职思政育人的培养目标相契合

工匠精神与高职思政育人的培养目标在价值观念培养上相契合。工匠精神倡导的精益求精、追求卓越的态度与高职思政育人强调的追求卓越、崇尚创新等价值观念相一致。将工匠精神融入高职思政育人可以使学生深刻理解并践行社会主义核心价值观，增强道德观念和职业道德意识。

工匠精神与高职思政育人的培养目标在实践能力培养上相契合。工匠精神注重实践、注重技能的培养，这与高职思政育人培养学生实践能力的目标相一致。高职院校的特点是强调实践教学，通过将工匠精神纳入思想政治教育激发学生对实践的热情，提高他们的实践能力和创新能力，培养出更多具有实际工作能力的技术技能人才。

工匠精神与高职思政育人的培养目标在创新意识培养上相契合。工匠精神鼓励学生勇于创新、追求卓越，这与高职思政育人的培养目标中的创新意识培养相契合。将工匠精神融入高职思政育人可以培养学生自主创新、解决问题的能力，培养学生的创新精神和创业意识，使学生在实践中不断创新、不断进步。

5.工匠精神与高职思政育人发展趋势相适应

工匠精神与高职思政育人的发展趋势相适应，这是基于高职思政育人对现实实践的回应和社会发展的需求。当前，改革开放力度进一步加大，我国经济处于转型升级的关键期。因此，思想政治教育应以适应社会变革和矛盾的需求为基础，致力倡导和弘扬新时代的工匠精神。

工匠精神具有重质量、重品质、重创新、重细节、重敬业等优良的特点。在经济转型和社会矛盾调整的时期，通过思想政治教育，大力宣传和推广工匠精神，有助于促使人们追随和认同工匠产品，提升工匠地位，促进工匠在专心专注、精益求精、传承创新等方面发挥更大的作用。同时，这能够推动企业生产能力和创新活力的释放，满足人民对美好生活的日益增长的需求。新时代的高职思政育人应加强对工匠精神的教育，使高职技能型人才具备新时代背景下的工匠精神素养。思想政治教育能够强调工匠个体的价值和工匠精神传承的意义，使工匠精神内涵在新的生产力和生产关系中得到进一步丰富和发展。这种发展趋势符合新时代社会的发展需求，能够推动工匠精神在高职教育中的传承和弘扬。

此外，随着技术进步和产业升级的推动，高职教育需要适应新时代的要求，注重培养学生的创新能力和实践能力。工匠精神强调精益求精和传承创新，这与重视培养学生的创新意识和实践能力的高职教育相契合。因此，在高职思想政治教育中融入工匠精神教育有助于培养学生的创新精神和实践能力，提升他们的职业素养和竞争力。

第二节　高职思政育人与工匠精神融合的现实意义

一、服务国家战略，为制造大国向制造强国转变奠定基础

在全球产业结构调整的时代背景下，互联网思维的智能化制造、个性化定制等模式被广泛认为是推动产业优化升级的关键要素。各国纷纷制定发展战略，以抢占全球制造业产业链的制高点，实现本国产业的升级。"工业4.0"这一概念最早出现在德国，德国提出此概念的核心目的是提高德国工业的竞争力，在新一轮工业革命中占领先机。该计划强调通过互联网、物联网等技术的应用，实现生产过程的集约化、灵活化和自动化，以提高生产效率和产品质量，进而在全球制造业中保持竞争优势。各国的发展战略都将互联网和信息技术与制造业相结合，通过提升生产效率、产品质量和创新能力，抢占全球制造业产业链的顶端，实现产业的优化升级和竞争优势。2022年，美国通过了《通胀削减法案》，该法案的主要目的之一为支持和复兴制造业。美国通过此法案的出台和对制造业政策的调整，主导先进制造业发展，加强制造业在国内经济中的地位，并力求在全球制造业竞争中取得领先地位。这类战略的实施会对各国制造业的发展产生重要影响，并对全球产业格局产生深远影响。我国正在实行的《中国制造2025》行动纲领旨在推动中国制造业从大规模制造向高质量制造转变，提升中国制造业的核心竞争力和附加值，规划到2025年基本实现工业化，中国迈入制造强国行列。在这一战略背景下，精益求精、追求卓越的新时代工匠精神越来越受到重视，弘扬工匠精神有助于满足产业升级的需求。

高职教育作为人才培养和输出的重要领域，在培养符合时代发展和国家需求的人才方面扮演着关键角色。思想政治教育是高职教育中的重要环节，对立德树人起到重要作用。思想政治教育可以引导高职学生树立与时俱进的工作风格和品质理念，培养他们的工匠精神、创新意识和追求卓越的意识。为了培育弘扬新时代工匠精神的优秀人才，高职思政育人需要紧密对接国家战略，使教育内容与时代要求相契合。这不仅能保障高职学生的个人发展，还能为高职学生承担为国家产业升级做出贡献的时代重任保驾护航。高职学

生是未来社会的主力军,需要在接受思想政治教育的过程中更好地理解和领会工匠精神,提高自己的专业素养,提高个人和团队的工作效率,以应对日益激烈的社会竞争和经济发展的需求。

通过教育培养出符合新时代发展需要的优秀人才无疑是各个高校面临的重大任务。新时代工匠精神的培养需要落实在课堂教学中,更需要落实在校园文化、实践活动等多个层面。这样才能真正实现人才的全面培养,为国家的发展提供有力的人才保障。在实际操作中,学校可以将新时代工匠精神融入课程设置、教学方法、教学评价等环节,通过实践、研究、讨论、反思等方式,使学生在主动学习和实践的过程中领悟和体验工匠精神。高职院校可以通过举办各类活动,如工匠精神讲座、工匠精神主题活动等,来引导和激励学生践行新时代工匠精神。此外,高职院校还可以与企业合作,通过实习、实训等方式,让学生亲身体验制造业的各个环节,从而更深入地理解工匠精神。这样不仅有助于学生的职业成长,还有助于学校与企业、社会的深度合作,从而共同推动产业优化升级。

二、落实立德树人,增强高职思政育人的实效性

在高职教育的背景下,立德树人的理念尤为重要。原因是贯彻落实这一理念能够提升高职学生的道德修养,实现他们的全面、自由和可持续发展。要做到这一点,新时代工匠精神的发扬有着重要的作用。

新时代工匠精神所强调的职业责任感、坚韧不拔的精神品格以及追求卓越的创新精神都是当前社会急需的精神品质,也是高职教育中立德树人的时代依据。新时代工匠精神不限于技术的研发和传承,而将技术与道德的统一视为人生的主旨,这为高职教育立德树人提供了重要的价值参考。工匠精神体现的实践、传承与创新的价值观能为高职思政育人提供教学灵感和方向。从这个角度出发,新时代工匠精神与高职教育的立德树人理念有着很高的契合性。教师应尊重个体的价值选择,承担立德树人的教育使命。在具体的教学实践中,高职教师可以通过课程设置、实践活动、师生交流等多种形式,鼓励和引导学生了解和实践新时代工匠精神,使学生更好地满足时代要求。教师通过深入浅出的教学方法,让学生理解工匠精神的含义,认识到其对个

人成长和社会发展的重要意义。

　　此外，高职教育还可以通过与企业的合作，让学生有机会接触和了解实际的工作环境，在实际工作中体会工匠精神。这样不仅可以提升学生的实践能力和职业素养，还有助于他们更好地理解和领会新时代工匠精神。在推进立德树人的过程中，高职教师不应仅仅进行知识的传授，更应关注学生的思想道德教育，关注他们的全面发展，引导学生理解和实践新时代工匠精神，更好地实现立德树人的价值理念，为社会的发展做出贡献。

三、传递正确价值导向，提升高职学生的就业竞争力和行业自信心

　　在产业升级和经济降温的大背景下，高职思政育人对新时代工匠精神的弘扬具有实质性的重要意义。在《中国制造 2025》行动纲领和"大众创业、万众创新"等的号召下，用人单位对求职者的专注精神、协作能力和过硬的专业素质有着更高的期待。

　　新时代工匠精神可以使高职学生将国家战略需求与自身价值实现的追求相结合，影响学生的精神品质、态度和择业观念，提升他们对时代和社会的认知的层次，让他们更好地适应和满足社会的需求。此外，要发扬新时代工匠精神，必须有扎实的专业本领，这也对学生的职业规划和发展起着积极的推动作用。在向优秀工匠学习的过程中，学生可以逐步提高自己的专业技能，树立长远可行的职业规划，培养对专业的热情和自信。这无疑能提升他们的就业竞争力，让他们在就业选择时能更好地结合国家需求和个人兴趣。在这一过程中，高职学生不仅能提升自己的就业竞争力，还能更好地理解和实践新时代工匠精神，这对他们的全面发展具有重要影响。从而，新时代工匠精神的弘扬有助于解决当前高职学生就业难以及企业用工荒的问题，改善社会就业环境。因此，将新时代工匠精神融入高职思政育人中无疑是推动学生素质提升、解决就业问题的有效途径，对学生的就业选择有重要影响，对他们的长远发展也有深远影响。新时代工匠精神的弘扬能够使学生在未来社会和职业生涯中更好地发挥自己的价值，为社会的发展做出更大的贡献。

第六章　高职思政育人与工匠精神融合的保障体系建设

第一节　加强高职院校辅导员队伍建设

一、高职院校辅导员的角色定位

(一)教育的引导者

高职院校辅导员在高职思政育人与工匠精神融合的过程中扮演着重要的角色。作为教育的引导者，他们需要在学生中弘扬工匠精神，以促进学生的全面发展和提高学生的思想政治素质。

1.激发学生的工匠精神

辅导员应该通过宣传、教育和示范等方式，向学生介绍工匠精神的内涵和价值，并使他们进一步认同工匠精神。

首先，辅导员可以邀请行业专家或成功的工匠来校开展客座讲座，分享他们的经验和故事，激发学生对工匠精神的兴趣。其次，辅导员可以组织各类活动来培养学生的工匠精神。例如，辅导员可以组织工匠技能比赛、职业技能培训等实践性的活动，让学生亲身参与其中，通过实践体验工匠的工作过程和要求。这样的活动不仅可以培养学生的专业技能，还能增强他们对工匠精神的认同。再次，辅导员可以组织参观工匠工作室、企业生产线等实地考察活动，让学生近距离接触工匠的工作环境，加深他们对工匠精神的理解。最后，辅导员可以发挥自身的引导性作用，帮助学生树立正确的观念。辅导员可以与学生进行一对一或小组交流，了解学生的兴趣、潜力和职业发展规划，根据学生的需求和特点，提供个性化的指导和支持。辅导员可以帮助学生发掘自己的优势和潜力，并引导学生将这些优势和潜力与工匠精神结合，培养学生持之以恒的精神和态度。在辅导员的引导下，学生能够逐渐树立工匠精神，更加注重专业技能的学习与提升，更加重视职业道德和责任感的培养，更加注重创新能力和实践能力的锻炼。学生将以工匠精神为指导，不断追求卓越，为社会进步做出贡献。

2.培养学生的职业道德与责任感

工匠精神注重专业技能和职业道德的结合，辅导员可以通过开展职业道德教育、职业规范培训等活动，引导学生形成正确的职业态度和价值观，培养他们的责任感和奉献精神。

辅导员可以设计职业道德情景演练，让学生在模拟的场景中面对职业伦理和道德困境，培养他们正确处理职业道德问题的能力。通过讨论和反思，学生可以增强对职业道德的认识，并找到解决问题的方法和策略。辅导员也可以组织学生参与社会实践活动，让他们亲身感受社会的需求和责任。通过与社会接触和互动，学生对社会的责任感能够有所加强，学生能够明确自己作为职业人士应该承担的社会责任。

在辅导员的引导下，学生能够逐渐树立正确的职业道德观念，明确职业道德与个人成长的关联，意识到只有遵守职业规范、承担职业责任，才能长远发展、可持续发展。同时，他们能够意识到职业道德与社会责任的紧密联系，明白自己在职业发展中应该对社会做出贡献。这样的意识和责任感能够指导学生在职业道路上做出正确的选择。

3.提升学生的创新能力与实践能力

工匠精神鼓励学生在实践中不断探索和创新，辅导员可以通过开展科技创新竞赛、实践教学等活动，培养学生的创新意识和实践能力。辅导员还可以积极引导学生参与社会实践和企业实习，让他们亲身感受工匠的工作环境和要求，提升他们解决实际问题的能力，丰富他们的经验。

辅导员可以通过开展科技创新竞赛和实践教学等活动来培养学生的创新能力。他们可以组织学生参加各类科技创新竞赛，激发学生的创新意识和竞争动力。通过这些活动，辅导员能够培养学生的创新思维和创造力，提高他们解决问题和应对挑战的能力。

辅导员可以积极引导学生参与社会实践和企业实习，帮助学生进行创新和实践。辅导员可以为学生提供创新创业的指导和咨询，帮助他们设计创新项目的实施方案。辅导员还可以引导学生利用校内外的资源，寻找合适的合作伙伴和资金支持，推动学生的创新项目落地和发展，从而使学生能够在真实的工作环境中应用所学知识和技能、将所学知识与实际应用相结合，提高学生在职场中的竞争力和适应能力，使学生的创新潜能和创业热情都得到激发。

在辅导员的引导下，学生能够逐渐具备创新思维和实践能力，具备创新的眼光和方法，能够从实际问题中发现机遇和挑战，提供创新方案。同时，学生能够拥有实践经验和实际操作能力，能够快速适应职场并表现卓越。

4.引导学生参与社会服务与公益活动

工匠精神不仅追求技术上的卓越，还追求对社会的责任与贡献。辅导员可以引导学生参与社会服务和公益活动，让他们将所学技能用于社会实践，培养他们的社会责任感和公民意识。辅导员可以通过志愿者活动、社区服务等项目，让学生用实际行动去关心他人、关爱社会，从而培养他们的社会责任感和团队合作精神。

辅导员可以通过组织社会服务活动和引导学生参与公益活动，培养学生的职业道德与责任感。这些活动能够让学生注重细节、追求卓越，培养他们对工作负责的态度以及关爱社会、为社会做出贡献的意识和行动能力。这样的教育与工匠精神的追求协调一致，能够为学生的综合素养和职业技能的发展打下坚实的基础。

辅导员可以开展相关课程和讨论活动，将工匠精神与社会服务和公益活动相结合。辅导员可以在思政课程中讲解工匠精神对社会服务和公益事业的积极影响，引导学生认识到工匠精神不仅体现在优秀的技能上，还体现在对社会的贡献和影响上。辅导员还可以组织讨论或小组活动，让学生探讨工匠精神如何在社会服务和公益活动中发挥作用，使学生对工匠精神的理解更深入。

在辅导员的引导下，学生能够逐渐树立起关注社会、关爱他人的意识和责任感。他们能够意识到自己作为一名高职学生，有责任为社会做出贡献。同时，他们能够认识到工匠精神不仅体现在技能层面，还体现在对社会的责任和贡献。

（二）心理健康的疏导者

高职辅导员作为学生心理健康发展的疏导者，承担了重要的责任。对于学生的心理健康，高职辅导员需发挥其独特的作用，并结合现代化的新媒体资源，进行高效的教育工作。这有助于学生形成正确的世界观、人生观和价值观，有助于进一步培养他们的工匠精神，为他们的人生发展打下坚实的基础。

新媒体的引入对于工匠精神的培养有着重要意义。借助新媒体资源，高职院校可以开设官方社交媒体平台，传播工匠精神，并吸引学生关注。学生可以通过新媒体自主学习，从而将心理健康教育与自主学习有效结合，优化学习效果。此外，高职辅导员可通过心理健康教育，引导学生热爱所学专业，消除学生的自卑心理，进而使他们对职业抱有敬畏之心。在高职心理健康教育中，辅导员需要通过认知引导，将工匠精神的理念与教育内容深度融合。辅导员可以设计与工匠精神相适应的心理教育模块，让学生理解工匠精神的内涵，从而形成对工匠精神的认同感；也可以进行情感引导，通过创设环境，营造工匠精神的氛围，提升学生对工匠精神的情感认同度。

（三）校园文化建设的助推者

《中国制造2025》行动纲领以及中国特色高水平高职学校和专业建设计划都体现出了对高素质、高技术的人才的需求。这不仅要求高职院校在教学模式和培养机制上进行全面的改革和创新，还要求高职院校的校园文化建设与时俱进，适应这一变革。在这样的背景下，辅导员是教育工作者，更是校园文化的创新者和推动者。他们需要通过各种方式，积极引导学生接触和理解工匠精神，深入学生的内心，影响学生的行为和思想，积极引导学生参与校园文化的建设，使学生成为校园文化建设的主体，而不仅仅是被动的接受者。

作为校园文化建设的推动者，辅导员需要深度理解并内化工匠精神，起到引领和榜样作用。辅导员可以通过设置专题讲座、创新实践活动、模拟工作环境等形式，把工匠精神的教育与实践相结合，从而更好地培养学生的职业素养和创新精神。同时，辅导员应与其他教师、校领导、企业家、行业专家等各方力量合作，共同推动校园文化的建设。辅导员可以邀请社会各界人士到校园进行交流，分享他们的职业生涯和工匠精神的体验，为学生提供更丰富、更直观的学习资源和学习机会。

（四）生活的管理者与服务者

在对高职教育的探讨中，辅导员的角色是无法被忽视的。他们作为学生日常生活和学业的管理者和服务者，需要充分发挥榜样教育的重要力量，通过激励、引导和示范等方式，让学生深度认识到工匠精神的重要性，真正实现对工匠精神的内化。

在学生的生活场所——宿舍中，辅导员需要充分利用优秀学生的模范带头作用。优秀学生往往能成为其他同学模仿的对象，从而实现工匠精神的传播。辅导员应该深思熟虑地分配优秀学生的宿舍位置，让他们能够将工匠精神的火种播撒到每一个宿舍，让更多的学生领会到工匠精神的价值。榜样的力量能够使学生对于工匠精神的理解和感悟更为深刻，从而使学生更好地将工匠精神融入日常生活和学习中。此外，辅导员还可以通过宿舍的管理工作，来培育和弘扬工匠精神。辅导员可以设置一系列以工匠精神为主题的评价标准，对学生的学习、生活习惯等方面进行评价和奖励，让学生在日常生活中感受到工匠精神的重要性，从而在潜移默化中培养学生的工匠精神。

在班级管理中，工匠精神也应该受到重视。班级管理是学生管理的关键构成部分，不仅包括学习的管理，还包括生活的管理以及职业素养的培养等多方面的内容。因此，高职辅导员需要构建一个科学的标准体系，通过监督和育人的方式，促使学生践行工匠精神。在专业课程的学习中，辅导员可以结合专业特点，构建一套包含工匠精神的职业素养标准。这套标准不仅包括日常的活动和专业课程的管理，还包括对学生的良好习惯的培养。长期下来，这些习惯会逐渐转化为工匠精神，成为学生职业生涯中的重要财富。为了更好地发扬工匠精神，辅导员需要基于班级的特色，开展一系列的教育活动。辅导员可以通过主题演讲、专题班会等方式，引导学生更深入地理解和感受工匠精神，使其真正成为学生的行为准则。辅导员需要制定和执行一套科学的监管制度，以保证学生能够有效、有序地参与到实践活动中，从而为他们的职业发展打下坚实的基础。

高职辅导员需要通过深入理解工匠精神的内涵和价值，用心做好学生的日常管理工作，引导学生深入理解和实践工匠精神，以培养出更多的优秀人才，为社会的发展做出更大的贡献。

二、高职辅导员的威信及影响

（一）高职辅导员威信的构成及作用

1.高职辅导员威信的构成

高职辅导员作为专业教学和日常管理的重要桥梁，对于学生的发展和学校环境的维护起着至关重要的作用。在此职责的履行过程中，辅导员的威信是非常关键的因素。威信主要由个人专业能力、道德品质、关系处理能力以及学生认可度四个方面构成，对于提升教学质量、维护教育公平、增强团队协作、建设良好学习环境等方面具有重要意义。如图 6-1 所示。

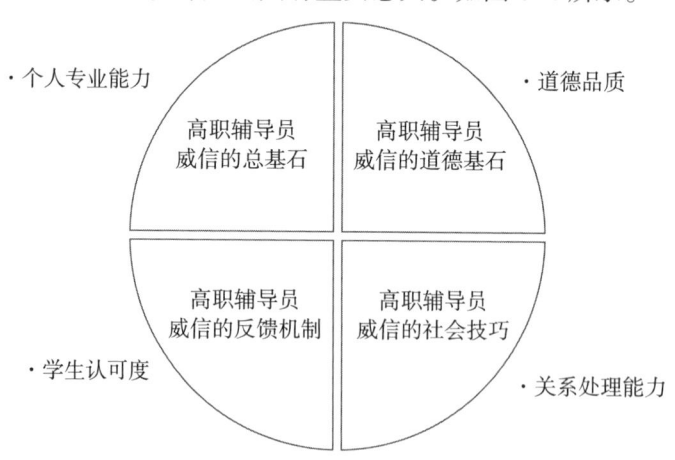

图 6-1 高职辅导员的威信构成要素框架

（1）个人专业能力是高职辅导员威信的总基石。高职辅导员的专业能力不仅包括专业知识的精深，还包括教育方法的熟练掌握与灵活运用。这些能力体现在教学过程中,对于提升教学质量、培养学生的专业技能和综合素质具有决定性的影响。

辅导员应对本学科领域的理论、方法、技术具有深入的理解和掌握。这需要辅导员不仅在研究生阶段深入学习,还在工作过程中持续学习,跟踪本领域的最新发展。只有这样,辅导员才能解答学生的各种问题,指导学生的研究工作,帮助学生深入理解专业知识、提升专业技能。辅导员的专业能力还体现在其对教育理念、教育政策、教育规律等的深入理解上。辅导员需要理解教育的本质,理解教育对个人、社会的作用,理解教育的目标、方法、内容、形式等各个方面。这需要辅导员具有广阔的视野、高尚的教育情操、深厚的教育理论基础。只有这样,辅导员才能在复杂的教育环境中准确判断形势,适应各种变化,有效地履行其职责。

(2)道德品质是高职辅导员威信的道德基石。辅导员的威信也体现在其高尚的道德品质上,如公正无私、热心肠、富有爱心等。这些品质能帮助辅导员赢得学生的尊重和信任,进而提升其在学生心中的地位和影响力。

公正无私是辅导员道德品质的重要体现。公正代表着辅导员在处理学生事务时能均衡考虑各方利益,不偏袒任何一方,体现公平原则;无私则意味着辅导员需要把学生的需求和发展放在首位,而非个人的利益。这种公正无私的态度在解决学生间的问题时尤为重要,有助于建立辅导员在学生中的公信力。热心肠和富有爱心则体现在辅导员对学生的关心和帮助上。这包括及时了解学生的生活和学习情况、主动关心学生的困难和问题、帮助学生解决实际问题等。热心肠和富有爱心的辅导员能够给予学生感情上的支持,帮助学生建立积极的生活态度。这些道德品质的形成需要辅导员具有良好的自我修养、坚定的价值观、明确的职业责任感。辅导员需要认识到,他们的行为和态度会影响学生的价值观形成和人格发展,因此必须严格要求自己,以身作则,为学生树立良好的榜样。这些道德品质不仅能够帮助辅导员赢得学生的尊重和信任,提升其在学生心中的地位和影响力,还能够促进辅导员和学生之间建立良好的关系,打造积极、健康的教育环境。

(3)关系处理能力是高职辅导员威信的社会技巧。辅导员必须具备良好的人际交往和处理关系的能力,以解决学生之间的冲突、协调师生关系、维护校园的和谐。

人际交往技巧是辅导员处理关系的基础，包括良好的沟通技巧、理解和尊重他人的能力等。良好的沟通技巧可以帮助辅导员更好地理解学生的需求，解决学生的问题，也有助于辅导员与学生建立良好的关系。理解和尊重他人是建立健康人际关系的基础，辅导员需要具有开放和包容的态度，尊重学生的差异，尊重学生的选择和权利。

冲突解决策略是辅导员处理关系的重要技巧，包括识别和理解冲突的原因、选择和运用适当的冲突解决策略、调整和改进冲突解决策略等。在解决冲突的过程中，辅导员需要坚持公正和公平的原则，尊重各方的权益，促进各方的合作和和解。

协调师生关系是辅导员处理关系的重要任务，包括理解和认识师生关系的性质、处理师生关系的矛盾和冲突、促进师生关系和谐发展等。在这个过程中，辅导员需要坚持以学生为本的原则，尊重学生的主体性，促进教师和学生的相互理解和尊重，构建和维持良好的师生关系。

（4）学生认可度是高职辅导员威信的反馈机制。高职辅导员的威信在很大程度上取决于学生的认可度。学生是辅导员工作的主要对象，因此他们的观点和反馈是衡量辅导员威信的重要标准。学生认可度的提升反映了辅导员在满足学生需求、关心学生发展和公平地处理学生问题等方面的成效。

满足学生需求是提高学生认可度的关键因素。这包括学习需求、生活需求以及心理需求等。在满足学习需求方面，辅导员需要提供专业的指导和帮助，以提升学生的学习效果。在满足生活需求方面，辅导员需要关注学生的生活状况，帮助学生解决生活困难。在满足心理需求方面，辅导员需要提供心理支持和辅导，以帮助学生处理情绪和压力。关心学生发展是提高学生认可度的重要手段。辅导员需要关注学生的发展状况，提供个性化的发展计划和指导，以帮助学生实现个人目标。这包括职业规划、能力培养、价值观塑造等多个方面。辅导员需要结合学生的实际情况，提供针对性的指导和帮助。公正公平地处理学生问题是提高学生认可度的基础。在处理学生问题时，辅导员需要公正地听取各方观点，公平地考虑各方利益，公正地做出决策。这样不仅能解决问题，还能赢得学生的尊重和信任。

2.高职辅导员威信的作用

（1）教育影响。高职辅导员威信体现在其教育影响力上。一个具有威信的辅导员能够更好地引导学生的学习行为，推动学生的全面发展。这样的影响力源自辅导员对专业知识的精深理解和对教育方法的灵活运用，更源自辅导员对问题的公正处理以及深入人心的道德品质。这样的教育影响力能够激发学生的学习热情，引导学生树立正确的价值观，培养学生的创新思维和批判性思考能力。

（2）社会影响。除了教育影响力，高职辅导员威信的作用还体现在其社会影响力上。一个具有威信的辅导员能够影响学生的社会行为，塑造学生的社会认知。这样的影响力来自辅导员的社会技巧、处理关系的能力以及公正公平处理问题的能力。这样的社会影响力能够引导学生建立良好的人际关系，培养学生的社会责任感和社会适应能力。

（3）情感影响。有威信的辅导员还能在情感方面对学生产生深远影响。辅导员的关心和支持可以给学生带来情感上的满足和安全感，有助于学生形成积极健康的心态。同时，辅导员的公正公平态度可以使学生更加信任社会公正、更加尊重他人，从而培养学生的同情心和人道主义精神。

（4）管理影响。高职辅导员的威信对于学校管理也有着重要的影响。威信能够提升辅导员在学生中的权威地位，使其在处理学生问题和协调师生关系时更加顺利。同时，辅导员的威信能提升学生对学校规章制度的遵守度，提升学校的管理效果。

（二）影响高职辅导员威信形成的因素

1. 社会宏观氛围

社会宏观氛围对于辅导员威信形成的影响是深远且全面的。这种影响既涉及社会价值观的塑造，又关乎教育工作者在社会中的地位和角色认定。

从最基本的角度来看，社会的宏观氛围是由一系列政策、文化、经济和科技等因素所营造的。在教育领域，政府的教育政策、公众对教育的看法、媒体对教育的报道和讨论等都会影响社会宏观氛围。这种氛围对教育工作者的工作方式和价值观有着深刻的影响，因此也会直接影响辅导员的威信。在社会宏观氛围中，辅导员是否被期待是非常重要的。如果社会普遍认为辅导员是教育过程中不可或缺的一部分，那么他们的工作会得到公众的尊重和认同，从而他们的威信也会得到提升；相反，他们的威信就可能会受到质疑。

此外，社会宏观氛围对辅导员的工作方式也有重大影响。例如，当社会越来越重视心理健康和个性化教育时，辅导员就需要从传统的管理者角色转变为指导者和伙伴的角色。这需要辅导员具备更高的专业素质和更全面的技能，这也有助于提高他们的威信。

2.高职院校微观环境

校园文化、领导的重视、管理体制的完善以及全体教职工对思想政治教育的参与程度等都会影响辅导员的威信。

（1）校园文化是一个高校的内在精神特质，影响着整个学校的价值观、行为习惯和精神风貌。积极、健康的校园文化会倡导尊师重教，鼓励学生尊重辅导员、认同辅导员的工作，这自然会提升辅导员的威信。如果校园文化偏向功利主义，只重视分数和成绩，而忽视了人的全面发展和思想教育，那么辅导员的威信可能会受到冲击。

（2）高校领导对于辅导员工作的重视程度是影响辅导员威信的重要因素。如果校领导对辅导员的工作给予足够的关心与支持，对其成果予以肯定，辅导员就会得到充分的工作动力和信心，从而他们的威信也会有所提高。而如果校领导对辅导员工作的重视不够，对其工作成果置之不理，那么辅导员的威信可能会受到负面影响。

（3）一个健全的管理体制能有效地规范辅导员的工作行为，确保其全身心地投入学生的教育工作中。如果辅导员在清晰、公正的管理体制中工作，他们的威信自然会提高。而如果管理体制混乱、不公，辅导员就可能会受到各种无关工作的干扰，无法全力投入学生的教育工作，进而他的威信可能降低。

（4）思想政治教育是高职教育的重要组成部分，其效果的好坏往往取决于全体教职工的参与程度的高低。如果全体教职工都能积极参与思想政治教育，形成齐抓共管的良好局面，那么辅导员的威信也会有所提高。而如果全校教职工对思想政治教育的参与度不高，对辅导员的工作缺乏理解和支持，那么辅导员的威信可能会降低。

3.主观因素

辅导员威信的形成是一个复杂的过程，需要辅导员自身在品德、知识、能力等方面有所积累，也需要辅导员得到学生和社会的认可。辅导员要时刻保持良好的职业素养，关注和理解学生的需求，以建立和保持高度的威信。

（1）品德因素。政治信仰、道德品质、心理素质以及工作作风都属于品德因素。辅导员应具备坚定的政治信仰、崇高的道德品质、健康优良的心理素质以及扎实严谨的工作作风。这些都是辅导员威信形成的基础。

（2）个人智能水平。个人智能水平包括知识结构、专业水准、生活经验和综合能力。辅导员需要具备丰富的知识、较高的专业水准、丰富的生活经验以及较强的综合能力。这些都能提升辅导员的威信。

（3）个人形象。辅导员的形象也是影响威信的重要因素。举止文雅、仪表端庄、热情诚实、富有朝气的辅导员会给学生留下良好的第一印象，这有助于辅导员威信的提升。

三、高职辅导员协同育人的策略

（一）加强辅导员队伍思想政治培训建设

1. 确立人才本位的培训理念

在加强辅导员队伍思想政治培训建设的过程中，确立人才本位的培训理念至关重要。人才本位的培训理念意味着将培养辅导员的综合素质与专业能力放在首位，注重培养其思想政治修养、教育教学能力、组织管理能力等方面的能力和素质。

（1）建立并完善辅导员职业发展规划，明确培训目标和路径。制订职业发展规划后，辅导员可以有针对性地选择适合自身发展的培训项目，提高个人能力水平。

（2）开展针对辅导员的岗位能力培训，注重知识与技能的结合。培训内容可以包括思想政治理论知识、教育心理学、教育管理学等方面的知识，以及教学设计、辅导技巧、沟通能力等方面的技能。

（3）加强辅导员的实践锻炼和经验分享。高职院校应组织实际教学、社会实践等实践活动，让辅导员在实践中不断提升能力，并通过经验交流、案例分析等方式促进辅导员的成长。

2. 建立双向统筹的培训机制

要有效提升辅导员队伍的思想政治培训水平，建立双向统筹的培训机制是必要的。这意味着既要注重集中培训，又要重视个性化培训；既要注重理论学习，又要注重实践操作。

（1）建立全员培训和骨干培训相结合的培训模式。高职院校可以通过集中培训、在线学习等形式进行全员培训，确保辅导员队伍具备基本的思想政治理论知识。骨干培训指高职院校可以选取一部分优秀的辅导员进行重点培训，提升其专业水平和带教能力，引领队伍整体提升。

（2）注重个性化培训，根据辅导员的特点和需求进行培训设计。高职院校可以通过调查问卷、个人面谈等方式了解辅导员的培训需求，针对性地开展培训活动，提高培训的针对性和实效性。

（3）加强培训成果的跟踪评估，及时调整培训计划。高职院校通过对培训成果的跟踪评估，可以了解辅导员培训的效果和存在的问题，对培训及时进行调整和改进，确保培训工作的连续性和有效性。

3.更新现代科技的培训方法

随着科技的发展，更新现代科技的培训方法对于辅导员队伍思想政治培训的建设至关重要。

（1）利用在线学习平台和教育资源，开展网络培训。辅导员可以通过在线学习平台学习相关理论知识，参与在线讨论和互动，拓宽知识视野，提升学习效果。

（2）推广移动学习和微学习，提供随时随地的学习机会。通过手机、平板等移动设备，辅导员可以随时随地进行学习，利用碎片化时间进行知识获取，提高学习的主动性和灵活性。

（3）运用多媒体技术和虚拟仿真技术，提高培训的趣味性和实践性。通过多媒体教学和虚拟仿真技术，高职院校可以将抽象的理论知识转化为形象的图像和情境，提高对辅导员的培训的互动性和实用性。

4.丰富细致全面的培训内容

为了确保辅导员队伍思想政治培训的全面性和实效性，培训内容需要丰富细致全面。首先，应加强思想政治理论知识的学习。辅导员需要具备扎实的思想政治理论知识，包括马克思主义基本原理、中国特色社会主义理论体系等方面的知识。高职院校应通过组织系统学习和理论研讨，提高辅导员的思想政治理论素养。其次，应注重教育教学能力的培养。辅导员需要具备良好的教育教学能力，包括教学设计、教学方法、学生评价等方面的能力。高职院校可通过教学案例分析、教学观摩、教学实践等形式，提高辅导员的教育教学水平。最后，应加强组织管理能力的培养。辅导员在学生思想政治教育中起到组织和管理的重要作用，因此需要具备相关的组织管理能力。培训内容可以包括组织活动策划、团队建设、沟通协调等方面的内容，以提高辅导员的组织管理水平。

（二）强化辅导员骨干作用

在工匠精神与高职思政育人融合的过程中，辅导员骨干扮演着重要的角色。他们不仅是高职学生的引导者和教育者，还是工匠精神的传播者和实践者。要想加强高职辅导员队伍的建设，就必须强化辅导员骨干的作用，使其能够全面有效地完成教育任务，培养出具有工匠精神的高素质专业人才。

1.辅导员骨干在融合过程中的角色

工匠精神与高职思政育人的融合是一项复杂且重要的任务，需要通过强化辅导员骨干的角色来实现。辅导员骨干的作用直接关系到整个融合过程的效果和质量，辅导员骨干在这一过程中担任多重角色。

首先，辅导员骨干是工匠精神的传播者和实践者。他们理解和尊重工匠精神中追求卓越、精益求精、专注工作和持续创新的价值观，并将其转化为实际行动。通过教育实践，他们积极向学生传播工匠精神，引导学生理解并接受这种职业态度和价值观。其次，辅导员骨干是学生的教育者和引导者。在教学过程中，辅导员骨干不仅教授专业知识和技能，还致力将工匠精神融入思想政治教育中，引导学生将这种精神内化为自己的行为规范和职业道德。他们教学生以工匠精神看待专业学习和职业生涯，形成积极的职业观念和工作态度。最后，辅导员骨干还是学生个性发展的促进者。他们尊重每位学生的个性，积极关注和引导学生的个性发展。他们理解工匠精神不是一成不变的，而是可以和每位学生的个性相结合的。因此，他们鼓励学生在学习和实践过程中，发展自己的特长和兴趣，形成有自己特色的工匠精神。

2.强化辅导员骨干作用的策略

在工匠精神与高职思政育人的融合过程中，高职院校需要通过一系列策略与方法，强化辅导员骨干的作用，以便实现高职教育的目标。

（1）培养辅导员骨干对工匠精神的深刻理解和认同是至关重要的。这需要高职院校提供一系列的专门培训和学习的机会，帮助他们深入理解工匠精神的含义，认识到其在高职教育中的重要性。同时，高职院校需要鼓励他们在日常工作中，尤其是在与学生的互动中展示和实践工匠精神。

设计和实施针对辅导员骨干的工匠精神专题培训是培养辅导员骨干对工匠精神深刻理解和认同的有效手段。专题培训可以包括对工匠精神的历史背景、内涵和意义的详细介绍，以及工匠精神在当前社会经济环境下的重要性和应用。高职院校也可以邀请具有丰富经验和深厚理论功底的专家进行讲解和示范，使辅导员骨干能够更深刻、更直观地理解工匠精神。提供学习机会也可以增强辅导员骨干对工匠精神的理解和认同。例如，高职院校可以开设相关课程或工作坊，鼓励辅导员骨干参与，以扩大他们的知识视野，提升他们的理论素养；高职院校也可以组织参观访问，让辅导员骨干亲身体验工匠精神，感受工匠精神的魅力。鼓励辅导员骨干在日常工作中展示和实践工匠精神是培养他们对工匠精神的认同和提升他们的教育效果的重要途径。高职院校可以设置相关评价指标，将展示和实践工匠精神纳入辅导员骨干的工作评价体系。同时，高职院校可以通过分享会、案例分析等形式，鼓励辅导员骨干分享他们在工作中展现工匠精神的经验和故事，以提升他们的工作积极性和创新性。辅导员骨干在与学生的互动中展示和实践工匠精神是引导学生认识和接受工匠精神的重要手段。这需要辅导员骨干以身作则，以实际行动向学生展示如何用工匠精神去学习、去工作、去生活，使学生能够从中看到工匠精神的价值，并愿意接受和实践。

（2）提高辅导员骨干的教育能力和素质是强化他们在工匠精神与高职思政育人融合过程中作用的重要手段。这一过程涉及多个维度，包括教学技巧、处理学生问题和冲突的能力以及专业素质和职业道德。

在教学技巧方面，辅导员骨干需要掌握如何有效传达知识、激发学生兴趣和保持课堂活力等基础技巧。为此，持续的培训是必要的，包括讲座、研讨会、模拟教学等形式。通过观察和模仿优秀教师的教学方法，辅导员骨干可以在实践中不断提升教学技巧。处理学生问题和冲突的能力是辅导员骨干必须具备的关键技能。学生可能面临各种各样的问题，包括学术压力、人际关系、心理健康等。辅导员骨干需要能够有效地识别这些问题，并采取适当的方式提供支持或引导学生寻求专业帮助。对于冲突的处理，辅导员骨干需

第六章　高职思政育人与工匠精神融合的保障体系建设

要具备一定的调解技巧，以及从中立的角度理解和处理冲突的能力。这方面的培训可以通过角色扮演、案例分析和专业咨询等方式进行。在专业素质和职业道德方面，辅导员骨干需要具备专业素质，这指对所教授的学科有深入的理解，保持对新知识、新技能的持续学习的热情；职业道德包括对学生的尊重、公正公平的态度、保护学生的隐私等，辅导员骨干应该具备这些职业道德。这些素质和道德需要辅导员骨干在日常工作中不断反思和实践，也可以通过定期的培训和讨论来加强。

（3）营造有利于辅导员骨干发挥作用的环境和氛围对于提升辅导员骨干的教育效果、激发他们的工作积极性及创新性至关重要。实现这一目标需要考虑多方面的因素。

建立尊重和支持辅导员骨干工作的组织文化是基础。这涉及对辅导员骨干工作价值的认知、对他们所做贡献的认同以及对他们职业成长的关注。高职院校应当重视辅导员骨干的角色，尊重他们的专业知识和判断，同时提供机会让他们参与决策过程，包括课程设计、教育策略等方面。此外，高职院校还需要定期对他们的工作进行正面反馈和赞扬，以提升他们的工作满意度和归属感。

提供必要的物质和精神支持对辅导员骨干的工作效能和满意度有显著影响。物质支持包括提供必要的工作资源和设施，如教学设备、教材、研究资金等。精神支持则涉及领导的关心、同事的帮助以及学校对他们工作的认可和支持。建立有效的沟通机制、营造良好的团队氛围、设立明确的职业发展路径等手段可以有效地为辅导员骨干提供精神支持。

激励辅导员骨干发挥创新和领导力可以帮助他们充分发挥潜力，为高职教育贡献更多独特的价值。这需要高职院校创造一个容许尝试错误、鼓励创新和提出新思想的环境。此外，高职院校可以通过设立奖励机制，如对创新教学方法或教育项目进行奖励，来刺激辅导员骨干的创新活动。对于领导力的培养，高职院校可以提供相关的培训和实践机会，如领导力培训等，以帮助他们提升领导能力，同时实现自我价值。

（4）建立和完善相关的制度和机制可确保辅导员骨干在工匠精神与高职思政育人的融合过程中，充分发挥他们的作用。这包括设置合理的职责和权利、明确他们在教育过程中的角色和责任以及建立有效的评价机制。

辅导员骨干的职责和权利需要明确且符合他们的职业定位。职责方面，辅导员骨干的核心职责是教育指导学生，帮助他们形成正确的世界观、人生观和价值观。他们需要负责策划、实施和评估相关的教育活动，同时在学生的学习和生活中提供必要的支持。权利方面，辅导员骨干应有权参与教学决策，包括课程设置、教育方法的选择等，以确保他们能够根据自己的专业知识和经验，为学生提供最合适的教育。明确在教育过程中的角色和责任是辅导员骨干能够充分发挥作用的关键。辅导员骨干不仅是知识的传授者，还是学生的引导者和辅导者，他们需要在教学过程中，引导学生理解和接受工匠精神，帮助学生将工匠精神融入学习和生活。此外，辅导员骨干也是学校与学生之间的桥梁，他们需要了解学生的需求和问题，并与学校进行有效的沟通和协调。建立有效的评价机制是保持辅导员骨干工作积极性和创新性的重要途径。评价机制应注重结果与过程，除了要考查学生的学习成绩，还要考查辅导员骨干的教学方法和态度。

（三）构建联合育人机制

1.组织教育机构的科学联动

要实现高职教育中思想政治教育与工匠精神的融合，就要先构建科学的教育机构联动机制。联动机制是有助于高职教育机构实现共享、协同和一致的框架，能强化教育机构之间的协作性和互补性，提升教育效果和效率。

（1）科学的联动机制要求各教育机构（高职教育系统内部，执行不同教育职责的各个部门或单位）达成策略协同。在这一方面，思政教育和专业教育并无明显的界限，应当形成相互补充、相互提高的关系。策略协同不仅涉及教学方法的共享和交流，还涉及教学活动的共同策划和实施。工匠精神需要学生在实践中体验、在实践中学习，因此教育机构应协同规划更多的实践活动，使学生能够在实际操作中提高专业技能，同时深化对工匠精神的理解，如表6-1所示。

表 6-1　策略协同详情表

联动机制层面	具体实现方式	示　例
教学方法上的协同	统一教学理念、共享教学手段、交流教学策略	各教育机构共同制定以培养工匠精神为目标的教学理念，共享如项目制学习、探究式学习等教学手段，交流如以问题为导向、学生为中心的教学策略
教学活动上的协同	设计、实施和反馈教学活动	各教育机构共同设计包含思政教育内容和专业技能培养的复合型教学活动，协同实施这些活动，共享教学反馈，以便及时调整教学策略
实践活动上的协同	规划更多的实践活动	各教育机构协同规划更多的实践活动，如共同设计以社会服务为主题的实践活动，让学生在服务中实现专业技能的运用，同时感受到工匠精神的内涵

一是在教学方法上的协同。这包括教学理念的统一、教学手段的共享、教学策略的交流等。例如，各教育机构可以共同制定以培养工匠精神为目标的教学理念，共享如项目制学习、探究式学习等教学手段，交流如以问题为导向、学生为中心的教学策略。这种方法可以使教学活动更加精准、高效，让学生在最优的学习环境中不断提升自我。

二是在教学活动上的协同。这包括教学活动的设计、实施和反馈。例如，各教育机构可以共同设计包含思政教育内容和专业技能培养的复合型教学活动，协同实施这些活动，确保教学目标的达成，共享教学反馈，以便及时调整教学策略。这种协同不仅能使教学活动更具包容性和深度，还能提高教学的针对性和提升教学效果。

三是在实践活动上的协同。实践活动是培养学生工匠精神的重要方式，各教育机构应协同规划更多的实践活动，使学生能够在实际操作中提高专业技能，同时深化对工匠精神的理解。例如，各教育机构可以共同设计以社会服务为主题的实践活动，让学生在服务中实现专业技能的运用，同时感受到工匠精神的内涵。

（2）科学的联动机制强调教育资源的共享。在信息化时代，各教育机构拥有的教育资源丰富且类型多样。各教育机构应有效整合这些资源，为提高教育质量提供强大支撑。对于工匠精神的培养，思政教育与专业教育同样不能孤立开展，需要共享包括教材、课程、教学平台、实验室等教育资源，形成互补，从而提升教学效果，如表 6-2 所示。

表 6-2 教育资源的共享

资源类型	共享方法及其作用
教材资源	教材资源的共享能够优化教学内容，让学生得到更全面的知识。例如，思政课程中的一些理论知识可以与专业课程中的实际案例结合，既能够使学生理解抽象的理论知识，又能让他们看到理论在实践中的应用。这种教材资源的共享有助于实现理论与实践的有效结合，培养学生的工匠精神
课程资源	课程资源的共享能够丰富教学形式，激发学生的学习兴趣。例如，教育机构可以设置一些跨专业的选修课程，让学生有机会接触到其他专业的知识，扩大他们的视野。同时，教育机构可以开设一些混合式的课程，线上和线下的教学方式相结合，让学生在不同的环境中学习，提高他们的自主学习能力
教学平台	教学平台的共享能够拓宽教学途径，提高教学效率。例如，教育机构可以使用互联网平台共享各类在线课程、电子书籍、视频讲座等资源，让学生在课堂之外也能继续学习。同时，这种教学平台的共享可以为教师提供更多的教学支持，帮助他们改进教学方法、提升教学效果
实验室等实践设施	实验室等实践设施的共享可以提供更多实践机会，让学生在实践中学习和成长。例如，教育机构可以组织跨专业的项目团队，在实验室中共同完成项目，这既能提升学生的团队协作能力，又能提升他们的实际操作能力。同时，这种实践设施的共享可以让学生接触到不同领域的实践活动，增强他们的创新意识和问题解决能力

通过这些方式共享教育资源不仅能够提高教育质量，还能够更好地培养学生的工匠精神，使他们在未来的学习和工作中都能够发挥出更大的作用。

（3）科学的联动机制要求各教育机构以共同的目标为导向。在高职教育中，思政教育与专业教育应共享人才培养的目标，即培养德才兼备的高素质技能型人才。这种目标一致性有助于避免各机构之间的冲突和矛盾，推动教育工作的高效运行。以工匠精神为依据既是对专业技能的追求，又是对社会主义核心价值观的践行，这需要各教育机构以共同的目标为导向，进行深入合作。

目标一致性能带来整体协调性。当各教育机构都明确了共享的人才培养目标后，他们的教学计划、教学方法、评价体系等都会围绕这个目标进行。这样不仅有利于教学资源的整合和优化，还能使各机构的教育工作形成有力的合力，以最有效的方式推动学生全面发展。目标一致性有助于优化课程设置和教学内容。如果以培养德才兼备的高素质技能型人才为目标，各教育机构在课程设置时将更加注重专业技能与社会主义核心价值观的融合，这样有利于学生形成正确的世界观、人生观和价值观。同时，目标一致性要求教育机构在教学内容的设计上注重理论与实践的结合，以便学生在学习专业技能的同时，提升实践能力和创新能力。目标一致性能够促进教育评价体系的完善。当各教育机构共享人才培养目标时，他们的评价体系也将以这个目标为依据，对学生的德、智、体、美等多方面进行全面评价。这样，教育评价体系就能更准确地反映学生的真实能力和发展水平，为教育改革提供有力的依据。

2.队伍建设的联动

队伍建设联动是在高职教育中实现高效合作的重要方式。思政教师和辅导员以共同的目标为导向，以工匠精神为准则，共同开展教育活动可以有效提高教育质量。然而，要实现真正的联动，关键在于明确职责划分和培养高度的合作意识。

在职责划分上，思政教师和辅导员需要根据自身的专长和专业知识定位自己的角色。思政教师的主要职责是教授思政课程，引导学生理解和接受社会主义核心价值观，培养他们的社会责任感和公民意识。辅导员的职责则更侧重于指导学生的日常学习和生活，帮助他们解决各种问题，提高他们的综合素质。这两种角色虽然有所不同，但都是为了实现同一目标：培养德才兼备的高素质技能型人才。因此，思政教师和辅导员应充分理解和尊重对方的工作，减少工作上的冲突和误解。

在合作意识上，思政教师和辅导员应充分认识到团队合作的重要性。他们应时刻保持开放和学习的心态，积极寻求和借鉴对方的优点，提高团队的整体教育效能。例如，思政教师可以学习辅导员与学生接触的方法，更好地了解学生的思想动态；辅导员则可以学习思政教师的教学方法，更有效地指导学生的学习。这种相互学习、相互合作的方式不仅有助于提升教育效果，还有助于增强团队的凝聚力。

同时，以工匠精神为基础的联动对于提高教育质量和效率具有积极影响。工匠精神代表了专注、精益求精的态度，是教育工作者的重要素质。这种精神不仅能激发教育工作者对教育工作的热情,还有助于他们在教学活动中追求极致,实现教育的最大价值。例如,思政教师可以在教学过程中关注每一个细节,努力提高教学方法的有效性;在处理学生问题时,辅导员要寻找最佳解决方案。

第二节 工匠文化阐释与工匠创新思维的培养

一、在高职思政育人中进行工匠文化的阐释

(一)高职思政育人中的工匠文化解读

1.工匠文化的现代解读

工匠文化是指以技艺传承、敬业精神、创新意识、社会责任为核心内容的文化体系,是一种强调工匠精神和价值的文化现象,注重对工匠技艺的传承和弘扬。当今,工匠文化被重新关注和定义,这体现了我国对工匠技艺和工匠精神的尊重和推崇。

工匠文化是工匠精神的载体和表达方式。工匠文化通过展示工匠的技艺、传统工艺和工艺品等,传递和弘扬工匠精神,让更多的人了解和认同这种价值观,向社会传递工匠精神的内涵和价值。

工匠精神是一种价值观,是工匠在工作中所展现的特质和态度。它强调对工作的敬业精神、追求卓越的态度、专注细节的精神和对品质的追求等。它是一种与个体相关的精神追求,关注个体在工作中的表现和价值观,是工匠文化所崇尚和推崇的核心特征,体现了工匠对工作的热爱、执着和追求卓越的态度。

工匠文化与工匠精神相辅相成,在现代社会中具有重要的意义和价值,共同促进了现代社会的发展。它们不仅代表了对传统技艺的尊重和保护,还反映了现代社会对高品质工艺和价值观的追求。弘扬工匠文化和培养工匠精神可以激发人们对卓越品质和工匠精神的追求,推动社会的进步和发展。工匠通过自身的努力和实践,展现出工匠精神的特质,通过工作中的细节追求

和卓越表现，推动着工匠文化的发展和传承。

2.工匠文化在高职思想政治教育中的价值

在现代社会中，工匠文化的重要性逐渐凸显出来，特别是在高职思政育人中，工匠文化的价值显得尤为重要。工匠文化不仅涵盖了对专业技能的热爱和尊重、对工作的敬业和负责，还包含了对个人品质和社会责任的追求，这恰恰符合高职教育的目标，即培养高素质的技能型人才。

（1）工匠文化能够强化高职学生的专业技能。工匠文化注重对技艺的传承和弘扬，强调对工作的敬业精神和追求卓越的态度。在高职教育中，引入工匠文化可以帮助学生培养专业技能，并使他们更加热爱所学习的技艺。通过学习和体验工匠精神，学生能够更加专注于学习和实践，更加注重细节、精益求精，从而他们的专业水平和就业竞争力能够有所提高。

（2）工匠文化在培养高职学生的职业素养方面具有积极的推动作用。工匠文化强调敬业、专注、责任感等价值观。这些特质是高职学生在职业发展中需要具备的职业素养。引入工匠文化可以使学生遵守职业道德和职业行为准则，培养学生对工作的责任感和敬业精神。同时，宣传工匠文化有助于培养学生的自律能力、团队合作精神和解决问题的能力，提升他们的职业素养水平。

（3）工匠文化可以促进高职学生的创新能力发展。工匠文化注重创新和追求卓越，鼓励工匠在传统技艺的基础上进行创新和改进。在高职教育中，引入工匠文化可以激发学生的创新思维和创造力。学生可以通过对传统技艺的学习和实践，思考如何改进和创新现有的工艺和技术，提高产品的质量和竞争力。工匠文化对学生的创新能力的培养有助于他们在职业发展中适应和引领技术的变革和创新。

（4）工匠文化对于高职学生树立正确的价值观具有重要作用。工匠文化强调对工作的敬业、对技艺的追求、对细节的关注以及对品质的追求等价值观。引入工匠文化可以帮助高职学生树立正确的价值观，如对工作的热爱、对个人发展的追求、对学习的专注和对职业责任的认同。这些价值观的树立有助于学生形成正确的职业道德观念，注重职业操守和责任感，成为品质过硬、具备良好职业道德的高职人才。

（二）高职思政育人的目标与工匠文化的契合点

1. 培养德才兼备的高素质技能型人才

高职教育在思想政治教育方面的目标之一为培养德才兼备的高素质技能型人才。

（1）高职思政育人中的专业技能培养与工匠文化强调的专业精神是一致的。工匠文化强调技术上的精益求精，反映了对专业技能熟练掌握的重视。高职思政育人同样重视专业技能的培养，致力让学生在学习期间掌握所学专业的基本知识与技能，为之后的职业生涯打下坚实的基础。这种对专业技能培养的重视符合工匠文化的专业精神，体现了高职思政育人与工匠文化在技能型人才培养方面的一致性。

（2）高职思政育人中的实践能力培养也与工匠文化有着共通之处。工匠文化强调实践经验的积累和运用，重视动手能力和解决问题的能力。高职思政育人重视对学生实践能力的培养，注重让学生在实际操作中提升技能，强调实践与理论相结合的教学方式。这一点与工匠文化的实践精神相契合。高职思政育人与工匠文化在实践能力培养方面具有一致性。

（3）高职思政育人中的道德素质培养与工匠文化中的良好职业道德相符。高职思政育人注重培养学生的道德素质，旨在让学生在接受专业知识和技能培养的同时，养成良好的道德品质，形成正确的价值观。工匠文化也强调了良好的职业道德，如诚实守信、尊重他人、热爱工作等。这一点与高职思政教育的道德素质培养目标相符，高职思政教育与工匠文化在道德素质培养方面具有一致性。

2. 追求卓越与精益求精

高职思政教育应培养学生的专业精神和对所学知识的热情。这意味着，学生在掌握专业技能的同时，也需要认同和热爱自己的职业。这种认同和热爱往往会驱使他们在实践中追求卓越，不满足于平庸，始终追求更高的标准和更好的效果。这种专业精神和追求卓越的精神是高职思政教育对学生的期望，也是社会对高职人才的期待。工匠文化强调的是，无论是最微小的部件，还是作品的整体效果，都需要工匠精心打磨和改进，直至达到最佳。这种对于完美的追求与高职思政教育中对卓越精神的追求是相互呼应的。两者都认为，只有通过不懈的努力和持续的改进，才能达到真正的卓越。这种追求卓越和精益求精的精神是一种对技术或者专业的追求，更是一种人生态度的体现。无论是在高职思政教育中，还是在工匠的实践中，这种态度都被视为最为宝贵的品质。它代表着一个人对自己工作的热爱、对社会的责任以及对生活的追求。

3.坚守职业道德

职业道德是每一位从业者的行为规范和行事原则。在高职教育体系中，思想政治教育尤为重视对学生职业道德的培养，力求使学生将职业道德内化为自己的行为准则，外化为对工作的敬重和对社会的贡献。而工匠文化是一种对待工作、对待生活的哲学，其中诚信、专注和尊重是重点。

高职思政教育对社会主义核心价值观的弘扬能够使学生深刻理解诚信在职场和生活中的重要性。而在工匠文化中，诚信是基石，是对待工作的态度，更是对待客户、对待合作伙伴的态度。这种诚实守信、真诚做人的原则使高职思政教育和工匠文化高度契合。一个工匠之所以受人尊重，除了是因为他的技艺超群，更是因为他对于每一件作品、每一个环节都保持真诚。对待工作的态度是否良好是判断一个人职业道德高低的关键。高职思政教育鼓励学生全心全意、敬业乐群地投入工作，体现出专业的态度。而工匠文化更是如此，工匠对待工作的态度是全身心投入、精益求精。这种对工作的热情和敬重正是高职思政教育希望每一位学生能够展现出来的品质。

（三）工匠文化在高职思政育人中的阐释途径

1.故事阐述

在高职思政育人中，故事阐述是一种富有教育力的方式，能够鲜活地传达信息，激发学生的思考。尤其是具有深厚历史底蕴和丰富人文内涵的工匠故事，在描述工匠的生活和工作经历时，无形中也展示了工匠精神的重要特点，如敬业、精益求精、团结协作等。教师讲述这些故事能够更好地向学生传递工匠文化的内涵和价值。

（1）通过工匠故事，学生能够明白工匠精神中精益求精的重要性。精益求精体现在工匠对卓越的追求上，他们不断提高自己的技艺，追求每一个细节的完美，甚至用一种近乎苛刻的标准，去要求自己的工作，只有做到最好，他们才能满意。这种精益求精的精神体现在他们的故事中，从而能影响听到这些故事的学生，激发他们对技术和专业的热爱，使他们在岗位上精益求精。

（2）通过工匠故事，学生可以了解到尊重他人、团结协作的价值。工匠在工作中，不仅需要具备良好的技术技能，还需要具备良好的人际交往能力。他们需要与他人协作，共同完成复杂的项目。这种团结协作的精神不仅体现在工匠之间，还体现在工匠与客户之间。这些故事可以使学生理解团结协作的重要性。

（3）工匠故事可以引导学生反思自身的行为和态度，思考如何在专业技能培养中体现工匠精神。故事中工匠的坚持、耐心和毅力都是值得学生学习的品质。同时，他们的职业道德，如诚实守信、敬业爱岗、尊重他人等都是学生在接受高职教育时应该积极养成的。

2.实践体验

实践体验在高职思政育人中占有重要的地位，主要原因在于它能给学生提供直接接触和深入理解工匠文化的机会。实践体验提供了一种现实的场域，在这个场域中，学生可以亲身参与技能实训，直观地感受工匠精神对产品质量的影响。实践体验有助于学生深刻理解工匠精神，从而培养学生对于工匠文化的尊重和认同。

在技能实训环节，学生可以通过亲手制作产品，深刻体验到工匠对产品精益求精的态度。这种态度强调的是对工艺、对质量、对细节的专注和追求。通过实际操作，学生可以了解到工匠精神所代表的尽善尽美和一丝不苟的态度。这种体验可以帮助学生明白，专业技能的提升需要理论知识的学习，更需要通过实际操作来锤炼；在专业技能的提升过程中，工匠精神是不可或缺的元素。

学生可以通过参与团队合作，体验到工匠的团队精神以及团队合作对于产品质量的重要性。工匠在工作中，尤其是在进行复杂项目时，需要与他人紧密协作。在这个过程中，工匠需要相互尊重、相互学习，共同解决问题。这种团队精神不仅体现了工匠精神中的团结合作，还体现了社会主义核心价值观所倡导的集体主义精神。通过参与团队合作，学生可以理解团队的力量，体会到集体精神的重要性。这种体验有助于学生在将来的职业生涯中，更好地与他人合作，共同完成任务。

3. 课堂教学

课堂教学是高职思政育人的主要途径之一，也是阐述工匠文化的重要手段。教师在课堂上系统地介绍工匠文化的发展历史，阐述工匠精神的内涵和意义以及工匠精神在当前社会发展中的重要作用，有助于使学生深化对工匠精神的理解，为他们的专业技能培养提供理论指导。

（1）介绍工匠文化的发展历史可以使学生认识到工匠精神的源远流长。从古代的匠人，到现代的技术工人，工匠精神一直是人类社会发展的重要驱动力。这种历史视角有助于学生理解工匠精神的重要性，能为他们的专业学习提供深厚的文化底蕴。

（2）阐述工匠精神的内涵和意义可以使学生了解到工匠精神是一种价值取向和职业道德。工匠精神强调的是对工艺的精益求精、对质量的严格要求、对职业的热爱和尊重。这种精神体现在工匠的每一个动作、每一个决策、每一个产品上。这种理解有助于学生将工匠精神融入自己的专业学习和职业生涯中，提高自己的职业素养。

（3）阐述工匠精神在当前社会发展中的重要作用可以使学生明白工匠精神是现代社会发展的重要力量。在科技日新月异的今天，工匠精神在推动科技进步、提高产品质量、培养高素质技能型人才等方面发挥着重要作用。这种理解有助于学生认识到自己的专业学习和技能培养对于社会发展的重要作用，能够提升他们的社会责任感。此外，教师可以结合专业知识，引导学生思考如何在自己的专业技能培养中体现工匠精神。通过案例分析、问题讨论等方式，教师可以帮助学生建立起工匠精神和专业技能之间的内在联系，引导他们在专业技能的提升过程中，体现出工匠精神的特点。这种引导有助于学生在理论与实践之间建立起桥梁，提高实践能力和创新能力。

二、在高职思政育人中培养学生的工匠创新思维

（一）高职思政育人的重点向创新型人才培养转变

高职教育中的思想政治教育被赋予了一项至关重要的任务：培养拥有创新精神的人才。党的二十大报告提出："教育、科技、人才是全面建设社会主

义现代化国家的基础性、战略性支撑。必须坚持科技是第一生产力、人才是第一资源、创新是第一动力，深入实施科教兴国战略、人才强国战略、创新驱动发展战略，开辟发展新领域新赛道，不断塑造发展新动能新优势。"其中，"创新"一词犹如灯塔中的明灯，照亮了中国未来发展的航程。创新在发展中的地位举足轻重，它关乎如何解决发展的驱动力问题。在经济全球化竞争日益加剧、国内发展驱动力转型的大背景下，只有将发展的基础设在创新上，构建能促进创新的体制机制，才能塑造出更多的依赖创新驱动、展现先发优势的引领型发展。在这个大众创业、万众创新的时代，高等职业教育中的思想政治教育亟待革新。高职思政育人需要树立重点培养学生的创新意识的教学目标，需要将以理论教育为中心的教学方式转变为以启发式教育为中心的教学方式，以培育学生的创新意识，提升学生的创新能力。

1.高职思政育人的教学目标向重点培养学生创新意识转变

在高职思政教育的课堂里，教师必须具备创新意识，将培养学生创新意识作为重要的教学目标，在教授理论知识的同时，提出思考题，鼓励学生回答问题，培养学生主动思考的习惯，引导学生将所学的理论知识与现实生活紧密相连，分析和解决日常生活中的问题。即便有些知识点不直接适用于解决日常生活问题，高职思政课的教师也应鼓励学生探讨如何将这些知识应用于不同的领域。这种课堂上的互动环节对于激发学生的创新思维具有积极的推动作用。鉴于高职学生的认知特点，如果思政课教师在课堂上只发言不提问，或者只与坐在前排的少数学生互动，那么，教学效果可能会大打折扣。因此，在高职思政课上增进与学生的互动，让所有学生都参与到课堂的思考中来就显得很有必要。如果课堂上没有足够的时间与所有学生互动，那么在下次上课时，教师应优先与上次课堂上未能参与互动的学生进行互动，使每个学生都有发言的机会，并给予参与课堂互动的学生相应的分数奖励，以唤醒学生的思维，让学生在高职思政课堂上活跃起来，最终达成培养学生创新意识的教学目标。

2.高职思政育人的教学方式向提高学生创新能力转变

要培养高素质的技能型人才，高职思政育人的教学方式也应有所转变。除了重视专业技能的培养，高职思政育人还应注重提高学生的创新能力，将以理论教育为中心的教学方式转变为以启发式教育为中心的教学方式，以适应快速变化的社会需求。

在高职思政的教学过程中,教师应该有意识地引导学生将专业技能与生活实践相结合。这可以通过在课程内容中适当穿插一些成功的创新创业案例来实现。这些案例可以激励学生不断提高专业技能,并在潜移默化中提高他们的创新能力。例如,教师可以讲述一些在特定领域中取得成功的企业家或创新者的故事,让学生了解到创新的重要性和影响力,并引导学生分析这些案例中的关键成功因素,鼓励他们思考如何将这些因素应用到自己的专业领域中。教师还可以通过组织实践活动来促进学生的创新能力发展。例如,教师可以组织创新创业比赛或项目实践,让学生有机会提出创新的想法并将其付诸实践。这样的实践活动可以培养学生的团队合作能力、问题解决能力和创新思维,帮助他们更好地应对未来职业中的挑战。此外,教师还可以借助现代技术手段来提高学生的创新能力。例如,教师可以利用在线教育平台或虚拟实验室等资源,为学生提供更多的学习机会和实践体验。通过使用先进的技术工具,学生可以更加灵活地进行学习和创新实践,拓展思维边界。

(二)高职思政教育培养具有工匠精神的创新型人才

1. 培养具有工匠精神的创新型人才是时代的呼唤

工匠精神是一种深入骨髓的职业道德,是一种严谨细致的职业精神,是一种精益求精的创新理念。作为推动我国由制造大国向制造强国转型的重要动力,工匠精神以追求卓越和持续创新为特点,已成为当今时代亟待弘扬的精神风貌。为了实现中华民族伟大复兴,我国在坚持创新的同时,也要弘扬能工巧匠的精神,唤醒并培育不懈追求完美的工匠精神。

创新是新时代工匠的追求,也是国家发展的第一动力。追求卓越的创新精神代表了对改变的渴望、对进步的执着。在这个瞬息万变的社会,国家和社会都需要创新,以保持自身的活力和竞争力。因此,高职思政育人必须致力培养具有工匠精神的创新人才,以应对社会发展和竞争的需要。创新精神是新时代工匠的灵魂,是提升国家竞争力的核心,是一种深入人心的、勇于改变的、永不止步的精神。工匠精神源于对精神追求的高度认识和对物质需求的严谨处理,包含着追求突破、追求革新的创新内蕴。深入人心的创新精神和严谨求精的工匠精神是实现中华民族伟大复兴的必然要求。

2. 高职思政育人是培养具有工匠精神创新型人才的主阵地和主渠道

高职思政育人是打造未来社会的主力军、培养具有工匠精神的创新型人才的核心基地和主要通道。在引导学生全面理解和实践社会主义核心价值观的同时，高职思政育人也在积极培育具有工匠精神的青年人才。工匠精神作为一种职业道德，是对工作态度和精神理念的一种高度认识。工匠精神和人的人生观、价值观是相辅相成的，工作态度和精神理念是一个人的人生观、价值观的具体体现。因此，高职学生作为我国未来的职业人员和社会主义事业的建设者，必须具备工匠精神，工匠精神能让他们在工作中一丝不苟、诚实守信、爱岗敬业。

工匠精神的培养应该被纳入高职思政育人的内容中，这样可以让高职学生从入学伊始就开始接触和了解工匠精神，从而在思想中根植这种追求卓越、精益求精的精神。我国正处于由制造大国向制造强国转变的关键时期，需要这种具有工匠精神的创新人才。因此，高职思政课程的教学改革必须将工匠精神的培养纳入教育内容中，让所有高职学生都可以在课程学习中自然而然地受到工匠精神的熏陶。

3. 高职教育阶段是培养具有工匠精神创新型人才的最佳时期

高职教育的初期阶段是培养工匠精神和创新能力的黄金时期。原因是在这个关键的时间段，高职学生思维开放、理解力强、接受能力高。同时，这一时期恰恰是高职思政课程的主要开课时间，因此将工匠精神的培养融入高职思政育人有助于培养更多的具有工匠精神的人才。

高职思政教育是由几门核心课程构成的，包括毛泽东思想和中国特色社会主义理论体系概论、思想道德与法治、习近平新时代中国特色社会主义思想概论、形势与政策等。这些课程不仅教授学生理论知识，还教导他们如何将理论应用到实际生活中去。在每一门课的教学过程中，教师都可以有效地融入工匠精神，使学生在学习理论知识的同时，能深刻理解和领会工匠精神。高职思政育人的重要目标是帮助学生深化对中国共产党的发展历程、基本路线、基本经验、基本理论、基本纲领、基本要求的理解，增强学生对中国特色社会主义道路、理论、制度的自信，提升他们运用科学理论去分析和解决实际问题的能力，以及培养他们的创新能力。我国正向着制造强国的目标迈进，必然需要大批具备工匠精神的人才。高职技术教育负责培养技术精湛的工匠，高职思政教育则负责培养具有工匠精神的人才。在高职思政教育中融入工匠精神已经成为时代的必然要求。

（三）高职思政育人中培养学生工匠创新思维的策略

1. 实践教学：通过社区服务、实习和课程项目提高创新实践能力

在高职思政育人中，实践教学是一种以解决实际问题为目标、强调学生主体性和创新能力的教育方式。通过实践教学，学生可以将思想政治理论知识与实际情况结合起来，提高创新实践能力，进而培养工匠创新思维。社区服务、实习和课程项目作为实践教学的重要组成部分，各有特点和作用。

社区服务是一种有效的实践形式，它将学生置于实际社会环境中，让学生在服务中学习和成长。通过参与社区服务，学生有机会直接面对和解决社区居民的实际问题，这有助于培养他们的社会责任感和公民意识。在这个过程中，学生需要运用所学的思想政治理论知识，分析和处理复杂的社会问题，这对提升学生的创新思维能力具有重要作用。

实习是一种直接面向职业领域的实践活动，它将学生从课堂引向职场，让学生在实际工作环境中锻炼和提升自身的能力。在实习过程中，学生需要运用所学的专业知识和技能，解决工作中遇到的实际问题。这不仅可以提高学生的职业素养，还有助于培养他们的创新思维。特别是在解决实际问题时，学生需要进行独立思考，提出创新的解决方案，这对培养学生的工匠创新思维具有积极的推动作用。

课程项目是一种将课程学习与项目实践相结合的教学方式。通过参与课程项目，学生可以将所学知识和技能应用到实际问题的解决中，提高创新实践能力。课程项目通常需要学生团队合作，这有助于提升他们的协作能力和领导能力。在解决项目问题的过程中，学生需要进行独立思考，提出创新的解决方案，这对培养他们的创新思维有着积极的推动作用。

在进行实践教学时，教师应充分利用多样化的教学资源，提供丰富的实践机会，以满足不同学生的需求。同时，教师应进行针对性的指导，保证学生实践学习的效果。在这个过程中，教师应注重评价和反馈，鼓励学生对自己的实践活动进行深入反思，从而进一步提高他们的创新实践能力。

2.课程设计：将工匠创新思维训练整合到思政课程中

课程设计是影响教育效果的关键因素，它涉及教学内容的选择、组织和表达。在高职思政育人中，教师应不断优化课程设计，这样可以更有效地培养学生的工匠创新思维。

第一，思政课程内容应强调工匠精神的价值和意义。工匠精神是一种对工作质量、精度的执着追求，是一种坚持和不懈努力的职业态度。它与创新思维紧密相连，可以激发学生的创新激情。因此，课程内容应该强调工匠精神的核心要素，如精益求精、专注致远、坚韧不拔等，使学生理解和认同工匠精神的价值。第二，思政课程应采用多元化的教学方法，以培养学生的创新思维。例如，教师可以通过案例分析、角色扮演、小组讨论等方式，让学生在思考和解决问题的过程中运用和提升创新思维。第三，教师应设计一些与工匠创新思维相关的课程项目，使学生在项目实践中锻炼创新思维、提高创新能力。第四，课程设计还应考虑到学生的差异性和个性化需求。例如，教师可以设计不同难度和领域的课程项目，满足不同学生的学习需求。同时，教师应根据学生的学习进度和能力，提供个性化的学习支持和指导。

3.评价与激励：通过有效的评价和激励机制促进工匠创新思维的培养

评价与激励是教学过程中的重要环节，它直接影响学生的学习动力、学习策略和学习效果。在高职思政育人中，有效的评价和激励机制可以促进工匠创新思维的培养。

评价应从传统的以对知识掌握和理解的评价为主转向以对创新能力和实践能力的评价为主。这意味着，评价关注学生是否掌握了知识，更关注他们是否能将知识运用到实践中，是否能在面对问题时展现出创新思维。这种评价可以引导学生关注创新思维的培养，鼓励他们在解决问题时追求更好的解决策略。评价内容应包含工匠精神的体现，如精益求精、专注致远、坚韧不拔等。这意味着评价不仅要考查学生的知识和技能，还要考查他们的态度和价值观。例如，评价时教师可以关注学生是否有耐心和毅力去深入探索问题，是否愿意花费时间和精力去追求解决方案的精确和完美。这种评价内容可以引导学生内化工匠精神，进而促进工匠创新思维的培养。

激励机制分为外在激励和内在激励。在外在激励方面，教师可以采用物质性奖励和非物质性奖励来激发学生的动力。物质性奖励有奖学金、实物奖品等；非物质性奖励有口头表扬、荣誉奖项等。对于表现出创新思维的学生，教师应给予适当的奖励，以表彰他们的创新成果和工匠精神，如教师可设立"工匠精神奖"或"创新思维奖"等，表彰那些在思想政治教育中展现出工匠精神和卓越创新思维的学生。这种公开的认可不仅可以激励获奖学生，还能鼓励其他学生向他们学习，追求创新、精益求精。在内在激励方面，教师可以通过提供成功体验、提高自我效能感等方式来激发学生的内在动力。成功体验是最有效的内在激励之一，当学生通过自己的努力解决了问题或完成了任务，他们会感到满足和自豪，这能提升他们的自我效能感和动力。自我效能感是个人对自己能够成功完成某项任务的信念，研究发现，自我效能感高的人更有可能进行创新尝试。因此，教师应提供适当的挑战和支持，帮助学生收获成功体验；教师还应鼓励学生相信自己的能力，相信自己有能力完成任务、有能力解决问题。

第三节 构建工匠精神与课程思政融合的育人体系

一、工匠精神融入高职思政育人实现保障

（一）从理论教育入手，将工匠精神内化为学生的精神追求

1. 以工匠精神激励理想信念

理想和信念构成了人们对未来的期待和对生活的热爱。理想为人生指明方向，信念则提供了追求理想的动力。一个具有坚定理想信念的人能够不畏艰难、战胜挫折。理想信念是人的心灵世界的核心。高职学生是国家的未来和民族的希望，是实现中国梦的重要力量。我们要引导他们塑造坚定的理想信念，使他们充分认识到工匠精神对他们的成长至关重要。工匠精神在这里并非仅限于制造业，鼓励学生坚守热爱的事业、兢兢业业、精益求精也是工匠精神的内涵之一。《大国工匠》纪录片中的工匠以他们的专业精神和职业热情鼓舞着每一位学生，他们激励着学生坚守自己的职业理想，使学生对未来充满期待。工匠精神可以帮助学生形成坚定的职业理想信念，使他们意识

到自己的责任和担当。

在高等教育阶段，理想和信念的建立会影响学生一生。在面临生涯规划、职业选择等一系列问题时，学生必须将一个科学、崇高的理想信念作为总原则和目标。理想信念包括对未来职业的期望和目标，学生毕业后要积极投身岗位、致力工作，这种对工作的热爱和专注就是工匠精神的一部分。工匠精神不只是单纯的刻苦、勤奋、努力，更是一种深入人心的精神力量。这种精神有助于学生意识到自己的责任和担当，使他们在面对孤独和诱惑时，能够坚定自己的职业理想信念。

2. 以工匠精神锻造道德观念

道德观念作为社会意识形态的特殊表现形式，以其善恶评判标准，在社会公众舆论、优秀传统文化及个人信仰的共同作用下，形成了一种行为规范和精神状态。道德观念在个人成长中具有至关重要的地位，一个人可以缺乏学识，但道德观念的缺失是令人无法接受的。将工匠精神纳入道德观念的核心可以推动高职教育中的思想政治教育的进步。高职教育阶段是个体道德观念形成和深化的关键期，此阶段塑造的道德观念对个体的一生都有深远影响。高职学生应继承并发扬中华民族的优秀道德传统，弘扬工匠精神，持之以恒地培养良好的道德观念。

工匠精神被视为一种宝贵的精神财富，对青年一代的思维模式和实际行动都有深远影响。它为青年一代提供了思考动力和精神支撑。在国家层面，工匠精神提倡的是集体利益优先，鼓励人们为实现中华民族伟大复兴的中国梦贡献力量。在个人层面，它推崇的是爱岗敬业、诚信友善，以及坚定的职业追求，如认真负责、无私奉献等，这些都构成了高职学生应有的道德品质。

几千年来，中华民族形成了丰富的优良道德传统，包括尊重国家、民族和社会的利益，以及对国家、民族和社会的责任感和奉献精神。陆游在《病起书怀》中提出的"位卑未敢忘忧国"以及范仲淹在《岳阳楼记》中提出的"先天下之忧而忧，后天下之乐而乐"都鲜明地体现了爱国奉献的精神。中华民族的优良道德传统也倡导言行一致、诚信做人，对职业人士提出了道德要求，期望他们在职业生活中诚实劳动、信守承诺、注重信誉。这种诚信的传统在社会主义社会中应得到进一步弘扬，应成为新时代人的必备素质。精神层面的提升和道德理想的实现常被视为更高阶段的追求。我国古代的工匠倡导德艺双馨、以道德为先的工匠精神。在这种道德精神的指引下，古代工匠的职业素养得到了传承。

如今，高职学生不再只满足于单一的学术追求，他们在精神层面的需求也日益多元化。因此，高职院校有必要为他们营造良好的精神环境，通过工匠精神的日常熏陶，将道德观念转化为他们内在的精神需求，以满足他们的多元化精神需求。

3. 以工匠精神更新择业观念

在现代社会中，高职学生的职业选择尤为重要，会影响个人与家庭。为了应对职业挑战，学生需要深入理解当前就业环境，树立正确的职业观，并培养吃苦耐劳的品质。然而，目前部分高职学生对工匠精神的理解相当有限，认为它仅仅属于工匠群体，与自己无关。而且由于机械化大生产兴起，传统的手工业日渐衰退，工匠精神在学生心中的地位逐渐降低。

一些高职学生在选择职业时，往往追求高薪、稳定的工作环境，以及高社会地位，对于实际工作的准备和对职业标准的理解相对不足。并且，他们常常受到错误价值观的影响，过分重视学历，误以为学历完全决定工作的质量。这些错误的观念导致了学生对择业的误解，甚至有学生认为技术性和动手的工作不体面，是社会底层的工作。然而，工匠精神实质上是一种积极向上的价值观，它强调专注、坚持、务实和热爱自己的工作。只有秉持工匠精神，人们才能在职业选择上有明确的定位，才能够在工作中取得成功。正如被称为"寿司第一人"的日本厨师小野二郎，他的成功源自在选择职业后，他全身心投入工作，热爱自己的事业，不抱怨，不断磨炼自己的技能，专注于一项事业，追求卓越，不断努力，将做更好的寿司作为自己的人生信条。

可见，把工匠精神融入高职思政育人中，让学生深入理解工匠精神，对学生更新职业观念、提高就业能力、实现个人发展等方面都具有深远的影响。因此，为了使高职学生树立正确的职业观念，学校在培养过程中需要传递工匠精神，将其融入思想政治教育中，使其对学生的职业选择有所启发。

4. 以工匠精神增强劳动意识

当前人们已逐渐认识到各个行业皆有其价值，社会对于多元化人才的需求日益显著。我们应通过引入工匠精神，增强人们的劳动意识，使工匠精在各个领域中都得到普及与推广。劳动只是形式和种类不同，不存在高贵或卑微的区分。要尊重和弘扬劳动，更重要的是让人们深化对"劳动最光荣"的理解和实践，而非仅仅将其视作口号。个人不管工作或职业如何，都应坚持并发扬工匠精神：专注于一个行业，爱好这个行业，深入研究，成为这个行业的专家。这种态度是值得学习和传承的。要弘扬工匠精神，学生就需要树立持续学习的观念，包括对时事政治、国家大事的学习，以及对专业知识的学习，只有持续更新知识、增长本领，才能适应新时代的发展，成为新时代的工匠。

工匠精神融入高职思政育人有助于增强高职学生的劳动意识，使高职学生树立劳动光荣的价值观。这是防止他们在毕业后劳动观念薄弱、劳动行为功利化的重要手段。仅靠表面的宣传和口号不足以强化劳动意识。劳动意识这一抽象概念必须具体落实到思想教育和校园实践中，使高职学生能够从内心深处感受到"劳动最光荣"。此外，宣扬劳动最光荣的同时，高职院校还需要推广劳动奉献的精神，让高职学生认识到，劳动的回报并非仅限于物质层面的成果，更多的是看不见的精神收获。这种精神上的收获和享受能够让高职学生获得更多精神满足感，从而激发他们的热情，增强他们的劳动意识，使"劳动最光荣"成为他们追求的目标。

5.以工匠精神端正义利观念

在社会主义市场经济的大背景下，工匠精神作为一种道德观念和行为规范，具有重要的社会意义。原因是在当前纷繁复杂的经济环境下，很多人会因追求短期利益而忽视道德原则、不守规矩、背信弃义。因此，以工匠精神端正利益观念，使工匠精神内化在每个人的心中，培养人们积极向上、道义优先的道德品质，就显得尤为重要。以钱学森为例，他淡泊名利，将一生都奉献给了他所热爱的祖国。无论面对何种荣誉、地位和金钱的诱惑，他都坚持道德优先，认为高尚的品格比名利更重要。钱学森用行动证明了这一点，他将获得的100万港元的奖金捐献给了国家的西部大开发事业，还主动辞去了"学部委员"的称号，让自己的工作更加纯粹。这种精神让人敬佩，钱学森赢得了世人的尊重。

钱学森的故事无疑是思想政治教育的重要内容，他的故事能够为学生端正义利观念提供生动的教材，有助于学生在未来的工作生活中端正自己的思想，合理地对待义与利，树立正确的义利观。

（二）以实践活动为径，使工匠精神外化为学生的实际行动

1.营造崇尚大国工匠的校园文化氛围

校园文化是指在学校这一特定的环境中形成的一种特定文化环境和精神氛围，对师生的思想品德、道德情操具有深远的影响。我们可以将学校比作一座池塘，学生是池塘中的鱼，而校园环境如同池塘中的水，长期生活在校园环境中，学生的思想、行为习惯都会受到校园文化的影响。引入和弘扬工匠精神是构建富有特色的校园文化的重要方向。工匠精神的价值观和行为规范，如精益求精、追求卓越等，不仅有助于提升学生的职业素养，还能对学生的思想道德有积极的引导作用。学校应通过校园文化活动，将工匠精神融入学生的日常生活，让学生在参与活动的过程中，自然而然地受到工匠精神的熏陶，从而在实践中学习和践行工匠精神。

要培育和弘扬工匠精神，校园文化建设非常关键。

（1）物质环境。学校可以通过在学生日常活动的地方设置宣传展板、张贴激励标语、挂横幅等方式，向学生展示工匠精神的具体实践，加强校园内的工匠精神宣传，营造崇尚工匠精神的校园氛围。

（2）课余活动。教师可以组织一些关于工匠精神的主题活动，如播放与工匠精神相关的电影视频、举办工匠精神主题的演讲比赛、举办工匠技艺的学习和实践活动，让学生有机会在实践中体验和理解工匠精神。

（3）思想教育。教师可以在思想政治课程中，结合实际生活案例，向学生详细讲解工匠精神的内涵和重要性，引导学生认识和接纳工匠精神。教师还应强调工匠精神与社会主义核心价值观的内在联系，使学生能够将工匠精神内化为自己的行为准则。

2.邀请工匠走进思政课堂

榜样的力量是不可估量的，他们如镜子般映照出一种可能的前进道路，给人以鼓舞和振奋。对于高职学生来说，他们可能不需要精通那些榜样的特定技能或能力，但他们确实需要去理解和借鉴这些榜样所展现的精神特质。教师向学生展示优秀的工匠榜样、分享引人入胜的工匠故事，能有效传达这些榜样的核心精神，从而使学生从这些工匠身上获得他们所需的精神寄托和理想品质，这无疑对于他们的发展成长具有显著的促进效应。

在思政课堂上，教师可以分享像胡双钱、周东红这样的大国工匠的故事，播放如《我在故宫修文物》这样的纪录片，以展示工匠的工作状态和精神面貌。这样的课堂设计可以让学生明确看到他们所需要借鉴的精神面貌，有效宣扬工匠精益求精的工作作风、爱岗敬业的态度和锐意进取的人生追求。此外，教师可以组织一些讲座，邀请具有代表性的工匠和劳模来到课堂上进行讲解，分享他们的生活经验、工作故事，以及对敬业、精业、奉献的理解和感悟。这种方式能够让学生更深刻地理解工匠精神的具体内涵，并理解具备工匠精神的优势所在。工匠的故事能够激励学生追求精益求精、爱岗敬业、乐于奉献的价值观念。这些具备工匠精神的人能够成为学生学习的榜样，推动他们的自我进步。

3. 开辟践行工匠精神的第二课堂

第二课堂作为教育模式的补充，相对于传统的教学环境，它提供了更加自由和多元化的教学形式。第二课堂在教学时间以外进行，可以是在教室、操场、食堂甚至社会中进行，为高职学生提供各类活动的机会，使他们能够按照自己的兴趣爱好自发组成各种群体。第二课堂是素质教育中不可或缺的一部分。

（1）以学生社团为主导进行第二课堂的活动。在我国高等教育改革和发展的推动下，各种学生社团应运而生，参加这些社团已成为学生素质和实践能力提升的重要途径。社团活动通过模拟情境，培养学生的综合素质，促使学生更好地适应社会生活，促进学生的成长和就业。同时，以第二课堂为中心，利用社团活动的机会，教师可以进行工匠精神的教育，开展工匠精神主题的活动，如成立陶艺社、剪纸社，开展辩论赛、演讲比赛、文艺表演，等等。这样的活动使工匠精神与学生生活息息相关，学生能够更深入理解工匠精神的精髓。

（2）在线课堂的应用。随着"互联网+"时代的到来，网络新媒体在思想政治教育中的应用越来越广泛。在线课堂可以通过微博、微信等方式开展，教师可创建有关工匠精神的公众号，定期发布文章，使学生可以随时随地接触到这些信息；教师还可以进行有关工匠精神的在线直播，组织网络实时讨论，以增强实践性，引导学生树立正确的价值观，从而推动学生对工匠精神的践行。这些方式能够使学生更加关注工匠精神，使工匠精神在他们心中扎根，成为他们一生的追求和信仰。

二、工匠精神与高职课程思政融合的育人体系构建理念

在全球化和知识经济背景下，高职教育正面临着前所未有的挑战和机遇。面对这种情况，如何构建一种以工匠精神为核心，以高职课程思政为支撑的新型育人体系是当前高职教育发展的重要课题。如图6-2所示。

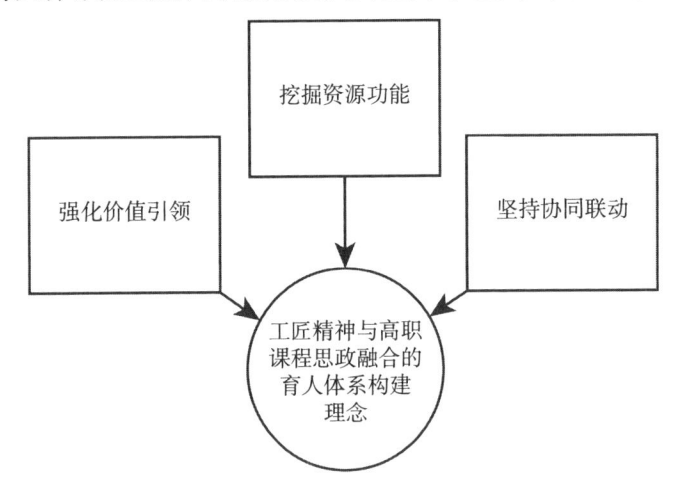

图 6-2 工匠精神与高职课程思政融合的育人体系构建理念框架

（一）强化价值引领

强化工匠精神的价值引领是构建工匠精神与高职课程思政融合的育人体系的重要理念。强化工匠精神的价值引领可以有效地提升高职教育的教育质量和教育效果，进一步实现高职教育的社会服务目标和人才培养目标。

1.工匠精神的价值引领有助于明确高职思政教育的目标导向

工匠精神包含了精益求精、尊重劳动、崇尚实践、追求卓越等价值观念，这些价值观念正是高职教育所追求的。强化工匠精神的价值引领可以使高职思政教育的目标导向更加清晰，更加符合社会经济发展和产业转型升级的要求。

2. 工匠精神的价值引领对于引导高职思政教育的教学行动具有重要作用

教学行动是教育活动的主要内容，其目的是实现教育目标。强化工匠精神的价值引领可以引导教师在教学活动中坚持以学生为中心，重视学生的能力培养和素质提升，重视实践教学和技能训练，强化教学的实效性和应用性。

3. 工匠精神的价值引领有助于规范高职思政教育的行为准则

教育行为是教育活动的主体行为，包括教师的教学行为、学生的学习行为、学校的管理行为等。强化工匠精神的价值引领有助于教师明确高职思政教育的行为准则，有助于提升教育行为的规范性和有效性。

4. 工匠精神的价值引领有助于提升高职思政教育的教育效果

教育效果是教育活动的最终产出，包括学生的知识技能、素质能力、思想道德、社会责任感等。强化工匠精神的价值引领可以优化高职思政教育的教育效果，提升学生的职业素养和社会适应能力。

（二）挖掘资源功能

挖掘教育资源的功能是构建工匠精神与高职课程思政融合的育人体系的重要理念。这一功能可以有效地提升高职教育的教育质量和教育效果，进一步实现高职教育的社会服务目标和人才培养目标。

1. 教育资源的功能性

教育资源的功能性主要表现在提供学习内容、丰富学习方式、拓宽学习视野、提升学习效果等方面。高职课程作为一种重要的教育资源，其功能性主要体现在提供专业知识和技能、培养学生的职业素养和实践能力方面。同时，教师队伍、学校文化、社会实践等教育资源的功能性主要体现在引导学生的学习行为、培养学生的思想品格和社会责任感方面。

2. 教育资源的多样性

教育资源的多样性主要表现为资源类型的多样、资源内容的多样、资源形式的多样。在构建工匠精神与高职课程思政融合的育人体系时，教师应充分挖掘和利用教育资源的多样性，以满足学生的多样化学习需求，促进学生的全面发展。

3.教育资源的开放性

教育资源的开放性主要表现为资源获取的开放、资源使用的开放、资源共享的开放。在构建工匠精神与高职课程思政融合的育人体系时，教师应充分利用教育资源的开放性，促进学生自主学习，提升学生的学习主动性和创新性。

4.教育资源的整合性

教育资源的整合性主要表现为资源间的互动、资源间的融合、资源间的互补。在构建工匠精神与高职课程思政融合的育人体系时，教师应充分利用教育资源的整合性，建立资源间的互动关系，形成资源的整体效应，提升教育的整体效果。

（三）坚持协同联动

坚持协同联动是构建工匠精神与高职课程思政融合的育人体系的重要理念。实行协同联动可以更好地实现工匠精神与高职课程思政的有机融合，进一步提高高职教育的实效性和应用性，为社会培养出更多具有工匠精神和社会责任感的高素质技术人才。

协同联动体现在教育系统内部的多个环节之间，这些环节包括课程设置、教学方法、评价机制等。在课程设置中，教师应体现工匠精神和思政教育的理念，充分融合专业知识与思想道德的教学内容，确保学生在学习专业知识的同时，理解并接受工匠精神和思政教育的价值导向。在教学方法中，教师应注重理论与实践的结合，鼓励创新思维，强调团队合作，这不仅有利于学生理解和掌握专业知识，还有利于他们培养工匠精神。在评价机制中，教师应建立多元化的评价体系，既考查学生的专业知识和技能，又考查他们的思想品德和社会责任感，这有助于引导学生全面发展。

协同联动体现在高职教育与社会、企业、行业之间，体现在校企合作、产教融合等方面。校企合作可以帮助学校了解最新的行业需求和发展趋势，及时调整教学内容和方式，提升教育的实效性。产教融合可以为学生提供实践学习的机会，帮助他们将理论知识转化为实际技能，培养他们的工匠精神。同时，这种协同联动也有助于培养学生的社会责任感，使他们明白自己的学习不仅是为了个人发展，还是为了社会发展。

三、工匠精神与课程思政融合的育人体系构建的价值导向

（一）坚持立德树人的价值导向

在构建工匠精神与课程思政融合的育人体系时，坚持立德树人的价值导向具有重要的意义。这种导向强调的是培养学生的道德品质，使他们在学习过程中不仅关注专业知识和技能的习得，还注重道德规范的培养和提升。

工匠精神是一种精益求精、专注致远的追求。工匠以对工艺的极致追求和对品质的执着追求塑造出了许多杰出的作品，留下了许多精湛的传统技艺。教师将工匠精神与课程思政融合，可以让学生在专业学习中获得更深入的体验和感悟。工匠在追求卓越的过程中注重细节、追求完美，这与立德树人的价值导向是相契合的。教师引导学生在学习和实践中追求卓越，注重品质和道德规范的培养，可以使他们逐渐形成积极向上、脚踏实地、勇于创新的品质，积极弘扬工匠精神。坚持立德树人的价值导向也使学生在面对问题和挑战时能够借鉴工匠精神。工匠在面对困难和挑战时，往往能够保持乐观、专注和坚韧，不断克服困难并取得成功。教师将这种精神融入课程思政中，可以培养学生面对困难时的积极心态，提高学生解决问题的能力，使学生明白持之以恒的努力和对目标的追求能够使他们在学习和生活中取得更好的成果。同时，立德树人的价值导向也能引导学生始终坚持道德原则，在实践中养成良好的道德品质，与工匠精神相辅相成。因此，坚持立德树人的价值导向对于构建工匠精神与课程思政融合的育人体系具有重要的意义。教师注重道德品质培养能够使学生在学习专业知识和技能的同时体会到遵循良好道德规范的重要性。这种价值导向能够激发学生的内在动力和责任感，培养他们积极向上、专注致远的品质，以及坚韧不拔的毅力和创新精神。

在工匠精神与课程思政融合的育人体系中，学校可以通过设计合适的教学内容和活动，引导学生思考和探讨工匠精神与道德规范之间的关系，以及工匠精神在现代社会的价值和意义；学校可以通过提供机会让学生参与实践和实际项目，让他们亲身体验工匠精神的追求和实践过程；学校还可以通过导师制度和开展讲座等方式，为学生提供榜样和引导，帮助他们理解和践行立德树人的价值观念。

第六章 高职思政育人与工匠精神融合的保障体系建设

(二) 以立德为根本坚持德育先行的原则

以立德为根本坚持德育先行的原则是构建工匠精神与课程思政融合的育人体系的重要价值导向。这一原则强调道德教育的重要性，将道德品质的培养置于教育实践的首位，以影响学生的行为和决策，使他们成为具有高尚品德的人才。

在工匠精神与课程思政融合的育人体系中，立德树人的原则是关键的基础。这意味着教育过程中教师应注重培养学生的道德观念、道德情感和道德行为，使道德教育渗透到学生的日常生活和学习中。课程思政的引导可以使学生深入理解和接受道德教育的重要性，并将道德观念内化为自己的行为准则。同时，工匠精神作为一种特殊的职业精神，可以进一步强化以立德为根本坚持德育先行的原则。工匠以严谨的工作态度和专业精神追求卓越、注重细节、追求完美。这种追求卓越的过程也是对道德规范的坚守，道德规范要求他们诚实守信、尽职尽责、关心他人和具备社会责任感。学习工匠精神可以让学生在实践中体会道德的重要性，明确道德规范对于个人成长和社会进步的意义。

(三) 以树人为核心培养担当民族复兴大任的时代新人

以树人为核心培养担当民族复兴大任的时代新人是工匠精神与课程思政融合的育人体系的最终目标。在这种体系下，学生不仅要掌握专业知识和技能，还要具备强烈的民族责任感和使命感。经过对课程思政和工匠精神的学习，学生可以更好地理解社会主义核心价值观，更加坚定地承担起建设社会主义现代化强国的历史使命。

在这一育人体系中，课程思政起到关键作用。课程思政是将思想政治教育融入各门学科的教学中，通过选择、组织和表达方式的设计，引导学生深入思考社会现象、人类命运以及国家未来发展方向等重大问题。通过接受课程思政的教育，学生能够增强社会责任感和国家意识，意识到自身作为时代新人的责任和使命。同时，工匠精神的培养也是这一育人体系的重要组成部分。工匠精神强调专注、精益求精的态度，追求卓越品质和精湛技艺。通过接受工匠精神的教育，学生能够增强实践能力、创新意识和解决问题的能力。工匠精神的教育能够使学生具备勤奋、刻苦的品质和团队精神，在实践中追求卓越，并为民族复兴贡献自己的力量。

以树人为核心构建工匠精神与课程思政融合的育人体系旨在培养担当民族复兴大任的时代新人。课程思政引导学生关注关乎国家民族的重大议题和挑战，增强他们的国家责任感和使命感。工匠精神培养学生的实践能力和创造力，使他们具备为民族复兴做出贡献的能力和意愿。

四、工匠精神与高职课程思政融合的育人体系构建

（一）坚持"三全育人"的育人宗旨，挖掘"工匠精神为核心的思政元素"

将立德树人作为中心环节，将思想政治工作贯穿教育教学全过程是确保高职院校坚持全员育人、全程育人、全方位育人的关键。中华人民共和国教育部颁布的《职业院校"三全育人"典型学校建设指南》为全国职业院校的"三全育人"工作提供了指导和借鉴，有助于高职院校在"三全育人"工作中进行整体设计和系统建构，以更加科学和有效的方式推进立德树人的根本任务。

思政教育涉及多方面，而在职业素养方面，各个层次的思政教育又存在着差异，高职教育始终要把工匠精神的职业素养放到核心位置。工匠精神所蕴含的爱岗敬业、无私奉献是高职思政课程中必不可少的一部分。

1.充分发挥基层党组织的战斗堡垒作用

在高职院校中，基层党组织发挥着战斗堡垒作用，对于推动"三全育人"工作的全面发展具有重要意义。基层党组织要坚持正确的政治方向和鲜明的价值导向，加强师德师风建设，推进理想信念教育，提升教职工的党性修养和育人意识。

（1）在思政工作中，基层党组织应守正创新，确立主线清晰、主题明确、主体多元的工作思路。基层党组织要坚持"三全育人"的工作要求和价值导向，将思想政治教育的工作要求贯穿到办学治校的全过程和教育教学的各个环节中。基层党组织应通过凝聚共识、聚合力量、创造特色，营造多线并轨、相融相济、协同联动的工作局面，引领学生立志气、强骨气、蓄底气。

第六章 高职思政育人与工匠精神融合的保障体系建设

（2）基层党组织要发挥党建引领的作用，明确责任担当。高职院校应建立健全党委统一领导、党政齐抓共管、部门协同配合的思政工作格局，确保基层党组织在"三全育人"工作中的核心地位和政治核心作用。高职院校应将"三全育人"纳入学校的发展规划、年度工作计划和人才培养方案，与教学科研同步部署、同步落实、同步考评。基层党支部书记应按照"双带头人"标准选优配强，明确基层党支部和党支部书记、党员的育人责任。

（3）各级党员领导干部要带头参与思想政治教育工作，形成全员育人的良好氛围。各级党员领导干部要带头讲党课、团课和思政课，带头联系班级，深入课堂、宿舍，与学生进行面对面的交流和互动。基层党组织要定期研究、部署学生思想政治教育工作，加强对基层党支部的指导和帮扶，确保基层党支部的工作落地见效。

2. 充分发挥贴近产业的特色优势

（1）通过校企融通拓展育人主体。高职院校可以与企业建立紧密的合作关系，将思想政治教育纳入校企合作和产教融合的重要内容。高职院校可成立特色产业学院和协同育人中心，共同开展党建和思想政治教育工作。在校企合作过程中，高职院校应对接产业标准和岗位需求，调整人才培养方案，优化课程开发，与企业合力打造高端教学平台和优质教学团队。这样可以更好地满足新技术和产业变革的需求，深度对接职业岗位场景，共同建设新专业和新课程，提升职业教育的功能性和价值性，激发学生的职业荣誉感和社会使命感。

（2）培育工匠精神，丰富教育内容。高职院校应将劳模精神、劳动精神和工匠精神有机融入思政课和专业课程，培养学生热爱劳动、技高为荣、精益求精、追求卓越的精神品质。高职院校可以成立工匠大师工作室和劳模工作室，组织师生与大国工匠进行交流，聘请大国工匠、劳动模范和技术能手担任兼职教师或辅导员，在传承技能的同时，激发学生知行合一、德技双修的内在动力。在教育内容方面，高职院校可以结合实际情况对工匠精神进行更深入的梳理和分析。工匠精神强调追求卓越、追求完美、追求细节。在思政教育中，高职院校教师可以通过分析案例、组织实践活动、讲授相关理论等方式，引导学生深入理解工匠精神的内涵和意义，培养他们在学习和职业发展中追求卓越的态度和追求细节的能力。

3.深度挖掘以工匠精神为核心的思政元素

高职院校应通过将学校的工匠特色、劳模人物和工匠精神教育融入教学全过程，培养学生的家国情怀和工匠精神，引导他们树立正确的成才观、职业观、就业观和创业观，以落实立德树人这一根本任务，增强学生的亲身体验和实际感悟，提高思政教育的针对性和实效性。

高职院校可邀请参加"三支一扶"、西部计划或艰苦创业、应征入伍的模范校友深入课堂，与学生分享他们的亲身经历和故事。这样的讲述可以激发学生对工匠精神的向往，让他们了解到在各个领域追求卓越、为国家和社会做出贡献的意义。高职院校还可以组织学生前往国家重点地区、重点行业和重点单位进行实地考察和实习。通过与工匠、技术专家的交流和合作，学生可以深入了解各行各业中的工匠精神，并亲身体验到工匠在技能和创新方面的追求和努力。这种实践活动可以帮助学生将理论知识与实际工作相结合，提升他们的职业素养和创新能力。

此外，引导学生到基层和艰苦地区就业也是培养工匠精神的重要途径。这些地区往往面临着较大的发展压力和挑战，需要有责任感和奉献精神的人才去推动发展。到这些地方发展有助于培养学生的社会责任感、团队合作精神和承压能力，学生能够意识到在实践中实现自身价值的重要性。高职院校可以开展一系列与工匠精神相关的竞赛、实践活动和志愿服务项目，鼓励学生主动参与其中。例如，举办技能比赛、创新设计大赛、社会实践活动和技能培训班等，为学生提供展示才华和实践能力的平台，同时加强对工匠精神的宣传和教育；组织学生参与志愿服务，为社区、农村的弱势群体提供帮助，让学生体验到劳动的喜悦和奉献的价值。

（二）多渠道推动工匠精神与思想政治教育有机融合

1.工匠精神融入课程教学体系

将工匠精神融入高职思政课程教学体系对学生的职业素养和综合能力的培养具有重要意义。

学科融合是工匠精神融入高职思政课程教学体系的关键。思政课作为一门综合性的学科，应该与专业知识有机融合，形成有针对性的教学内容和学习任务。教师将工匠精神的内涵和职业道德要求与专业知识结合，可以培养学生扎实的专业素养和追求卓越的态度。例如，教师在工程类专业的思政课程中引入工程伦理、职业道德和质量管理等内容，可以有效地促进学生对工匠精神在工程实践中的应用的理解。

教学方法的选择对于工匠精神融入高职思政课程教学体系至关重要。传统的教学方法强调知识传授和理论解读，但对于培养工匠精神的目标来说，教师需要采用实践和体验的教学方法。例如，教师可以引入案例教学、项目实践和工作坊等教学形式，让学生通过实际操作和团队合作来感受工匠精神的要求和挑战。同时，教师应扮演榜样和引导者的角色，通过亲身示范和引导，激发学生对工匠精神的兴趣和追求。

评价体系的构建对于工匠精神融入高职思政课程教学体系起着重要的指导作用。传统的考试评价注重对知识掌握的测试，而工匠精神的培养需要更加综合和多元的评价方式。因此，教师应该从知识能力、实践能力和职业素养等多个维度对学生进行评价。教师可以采用对课堂表现、项目报告、实践成果和综合素质进行评价等方式，综合考查学生在工匠精神培养方面的表现。

2.工匠精神融入实践育人体系

推进产教深度融合是实现工匠精神培育的关键步骤。学校应建立校企合作平台，促进产教融合。通过与企业和工匠的合作，使学生置身于实际的职业活动、职业场景和职业标准中，使其真切体验职业文化。教师应组织学生参与实际工程项目，按照行业企业的规范要求开展教学活动，逐步培养他们成为具有工匠精神和技艺精湛的职业人。同时，学校可聘请企业的能工巧匠作为指导人员参与学生的教育，通过潜移默化的方式传承工匠精神和职业自信，引导学生树立将个人理想融入国家建设中的大局观。

学校应注重教师对学生潜移默化的影响，通过崇尚技能、深入一线、爱岗敬业和严谨认真的品德教育，打造专兼结合的名师团队，树立传承工匠精神的榜样。此外，学校可邀请行业大师和民间能工巧匠参与培育工匠精神，建立大师工作室，让他们与学生面对面交流，传授做人学艺的经验和体会。大师能够通过亲身经历全面、细致地剖析工匠精神的内涵与特质，为学生提供双重培育。

（三）筑匠魂，育匠心，构筑以工匠精神为基础的高职思政教育体系

1. 依靠课堂渗透，让工匠精神深入人心

传统的思政课堂多以枯燥的理论学习、沉闷的课堂氛围和单调的教学方式为特点，这就导致学生的学习积极性难以被激发。在这样的课堂环境中，宣扬工匠精神往往难以取得理想的效果。为了改变这种状况，教师可以进一步改革课堂教育形式，以期达到思想政治教育的目的。这种改革不仅有助于激发学生的学习兴趣，还有助于提升学生个人的精神境界，加强他们对知识的掌握，并提高他们的文化素养。因此，教师需要通过生动有趣的思政课堂来唤起学生的思考。在专业课教学中，教师要注意高职学生的认知行为特点，融入相关思政元素优化课堂思政的内容。这意味着教师要将原本深奥难懂的思政知识转化为通俗易懂的语言，展现出高职教师教书育人的工匠精神。此外，教师可以开展一系列活动，邀请著名教授、企业专家和优秀校友来课堂上分享他们的亲身经历，以此来启发和引领学生。同时，教师应该改革传统的教学模式，建立以学生为主体、教师为主导的学习环境，培养学生分析问题和解决问题的能力。在教学过程中，教师要鼓励学生从多种角度、多个层面和多个领域去思考和寻求答案。

2. 建立实践平台，让工匠精神从传统走向现代

为了更好地培养高职学生的工匠精神，高职院校可以建立实践平台，提供丰富的实践机会。

（1）建立与工匠精神相关的实践项目和挑战，鼓励学生主动参与。高职院校可以让学生参与实际项目的设计、制作、改进等，通过与企业、行业协会的合作，让学生身临其境地感受到工匠精神在现代项目实践中的重要性。同时，挑战性的实践项目可以激发学生的创新思维和解决问题的能力，培养他们在面对困难和挑战时的勇气。

（2）建立跨学科的合作平台，让不同专业的学生共同参与有关工匠精神的实践活动。例如，工程学生与设计学生、商业管理学生等合作进行项目开发或创新设计，通过交流和合作，使各自的团队合作精神和创新能力都得到激发。这种跨学科的合作与创新有助于打破传统的学科边界、拓宽学生的视

野、培养学生的综合素质和工匠精神。

（3）与相关行业建立合作关系，邀请行业内优秀的工匠做学生的导师或师傅。导师制度和师徒传承可以使学生得到行业专家的指导和激励，了解行业的最新发展和技术要求，并从他们身上汲取工匠精神的精髓。这种行业导师和师徒传承的方式有助于将传统的工匠文化与现代项目实践相结合，使工匠精神更加贴近学生的实际需求。

（4）建立展示平台，让学生能够展示自己在实践中培养的工匠精神和实践成果。这包括举办学生实践成果展览、技能竞赛、创新创业大赛等，让学生有机会向其他人展示他们的专业技能、创新思维和工匠精神。通过展示和分享，学生可以得到肯定和激励，进一步坚定对工匠精神的追求，并为其他同学树立榜样。

通过建立实践平台，高职思政教育可以将工匠精神引入学生的实际学习和职业发展中，让工匠精神从传统走向现代。学生通过实践的参与和体验，能够深刻理解工匠精神的内涵，培养专业能力和职业操守，为未来的职业发展打下坚实的基础。同时，这有助于推动现代项目实践的创新和发展，促进产业的转型升级和社会的进步。

第七章　高职思政育人与工匠精神融合的路径探索

第一节　完善社会、家庭、学校协同育人机制

一、社会层面完善宏观环境，加大宣传工匠精神力度

（一）完善市场管理制度，为工匠精神培育提供环境

完善市场管理制度是为工匠精神培育营造良好制度环境的重要举措。强化知识产权保护、建立公平竞争的市场秩序、加强产品质量监管、加强对技能人才的培养和保护以及加强市场监管机构的建设能够为工匠精神的培育提供一个有利的制度环境，促进中国制造业向高质量发展和"中国智造"转型。这需要各级政府、相关部门和社会各界共同努力，形成合力，推动制度环境的改革和完善。

1. 强化知识产权保护

知识产权是创新的重要保障，对于工匠精神的培育和发展具有重要意义。完善知识产权法律法规、加大知识产权保护力度、打击侵权盗版行为能够鼓励创新和保障知识的传承。这能够为工匠精神的培育营造一个有利的市场环境，保护劳动者的创造成果，激发他们的创新动力。

2. 建立公平竞争的市场秩序

公平竞争是市场经济的基本原则，也是工匠精神培育的重要条件。我国

应当完善反垄断法律法规，防止市场垄断行为的发生，保障市场参与者公平竞争。此外，有关部门应加强对虚假宣传、不正当竞争等行为的监管，维护市场秩序的公正和透明，为工匠精神的培育提供一个良好的环境。

3.加强产品质量监管

工匠精神注重产品的卓越品质，而优质产品的生产需要严格的质量监管。我国应完善产品质量检测和监管制度，加强对产品质量的抽检和监督，严厉打击假冒伪劣产品的生产和销售，提高消费者对产品质量的信任度。这样能够使生产者更加注重产品的质量和创新，推动工匠精神的发展。

4.加强对技能人才的培养和保护

技能人才是工匠精神的重要弘扬者，他们的培养和发展需要得到充分的重视和保护。我国应建立健全职业教育体系，提供多样化的技能培训机会，鼓励劳动者提升自身的技能和专业素养。同时，我国应加强对技能人才的权益保护，保障他们在工作中的合法权益，激励他们发挥工匠精神，为中国制造业的转型升级做出贡献。

5.加强市场监管机构的建设和能力建设

我国应完善市场监管机构的组织架构和职责分工，加强对市场活动的监督和管理，提高市场监管的效能和专业水平。有关部门应通过加强市场监管，及时发现和处理市场中存在的问题和不规范行为，为工匠精神的培育提供一个稳定和有序的市场环境。

（二）运用新媒体场域，扩大工匠精神普及范围

在当今数字化时代，新媒体场域已成为青年学生获取信息和进行交流的主要平台之一。然而，新媒体的快速发展和海量信息给工匠精神的传承带来了新的挑战。工匠精神强调专注、执着和追求卓越的态度，是青年学生职业精神的重要组成部分。新媒体场域对于扩大工匠精神的普及范围具有重要的意义。

1.借助新媒体场域，可以多角度、立体化地宣传工匠精神

新媒体平台以其便捷性和广泛的覆盖面，成为传播信息的重要渠道。发布精心制作的内容，如图文并茂的文章、生动直观的视频等，可以吸引年轻人的注意力，提升工匠精神的宣传效果。同时，教师可以借助新媒体的时效

性，及时发布工匠精神的优秀案例和相关活动，提高学生对工匠精神的关注度。

（1）注重内容的精心制作。在宣传工匠精神的过程中，内容的质量和形式至关重要。教师可以通过发布图文并茂的文章、生动直观的视频等，将工匠精神的内涵和实践案例生动地呈现给学生。图文结合的方式可以使信息展示更直观，视频则能够通过视听效果引起观众的共鸣。同时，内容应注重故事性和情感化，以吸引学生的关注。

（2）利用新媒体的时效性。新媒体的快速传播和即时性特点为工匠精神的宣传提供了便利。教师可以及时发布工匠精神的优秀案例、成功故事和相关活动，以吸引学生的关注和参与。教师应通过及时更新内容，保持与时俱进，让学生感受到工匠精神的活力和影响力，从而激发他们对工匠精神的兴趣和追求。

2.利用新媒体场域，可以多渠道、多层面地进行工匠精神的教育

当下，高职学生对网络的依赖度越来越高，因此有关部门可以通过新媒体平台向高职学生传递工匠精神的价值观念和实践方法。例如，有关部门可以通过微博、微信等社交媒体平台，推送与工匠精神相关的话题讨论、案例分享等内容，激发学生对工匠精神的兴趣和学习动力。同时，有关部门可以通过新闻客户端等传统媒体与新媒体有机结合的平台，扩大工匠精神的传播范围，提升传播效果。

（1）社交媒体平台是向高职学生传递工匠精神的重要渠道之一。有关部门可通过微博、微信等社交媒体平台，定期发布关于工匠精神的文章，以吸引高职学生的关注和参与。这些内容包括成功的工匠精神实践案例、行业内的领军人物分享、工匠技能的培训和展示等。同时，有关部门可以设置相关的话题标签或专题栏目，以便学生浏览和获取工匠精神相关内容。

（2）利用新闻客户端等传统媒体与新媒体有机结合的平台，扩大工匠精神的传播范围。传统媒体具有较高的公信力和影响力，将工匠精神的价值观念和实践方法融入新闻报道、专题文章、专栏等内容中，可以触达更广泛的受众群体。与新媒体平台结合后，工匠精神的教育可以更加立体化和全面化，传播效果和影响力有所提升。

3.可以利用新媒体场域协同化建设校园工匠精神文化,以多个方式促进工匠精神的传承

教师可利用新媒体场域的优势,如通过微课程、短视频、微活动等形式吸引学生的参与,构建校园中的工匠精神文化氛围。

(1)利用微课程传承工匠精神。微课程是一种灵活便捷的在线学习形式,教师可以通过短小精悍的幻灯片等形式,针对工匠精神的各个方面进行讲解。学生可以在自己方便的时间和地点自主学习,并通过互动评论与其他学生和教师进行交流和分享。开设丰富多样的工匠精神微课程有助于传授工匠精神的知识和实践技能,激发学生对工匠精神的兴趣和学习热情。

(2)利用短视频传承工匠精神。短视频平台已成为展示和传播工匠精神的重要平台。学生可以通过制作短视频来展示自己在工匠精神方面的实践和成果。短视频可以用来记录工匠技能的展示过程、工匠精神的实践案例、创新设计的分享等。教师组织学生进行短视频的制作和分享可以激发学生的创造力,这些短视频作品也为其他学生提供了学习和借鉴的机会。

(3)通过开展微活动传承工匠精神。教师通过新媒体平台组织各类微活动,如工匠技能比赛、工匠精神讲座、工匠实践挑战等,可以激发学生对工匠精神的兴趣。这些微活动可以以竞赛、互动、合作等形式进行,既培养了学生的实践能力和创新思维,又促进了工匠精神的传承和弘扬。

学生组织、班级团支部和学生个体都可以充分利用新媒体平台展示优秀的工匠精神实践案例和个人经验,推动工匠精神在校园中的传承和发展。教师可号召学生发布自己的工匠精神实践成果、讲述自己的工匠精神故事等,鼓励其他学生向他们学习,并形成良好的工匠精神传承氛围。

(三)树立杰出榜样,引领工匠精神示范

树立杰出榜样,引领工匠精神示范是促进工匠精神传承与发展的重要策略。发掘身边工匠大师和优秀技术人才,并在新媒体场域中进行宣传可以激励他人向他们学习并传递工匠精神的力量。此外,设立荣誉称号、提高社会认可等措施也能够促进工匠精神的发展。

1.发掘身边工匠大师和优秀技术人才

发掘身边的工匠大师和优秀技术人才是树立工匠精神榜样的关键。身边

的工匠在各自领域展示卓越的技艺和专业能力，还具备执着等优秀的品质。有关部门可以通过发掘他们的故事和经验，将工匠精神的实践和价值观念传递给更多人，激发他们对工匠精神的兴趣和学习动力。

一种方式是通过拍摄纪录片，展示工匠大师和优秀技术人才的生活和工作。纪录片可以深入挖掘他们的专业技艺、创新思维和职业精神，展示他们在实践中所取得的成就和克服困难的故事。这样的纪录片可以通过新媒体平台进行传播，如在线视频网站、社交媒体等，使更多人了解和认可工匠精神的重要性。另一种方式是通过文字，将工匠大师和优秀技术人才的事迹记录下来。这些文章可以详细描述他们的职业历程、技艺传承和工作心得，让读者深入了解他们的成长经历和所付出的努力。这些文章可以发布在新媒体平台上，如博客、微信公众号等，使更多人有机会阅读和学习工匠精神的内涵。

通过新媒体平台的广泛传播，工匠大师和优秀技术人才的故事可以触达更广泛的群体，尤其是年轻一代。年轻人是社会的未来和工匠精神的传承者，他们对于工匠精神的理解和认同至关重要。对工匠大师的精湛技艺、追求卓越的精神和对工作的热爱的展示可以激发年轻人对工匠精神的兴趣和向往，引导他们秉持工匠精神去追求卓越、追求品质。

2.设立荣誉称号

设立荣誉称号是激励和表彰在工匠精神方面做出卓越贡献的个体和集体的重要方式之一。各级单位可以根据不同行业和领域的特点，设立相应的荣誉称号，如"优秀工匠""模范工匠"等，以肯定他们在践行工匠精神和推动工艺进步方面所取得的突出成就。

设立荣誉称号的目的在于激励更多的人向优秀工匠学习，培养和传承工匠精神。首先，荣誉称号可以为优秀工匠树立典范。单位评选和表彰一些在技艺、品质、创新等方面具有突出表现的工匠，可以使他们成为行业内的楷模和榜样。这些杰出工匠的成功经验和实践案例可以激励其他从业人员追求卓越，推动工匠精神在行业内的传承和发展。其次，荣誉称号可以带动整个企业的工匠精神建设。评选和表彰优秀工匠可以引导其他员工向他们看齐，勤劳工作、追求卓越。这有助于营造一种不断学习、积极创新和精益求精的工作氛围，提高工匠整体水平，推动企业和组织的发展。此外，各级单位应特别注重在青年员工中设立荣誉称号，这样可以起到更好的培养和引导作用。青年员工是传承工匠精神的重要群体，他们具有较强的学习能力和适应能力。树立优秀工匠榜样可以激发他们对中华优秀传统文化和现代劳动工艺的热爱，并引导他们走上工匠之路。这有助于培养一支年轻化、现代化的优秀工匠队伍，为行业和社会的可持续发展提供重要支持。

设立荣誉称号不仅需要明确的评选标准和程序，还需要一系列的激励和奖励措施。荣誉称号的颁发应该伴随着一定的奖金、荣誉证书、宣传报道等，以充分肯定工匠的贡献和努力。同时，社会要加强对荣誉称号的宣传和推广，使更多人了解和认可这些荣誉，从而进一步激发广大从业人员的工匠精神。

3.提高社会公众对工匠的认可

提高社会公众对工匠的认可是工匠精神传承和发展的关键之一。国家除了应在精神层面上给予工匠尊重和赞扬，还应该通过提高工匠的社会地位和经济地位，为他们提供实际回报。

一方面，国家和企业可以设立专项基金，用于奖励和支持那些在工匠精神方面做出卓越贡献的工匠。这些基金可以用于发放奖金、提供培训机会，从而为工匠提供物质保障和实际回报。这样的措施可以激励更多的人投身于工匠事业，促进工匠精神的传承和发扬。另一方面，国家可以在职称制度中将工匠等级纳入考核体系。传统职称制度主要关注学历和职位等方面的评定，但忽视了实际工作能力和技艺水平的衡量。将工匠等级纳入考核体系可以为工匠提供更广阔的就业面和发展空间。通过不断提升工匠等级，工匠可以获得更高的社会地位和经济收入，从而提升整个工匠群体的社会认可度和声望。

此外，还应该加强对工匠精神的宣传和推广。国家和社会应通过媒体报道、展览展示等方式，向社会大众展示工匠的价值和贡献；应加强对工匠精神的解读和普及，让更多的人了解和认同工匠精神的重要性。这样的宣传和推广可以提升社会公众对工匠的认可和尊重，为工匠精神的传承和发展营造良好的氛围。

二、高职院校加强自身的工匠精神培育举措

（一）挖掘思想政治教育课程中工匠精神的理论深度

在高职思想政治教育课程中挖掘工匠精神的理论深度具有重要意义。高职院校应把握以下四点来实现工匠精神与思政教育课程的融合。

1. 要明确工匠精神的意识形态范畴，并与社会主义核心价值观相结合

明确工匠精神的意识形态范畴，并与社会主义核心价值观相结合可以帮助学生更好地理解工匠精神的内涵和意义，促使他们在实践中树立正确的价值观，并将其运用于自己的学习和职业发展中。

（1）工匠精神的意识形态范畴应该包括服务社会的价值取向。工匠精神强调通过自身的努力和技艺为社会做出贡献，追求卓越的工匠精神体现了为社会提供优质产品和服务的责任感。在教学中，教师可以通过案例分析、讨论和实践活动等方式，引导学生思考工匠精神如何与社会的需求和社会主义核心价值观相契合，进一步激发他们的责任感和奉献精神。

（2）工匠精神的意识形态范畴还应该包括奉献他人的价值取向。工匠精神强调为他人提供优质产品和服务的意识和行动，体现了集体主义和奉献精神。在教学中，教师可以通过讲授工匠精神的典型案例、介绍工匠为他人和社会做出的贡献，引导学生认识到工匠精神所蕴含的奉献价值，培养学生关心他人、乐于助人的品质。

（3）工匠精神的意识形态范畴还应包括追求卓越的价值取向。工匠精神追求技艺的卓越和品质的卓越，体现了个人自我超越和追求完美的精神追求。在教学中，教师可以通过讲述工匠在实践中不断提升自己的技能和专业水平的故事，激励学生追求卓越，引导他们形成积极向上的人生态度和价值观。

2. 找准工匠精神与高职学生及教育特点之间的关系，体现鲜明的职业特色

高职学生需要学习职业技能，因此在思政课程中融入工匠精神应注重职业特色的体现。课程内容可以结合实际行业和专业，引导学生深入了解行业文化和职业规范，培养学生的职业素养和责任意识。

（1）通过案例分析和实践活动等方式，引导学生深入了解自身所学专业

的行业文化和职业规范。这可以帮助学生认识到自己所从事的职业具有的特点和要求，增强他们对工匠精神的认同和理解。例如，在工程类专业的思政课程中，教师可以介绍优秀的工程师在项目实施过程中遇到的挑战和解决方案，让学生深入了解工程领域对专业技能和工匠精神的要求。

（2）组织学生参观企业或工坊，让学生亲身体验工匠精神在实际工作中的践行。通过参观实践，学生可以直接接触到工匠的工作环境和工作方式，深入了解他们对细节的追求、精湛的技艺以及团队合作的重要性。这种亲身体验可以帮助学生更加直观地感受到工匠精神的职业特色，激发他们对工匠精神的向往和追求。

（3）结合实际职业技能培训，注重培养学生的职业素养和责任意识。思政课程可以引导学生了解职业伦理和职业道德，培养他们在职业发展中遵守职业规范、维护职业信誉的意识。教师可以通过讨论案例、开展职业道德教育和职业规范培训等方式，帮助学生树立正确的职业观念，使学生以工匠精神为指引，努力成为有道德、有责任感的职业人才。

3. 将工匠精神的长期性、非逐利性等特征与社会主义市场经济发展相结合

工匠精神不仅强调技能的专业性和卓越性，还强调追求质量和创新。在我国经济发展转型的当下，工匠精神可以适应经济结构调整的定位，满足市场对高质量产品和高技能劳动者的需求。

工匠精神的长期性是指工匠在技能和专业领域上的持续追求和不断提升。在社会主义市场经济中，企业和组织需要不断提高产品质量和技术水平，以满足消费者的需求和市场竞争的要求。因此，在思政课程中培养学生对工匠精神长期性追求的认知和理解可以引导学生树立追求卓越和持续学习的意识，使他们在未来的职业生涯中不断进步和创新。

工匠精神的非逐利性是指工匠对专业的热爱之情及在专业领域中的奉献精神使他们超越个人利益追求更高的事业目标。在社会主义市场经济中，工匠精神可以帮助企业和组织树立良好的品牌形象和口碑，提高产品和服务的竞争力。教师通过思政课程中的教育和引导，可以培养学生对社会责任和公共利益的关注，使他们在工作中不仅关注个人利益，还注重企业的社会责任和可持续发展。

此外，社会主义市场经济的发展需要大量具备工匠精神的高技能劳动者。在思政课程中，教师可以通过案例分析、职业规划指导和实践活动等方式，引导学生了解市场经济对高技能劳动者的需求；教师可以加强对创新精神和创业意识的培养，使学生在职业发展中具备创新能力和创业精神，为社会主义市场经济的发展贡献自己的力量。

4.在学生实习实训、日常管理服务等方面体现工匠精神的现实实践

学生实习实训是高职教育的重要环节，学校应通过组织学生参与实际操作，突出思想政治教育的实践性。同时，学校日常管理服务要贯彻"围绕学生、关照学生、服务学生"的要求，倡导精益求精的工匠精神，对学生的价值观形成产生正向影响。

在学生实习实训过程中，学校可以通过安排与工匠精神相关的项目和任务，引导学生积极投入实践，培养他们的专业技能和工匠精神。例如，学校可以与企业合作，组织学生参与真实的工程项目，让他们亲身体验工匠精神的追求和创造力的发挥。在学生实习实训过程中，学校应注重培养学生对细节的关注和精益求精的态度，要求他们不仅完成任务，还追求卓越的质量和技术。学校的日常管理服务也是体现工匠精神的重要方面。学校要注重对学生的关怀和支持，通过提供舒适的住宿、便捷的食堂、良好的学习设施等，为学生营造良好的学习和成长环境。同时，学校管理人员要积极引导学生树立正确的价值观，关注学生的综合发展和身心健康，培养学生的自律和责任意识。在日常管理服务中，学校要不断追求卓越，持续改进和提高服务质量，让学生感受到工匠精神。

通过在学生实习实训和日常管理服务中体现工匠精神，学校可以培养学生的实践能力和责任意识，使他们在实际工作中能够充分发挥工匠精神的特质。同时，学校日常管理服务的优化和改进也能够为学生提供良好的学习和成长环境，使他们能够更好地融入社会并为社会做出贡献。这种实践性的思政教育可以使学生深入理解工匠精神的内涵，将其融入自己的职业发展和人生追求中。

（二）重视思政师资队伍建设中工匠精神的时代热度

在 21 世纪的新时代背景下，思想政治教育师资队伍的建设对于工匠精神的培育、社会主义建设者和接班人的培养具有深远的影响。工匠精神是一种弘扬专业、敬业、精益求精和创新的精神，现如今已成为教育行业的重要目标。其中，教师作为这一精神的传播者和培育者，起到了至关重要的作用。

首先，教师是工匠精神的载体和代言人。在优化师资队伍建设的过程中，爱党爱国、具备良好师德修养、具备企业工作或实践经历、具备理论教学能力和实践教学能力、紧跟产业发展趋势和行业人才需求并把新技术、新工艺、新规范融入教学的"双师型"教师越来越受到重视。"双师型"教师既具备丰富的理论知识，又具备实际操作技能，他们通过自身的专业技能和精神风貌，对学生进行示范引领，培育他们的工匠精神。例如，宁夏职业技术学院与企业联合，制定了《工匠型教师遴选培养管理暂行办法》。这是工匠精神在教育领域的系统落实，也是提升教师队伍素质的重要措施。

其次，思政教师队伍的建设是工匠精神培养的关键环节。高职院校需要在制度上保障思政教师队伍建设，引导和激励教师充分发挥工作热情，强化他们的工匠精神。这不仅能够增强教师的职业满足感、提高他们的工作效率，还能够提升思政教师岗位对具备工匠精神人才的吸引力，从而为思政教育队伍提供源源不断的新鲜血液。

最后，强化思政教育队伍的学习和培训，及时更新教师知识是工匠精神培养的重要手段。当前科技日新月异，"互联网＋"和"大数据"等新技术为工匠精神的发扬光大开辟了新的境界，也为工匠精神插上了创新的翅膀。因此，思想政治教育者应该主动更新知识储备，通过多种形式的培训交流，既学习新的思政理论知识，又了解企业和行业的动态，以适应时代变革，积极应对挑战。

三、家校合作支持工匠精神培育

（一）强化家教家风，注重劳动教育

习近平曾在多个场合强调家庭、家教和家风建设的重要性，如习近平在 2016 年 12 月会见第一届全国文明家庭代表时的讲话就提出："家庭是社会的细胞。家庭和睦则社会安定，家庭幸福则社会祥和，家庭文明则社会文明。历史和现实告诉我们，家庭的前途命运同国家和民族的前途命运紧密相连。"这体现了家庭教育对于个体发展的重要影响，特别是品德教育，即如何做人的教育。良好的家风可以成为学生工匠精神培育的推动剂。

品德教育的重要性不可忽视。品德教育不仅是传统道德规范的教导，还是对个人价值观和人格品质的培养。家庭在此中扮演了至关重要的角色，原因是家庭是孩子接触的第一个社会化环境。家庭的价值观以及家长的言传身教会深深地影响孩子的世界观、人生观和价值观。因此，家长在品德教育中既是引导者，又是示范者。他们需要以身作则，展现出健康的生活习惯和端正的工作态度，以激发孩子的正能量。工匠精神代表着敬业、专注和严谨的态度，这些品质都是家庭教育中的重要方面。然而，这种精神的培养并不能仅靠理论教导，需要孩子通过实际行动和经验学习来体验和理解。因此，家长需要引导孩子多观察、多动手，从日常生活中积累经验，通过实际行动去体验和理解工匠精神。

（二）对接家校合作，把握教育时机

家庭教育与学校教育是相辅相成的两个重要组成部分。为了实现学生的全面发展，两者必须有效地结合起来，形成一种共享的教育理念和方法。工匠精神的培育同样需要这种协同作用。

家校合作是促进这种协同作用的关键。家长和学校教育者共同参与，可以将教育的影响力从学校延伸到家庭。学校可以提供专业的教育资源和方法，而家长可以提供持续的、针对个人的指导和关怀。特别是在培养工匠精神方面，家长可以在学生的日常生活中，通过实践活动来加深学生对工匠精神的理解和感悟。

家庭教育对高职学生的工匠精神培育尤为重要。家长在参与孩子的工匠精神培养过程时，必须把握教育的时机。当孩子表现出对工匠精神的浓厚兴趣和深刻感悟时，家长应及时给予肯定和鼓励，通过正向激励法进一步激发孩子的主观能动性。同时，家长需要在孩子遇到困难时，采取适当的方式介入，引导孩子克服障碍，进一步内化工匠精神。对接家校合作，把握教育时机的重要性不言而喻。家校合作不仅能实现教育资源的共享，还能在整个教育过程中形成一种积极的互动和反馈机制。家长的参与和关注可以帮助学校教育者更好地了解和满足学生的需求，学校教育者也可以为家庭教育提供更多的支持和指导。把握教育时机则意味着要灵活地调整教育策略，根据学生的情况和需求进行个性化的指导。

第二节　校企深度合作滋养工匠精神

一、着力技能提升，践行工匠共育新模式

（一）以校企工作室为载体，量身定制专业课程

以校企工作室为载体，量身定制专业课程是一种独特且具有前瞻性的教育模式。这种模式通过精心设计，将学校教育与企业需求有机地结合在一起，提升了教学的实践性与针对性，也丰富了课程内容，使其更具应用价值。

首先，该模式的实施开始于校企双方的深度合作。学校和企业可经过充分的商议和准备，共同设立工作室。工作室成员主要由双方的领导力量、学校的骨干教师以及企业的技术骨干组成。这样的组织结构保证了教育的专业性与实用性，使得教学活动可以更紧密地与市场需求接轨。其次，该工作室以量身定制专业课程为主要任务。这种课程不仅符合教育部门的教学大纲，还能满足企业的特定需求。为了保证课程的专业性和实用性，工作室可将企业的技术要求融入课程设计中，使学生在掌握理论知识的同时，能获取实际操作经验。再次，这种模式构建了一个具有共育特色的课程体系。此课程体

系重视知识的传授和技能的培养，以期在满足企业需求的同时，提升学生的综合素质。在这个体系中，学生不仅能深入了解专业领域的知识，还能积累实际工作中所需的技能。最后，针对课程内容，工作室进行深度拓展，使课程不仅包含专业知识，还涵盖广泛的通识教育内容。这种方式旨在为学生提供全面、系统的教育体验，帮助他们在学习专业技能的基础上拓宽视野，提升思考问题的深度和广度。

（二）以订单培养为抓手，共享企业优势资源

以订单培养为抓手，共享企业优势资源的模式是一种实践性极强的教育模式。这种模式的实质是将企业的实际需求和学校的教育资源结合，通过这种方式实现企业技术的传承和学生技能的提升。

在此模式中，企业技术骨干被邀请参与课程的授课，他们不仅将行业新知识、新技术和新工艺融入课堂，还将生产一线的企业岗位标准和规范纳入教材内容。通过这种方式，学生不仅能够从理论上掌握新的知识和技术，还能直观地理解和接触到企业实际的工作环境和需求。这种模式的一个重要特点是，它把学生放到了实际的工作环境中。学生通过与一线技术骨干的直接交流，能够了解到行业的最新动态，也能够掌握岗位需要的专业技术，还可以对工匠精神有更直观的认识，这对于他们的职业素养和工作态度的培养有着非常重要的影响。另外，这种模式的实施需要企业和学校之间的紧密合作。企业需要提供实际的工作环境以及相关的技术和知识，学校则需要把这些资源有效地融入教育中，使学生能够在学习的过程中接触最新的行业动态、掌握最新的技术和知识。

（三）以技能考证为契机，夯实学生技能基础

技能认证测试的组织与执行是学生技能基础夯实的关键步骤。这一过程旨在满足企业对具备相关资质证书的员工的需求，也是缩短人才培养周期的有效手段。高职教育机构通过分批次组织学生参加上岗证考试，提升学生的理论知识水平和实际技能水平。

在备考阶段，高职教育机构专业教师和技术骨干共同研究并执行培训方

案。方案的设计需充分考虑到学生的专业背景，且紧紧围绕学生所需的专业技能展开，目标是最大程度地提升学生的专业技能。通过这种方式，学生能够在短期内快速提高专业技能，且对实际工作具有高度的适应性。在这个过程中，不但学生的技能水平能得到提高，而且他们对专业的专注和对工作的热情能得到强化，这有助于培育他们执着专注的工匠精神。这种以技能考证为契机的培养模式也符合现代教育的发展趋势。高职教育机构需要积极面对快速变化的社会和经济环境，通过创新教育方式，提升学生的技能和素质，以适应社会和企业的需求。在这个过程中，高职教育机构既需要以学生为中心，根据他们的特点和需求设计培训方案；又需要结合企业和社会的实际需求，培养出能够满足这些需求的专业人才。

此外，这种培养模式也对学生的职业发展起到了积极的推动作用。持有相关资质证书的学生在就业市场上具有更高的竞争力，能够在众多求职者中脱颖而出。同时，他们也能在实际工作中以更高的工作效率完成工作，对企业的发展做出贡献。因此，这种以技能考证为契机的培养模式不仅对学生的技能提升和职业发展有积极影响，还对社会和企业的发展起到了推动作用。

二、着力素养提升，搭建工匠共育新平台

（一）以岗位需求为导向，提升学生职业素养

以岗位需求为导向，提升学生的职业素养是现代教育的重要方向。高职教育机构正积极响应这一趋势，调整教育策略和教学模式，以便更好地满足社会和企业的人才需求。

在这个过程中，高职教育机构关注学生的职业素养教育。第一，高职教育机构根据自身的人才培养目标，结合岗位需求，设计并实施职业素养教育和职业指导培训。这一教育活动旨在帮助学生了解和掌握在职业生涯中所需的基本素养和技能，如团队合作精神、沟通技巧、问题解决能力等。第二，高职教育机构还通过邀请企业人力资源总监进入课堂，将公司的企业文化融入教学，使学生能够更好地理解和适应企业文化，提升他们的职业素养。第三，高职教育机构也积极组织学生进行实地实践活动，如进入企业进行实习、参加劳模和能工巧匠讲座等。这些活动能让学生全方位了解企业文化、

职业道德、职业规范和工匠精神，且能够使他们更好地理解和掌握在实际工作中需要的技能和素养。这种以岗位需求为导向的教育模式不仅能够提升学生的职业素养，还对他们的职业发展具有积极影响。学生通过学习和实践，能够掌握必要的职业技能，对未来的职业生涯有更深的理解和认识，从而在就业市场上具有更高的竞争力。

（二）以学生发展为根本，搭建爱心互助平台

在教育实践中，以学生发展为根本是不变的法则。为解决学生在学习和生活中可能出现的困难，高职教育机构可和企业密切合作，广泛搜集资源，共同创建爱心互助平台。这个平台能够以公益的形式，涵盖各种为学生提供帮助的措施，如联合公益基金会组织勤工助学活动，设立专属的爱心基金，为学生的成长提供坚实的保障。

通过这样的合作模式，高职教育机构和企业能够共同发挥各自的优势，努力解决学生在学习和生活中可能遇到的各种问题。高职教育机构可以利用自身的教育资源和专业知识，为学生提供优质的教育服务。企业则可以利用自身的企业资源和社会关系，为学生提供实习机会，以及与实际工作紧密相关的技能训练。同时，高职教育机构和企业还可以通过公益基金会，为学生提供勤工助学的机会。这不仅可以缓解学生的经济压力，还可以让他们在实践中学习和提升技能，为未来的职业生涯做好准备。

这种以学生发展为根本的做法为学生的成长提供了有力的保障。学生可以在良好的学习和生活环境中全身心地投入学习，为未来的职业生涯打下坚实的基础。同时，这种做法符合教育的目标，即促进学生的全面发展，帮助他们实现自身价值。

（三）以春风化雨为方法，教育培养润物无声

在教育培养过程中，春风化雨的教育方式是重要的。教育是知识的传授，更是人格和品质的塑造。在这种理念指导下，高职教育机构党委与企业党支部可积极开展党建联建，通过运动会、篮球赛、校园职业素质拓展等系列特色活动，丰富德育内容，致力培养具有高尚道德品质和精湛技艺的技能人才。

在这个过程中，党建联建平台起到了关键作用。它提供了一个交流和合作的平台，使得高职教育机构与企业能够共享资源，共同推进人才培养计划。通过运动会、篮球赛等活动，学生不仅能够锻炼体魄，增强团队协作和竞争意识，还能在活动中接受道德教育，提升自己的道德素质。校园职业素质拓展活动能帮助学生进一步了解职业生活、提升职业技能、为学生未来的职业生涯打下坚实基础。这种春风化雨的教育方式润物无声地影响学生，于无形中提升他们的道德品质和职业素养。学生在参与各种活动的过程中，逐渐形成了积极的人生观和价值观，塑造了良好的道德品质，也提升了自己的专业技能。这种教育方式是学生全面发展的重要保障，也是高职教育机构培养人才的有效手段。

三、着力职业发展，构建工匠共育新机制

（一）结合学生发展需求，制定职业生涯规划

在教育领域，根据学生的发展需求来制定职业生涯规划是一种有效的人才培养方式。高职教育机构可和企业联手，以订单班的形式，深入了解学生家庭情况，评估学生的整体文化教育水平，测试学生的职业兴趣和职业能力，从而帮助学生设计适合自己的职业发展规划，设定明确的职业目标和努力方向。

在此过程中，高职教育机构和企业首先对学生的家庭情况进行走访了解。原因是家庭环境和背景对学生的教育发展有着重要影响。了解学生的家庭情况可以帮助高职教育机构和企业更好地理解学生的需求和期望，从而提供更为个性化的教育服务。其次，高职教育机构和企业通过评估学生的整体文化教育水平，了解学生的知识储备和学习能力。这种评估可以帮助高职教育机构和企业更精准地判断学生的学习需求，为其提供最合适的教育资源和学习机会。再次，高职教育机构和企业还通过测评学生的职业兴趣和职业能力，了解学生的职业倾向和潜力。这样的测评可以帮助学生更好地了解自己，从而使职业发展规划符合其职业兴趣和能力。最后，高职教育机构和企业将上述信息整合起来，为学生设计职业发展规划，设定明确的职业目标和努力方向。这种规划可以帮助学生清晰地了解自己的职业发展道路，明确自

己的职业目标和努力方向。

这种根据学生的发展需求来制定职业生涯规划的方式有助于提升学生的职业素养，增强他们的职业自信，也有助于他们更好地实现角色的转换。同时，这种方式也有助于高职教育机构和企业更好地了解学生的需求，提供更为精准的教育服务，提升自身教育质量和社会影响力。

（二）通过校企合作共育，助力职业道路顺畅

在当前的教育背景下，校企合作已经成为一种趋势，是实现职业教育目标的有效方式。通过校企共育，学生能够更直接地接触和理解企业文化，掌握高职阶段的专业知识，并获得与企业岗位相符的技术能力。校企合作共育的主要目标是在学生的职业生涯规划中提供明确的发展方向。这种明确的发展方向来自教育机构和企业的深度合作，包括报名面试、成绩考核和职业潜力测试等多种形式。这些方式使得学生能够在实际的工作环境中了解和熟悉企业文化，也使得企业有机会了解学生的技术水平和潜力。

报名面试是第一步，它让学生有机会展示自己的技术能力和职业素养，也让企业有机会了解学生的个性特点和职业兴趣。这一步骤中的互动和沟通可以帮助学生更好地理解企业的需求，明确自己的职业目标，也可以让企业发现优秀的潜力人才。接下来是第二步——成绩考核，主要是评估学生的学术表现和技术能力。这不仅可以帮助企业评估学生的技术能力，还可以让学生了解自己在哪些方面需要提升，从而更好地进行自我提升。第三步是职业潜力测试，是一个深度的评估过程，它主要评估学生的未来发展潜力和领导能力。这一步骤可以帮助企业了解学生的个人特点和职业潜力，为其提供个性化的发展机会。

（三）聚焦学生职后成长，及时关注强化沟通

在当今的教育领域，学生的职业发展已不再局限于校园教育的培养，学生更需要在职场上实践和成长。因此，对于学生职后成长的关注和沟通就显得尤为重要。教育机构和企业通过定期的沟通和反馈，可以及时了解学生在岗位上的技能水平、职业发展潜力以及工匠精神的展现等情况，为其提供持续的支持和帮助，这也为今后的持续培养合作奠定了基础。

学生毕业后在职业岗位上的表现和成长将直接反映教育机构的教育效果以及企业的培训效果。因此,校企双方需要通过定期的沟通,及时了解学生的技能水平和发展潜力,以便对教学内容和方法进行调整,提供更为针对性的培训和指导。同时,工匠精神是否得到展现是评价学生是否具备高质量职业素养的重要标准之一。校企双方需要关注学生是否能在实际工作中展现出这种精神,如专注细致、追求完美、创新求进等。如果学生能够展现出工匠精神,那么他们就有可能成为公司的优秀员工,为企业的发展做出更大的贡献。

此外,做好学生就业后的"售后服务"也是校企合作中的重要环节。这种服务包括对学生职业发展的持续关注、提供必要的职业指导和支持以及为学生提供进一步学习和提升的机会等。这种"售后服务"不仅可以帮助学生更好地适应职业生涯,还可以提升教育机构和企业的社会责任感和社会影响力。

第三节 构建工匠精神与思政教育相融合的新格局

一、实现工匠精神新时代下创造性继承与发展

(一)挖掘新时代下工匠精神内涵

尽管我国在全球制造业中享有显赫的地位,但在创新、质量和品牌价值等方面仍与一些欧美国家存在一定差距。因此,弘扬工匠精神以提升中国制造业的综合竞争力已被视为一种重要策略。工匠精神不仅体现了对产品质量的执着追求,还反映了对创新和个性化生产的尊重和推崇。工匠精神主要包括对技术技能的深入研究、对卓越成果的不懈追求以及对社会责任的自觉承担。而且,它不限于个体的技艺传承和提升,更在于在团队合作和大规模生产中的应用,以适应现代产业发展的需要。

高职教育在我国经济发展中发挥着不可替代的作用,高职院校是培养具有工匠精神的高素质复合型技术技能人才的重要基地。高职院校必须把握工匠精神的内涵,将其贯彻到学生培养和实践中,并与思想政治教育紧密结

合，这样才能使学生深入理解工匠精神，从而更好地传承和弘扬这种精神。我国有着悠久的工匠文化历史，世界闻名的丝绸和瓷器等产品都是我国古代工匠精湛技艺的明证。然而，近代工业革命的兴起使机器生产逐渐取代了手工制造，工匠精神似乎已被人们忘记。但是随着实现中华民族伟大复兴的中国梦的提出，工匠精神被赋予了新的生命力。

在现代社会，高职院校应一方面充分挖掘工匠精神的时代内涵，发掘其在新时代中的应用和价值；另一方面大力推进工匠精神的创新性发展，使其更好地适应现代社会的需求。这些努力可以使新时代青年更容易接受工匠精神，从而更好地将工匠精神传承下去。

（二）优化市场管理打造融合环境

要有效地传承工匠精神，国家和社会就需要营造适合工匠精神发展的环境，包括营造规范化的制度环境、公平的就业环境以及建立健全保护工匠合法权益的法律制度。这样才能为工匠精神的培育提供实质性的保障。工匠精神本质上是一种深层次的文化意识形态，其培育过程是持续的，需要时间的积累和磨砺。因此，打造适宜的育人环境至关重要，国家和社会应通过打造适宜的环境促使工匠精神成为人们的职业道德精神不可或缺的一部分，潜移默化地影响人们，让精益求精和追求卓越成为人们的工作习惯。

构建工匠精神培养与思想政治教育融合的环境不仅需要先进的社会文化氛围，还需要在继承并发扬中华优秀传统文化的基础上，提高劳动者的职业道德及职业素养。工匠精神作为一种在当代社会相对稀缺的精神资源，它的延续与发展需要社会各方面的共同努力和参与。全社会需共同努力创造鼓励和尊重技术技能人才的环境，为培育工匠精神提供良好的土壤。帮助人们树立正确的择业观、就业观和劳动观是工匠精神培育的关键部分，这需要全社会共同作用，形成鼓励创新、精益求精和尊重技术技能的社会氛围。消费者的消费观念转变也是推动工匠精神制度完善的关键因素。当消费者的需求从快速、便捷的大规模生产转向精致、完美且具有创新性的工匠产品，对工匠精神的需求会得到前所未有的提升，对工匠制度的完善会得到前所未有的推动，从而更多的技术人才在工匠行业中能够得到更好的发展，这也将推动整个社会的技术进步和文化繁荣。

(三)加大政策支持提供融合保障

在现代社会中,要深耕工匠精神,社会各方就需要共同营造一个积极的培养环境。在这个过程中,国家的作用尤为关键。国家应构建一个针对社会技术工人的完善保障制度,以激发职业院校学生的职业热情。同时,国家应改变社会对学历和技术能力的偏见,避免出现"两张皮"现象,即过分重视文凭而忽视技术能力,以形成有利于工匠培养的环境。

在制度建设方面,国家需要加大财政支持,尊重技术工匠的诉求和意见,并在制度建设中体现他们的意愿,以保障他们的权益。稳定的工作环境和经济保障对工匠追求精湛技艺至关重要。技术研发亦需资金支持,因此国家需要科学设计制度,并加快薪酬制度的改革,以使工匠的劳动付出与收入相匹配。企业应设立科学有效的职称评价体系,对于技艺精湛、技能卓越的工匠应给予奖励和认可,以提高他们的社会地位和行业影响力。国家也应加速法律建设,通过完善法律机制,保护工匠的合法权益,从而让他们愿意投身于追求卓越的创新技能。这样不仅可以推动工匠实现自我价值,还有助于推动国家制造业的转型升级。

对工匠劳动的保障为高职院校的学生展示了充满希望的就业前景,这会促使他们更愿意投入技艺学习和实践,用心研究和锻炼技能。首先,强化职业教育的投入是关键,以提升教育质量和扩大教育规模。扩建校舍、招聘优秀教师以及购置先进教学设备等方面都需要资金支持。此外,高职院校还需要提供更多的奖学金和补贴,使学生无论家庭经济状况如何,都能够享受到优质的职业教育。其次,改革和优化职业教育课程体系也是一项重要任务。课程设计应贴近实际,聚焦于技术技能的培养,同时注重对创新思维和团队协作等技能的培养。这样可以更好地适应社会和经济发展,使学生在毕业后能够满足市场的需求。

二、将工匠精神培育贯穿思想政治教育全过程

(一)营造工匠精神培育校园文化氛围

工匠精神的培育已经成为社会经济发展的重要驱动因素。随着社会发展

模式的转变，对人口红利的依赖会逐渐转为对高技能技术人才的依赖，工匠精神的重要性愈加突出。此外，企业对于拥有工匠精神——吃苦耐劳、追求卓越、细心踏实等品质的技术技能人才的需求也在不断增加。这就需要高职院校的学生在学习专业技能知识的同时，具备一定的职业素养和职业道德精神。然而，部分高职院校在工匠精神的培养方面仍存在问题。因此，首先，高职院校应更新校园文化，使其更适应工匠精神的培育。为此，高职院校需要突破原有的陈旧和不合理的文化因素，尊重和鼓励技术技能的发展，打破社会对高职院校的刻板印象，提高高职院校在学生心中的地位。其次，高职院校应营造与工匠精神培育相适应的氛围环境，重视技能的传承和创新，尊重技术技能人才的劳动成果。最后，高职院校应系统地引导学生了解和认识工匠精神，如通过增加相关主题的讲座活动，以及将工匠精神融入思政课程教学中。这可以使学生在系统的学习和实践中逐步认识和接受工匠精神。

（二）加强工匠精神培育教师队伍力量

思政教师队伍在工匠精神的培育中扮演了举足轻重的角色。他们是学生工匠精神的引领者和启发者，是工匠精神教育的主导者。加强思政教师队伍的力量，提高他们的教育能力和影响力是提升工匠精神培育效果的关键。

思政教师在理论上对工匠精神有深入的理解和认识。他们能够将工匠精神的内涵、价值和意义，以及其对个人发展和社会发展的重要性传授给学生。他们的教学方法多种多样，既有理论讲解，又有案例分析，还有实践活动，能够帮助学生在多元化的学习过程中，深入理解和领会工匠精神。思政教师通过自身的言行，以身作则，展现工匠精神。他们对教育事业充满热情，用心教学、追求卓越，是学生学习工匠精神的榜样。他们的专业素养和职业道德以及他们在日常生活中的行为举止都体现了工匠精神的内涵。思政教师在学生的个人成长过程中发挥着引导的作用。他们了解学生的个性和兴趣，能够激发学生的潜力，指导学生树立正确的价值观和职业观，帮助学生建立和实现职业规划，促进学生的全面发展。

第一，应提升教师的专业素养，包括对工匠精神的深度理解以及教育教学技能。专业培训可以提高思政教师对工匠精神理论的理解和使用教育方法的熟练度，同时强化他们的人文素养，使其更有效地引导学生理解和接受工匠精神。专业素养的提升不仅体现在知识领域，还需要涵盖教师的情感、价值取向以及专业道德。第二，需要建立和完善激励机制，这是提升教师积极性和创新性的有效途径。公平、公正且具有强激励性的评价和奖励机制能够激发教师的积极性，对于在工匠精神培育中表现优秀的教师，高职院校应给予表彰和奖励，使他们成为引领者和示范者。第三，创新教育方法也是提升工匠精神教育效果的重要策略。现代信息技术提供了丰富的教学资源和手段，为工匠精神教育创新提供了可能。教师运用现代信息技术，可以使教育活动更具吸引力和影响力，也可以更有效地传播和深化工匠精神。第四，提升教师的社会地位是开展工匠精神教育的重要环节。高职院校应通过宣传和推广，使社会更加尊重思政教师的工作，提升教师的社会地位，从而提升教师的影响力，使其更好地传播和推广工匠精神。第五，建立和完善教师队伍建设的长效机制有助于实现教师队伍的持续优化。这需要高职院校从教师的招聘、培训、评价、激励等各个环节出发，构建一套完整的教师队伍建设制度，使教师队伍的建设和发展能在规范和制度化的轨道上进行。

（三）创新职校思想政治教育教学策略

随着信息时代的到来，新媒体如网络媒体、手机媒体、数字电视等已成为人们获取信息、进行交流和学习的主要工具。在新时代背景下，工匠精神培育的模式也需要与时俱进，利用新媒体的优势来提升工匠精神的教育效果和影响力。

在新媒体的影响下，人们的生活和学习方式发生了巨大的变化。青年学生是互联网时代最活跃的用户群体，他们熟悉网络，积极接触和利用新媒体，以充分满足他们对实时信息的追求和精神需求。这不仅改变了学生的思维方式和学习方式，还为工匠精神的教育提供了新的可能和空间。如今，高职院校中思想政治教育的教学方式也在转变，高职院校教师开始重视新媒体的作用，树立全媒体意识，通过新媒体拓宽思想政治教育的载体，加快工匠精神培育和思想政治教育的融合。这种转变不仅有利于提升工匠精神的影响力，扩大其宣传力度，还有利于吸引学生了解和接受工匠精神。为了加快这一转变，高职院校应当创新思想政治教育方式，利用新媒体资源，如校园网站、微信公众号、微博专栏等，开展工匠精神培育。例如，高职院校有关专业可以与马克思主义学院合作开设工匠精神培育的微信公众号，定期邀请思想政治教育专业老师录制与工匠精神培育相关的教育微课堂；高职院校可以与企业合作，请工匠大师录制视频，传授技艺操作的经验，向学生展示工匠的卓越风采；高职院校可以开设微博专栏定期向学生宣传工匠精神的内涵和价值。此类做法不仅能提升工匠精神培育的趣味性和思想性的融合度，还能构建一个师生平等的学习平台，拉近思想政治教育工作者与学生的距离，调动学生的积极性。这种创新的教育方式是高职院校适应信息时代的必然选择，也是推动工匠精神教育向前发展的重要路径。

三、引导学生自身将工匠精神外化于行

（一）提升职业院校学生工匠精神认知水平

在当前的社会环境下，高职院校中一些学生和教师对工匠精神的认知存在一定的误区，可能将其理解为简单的技能或者某种独立的技术，对其在国家发展和个人成长中所起的关键作用认识不足。这一现象在一定程度上反映了现行教育体系中工匠精神培养内容的不足，而这种不足主要表现在两个方面。一是在教育内容上，高职院校没有在传授技术技能的同时，将工匠精神的培养作为一个重要的教育内容来引导学生。工匠精神是一种技艺，更是一种态度，一种对待工作的敬业和专注，这种精神对于个人的职业发展和国家的科技进步都具有重要的推动作用。因此，高职院校在教学过程中，要教会学生技能，更要培养他们的工匠精神。二是在教育方式上，一些高职院校的教学方式还停留在传统的教师讲授和学生接受的模式上，这种方式在传授知识和技能方面可能有效，但对于培养工匠精神这样的态度和价值观来说，效果并不理想。原因是工匠精神的培养需要在实践中进行，在实际的工作中体验和感悟，这需要更多的实践机会和体验式的教学方式。因此，高职院校应该重视工匠精神的培养，同时改革教学方式，注重实践和体验，以帮助学生深入理解和领会工匠精神的内涵。

在协同育人的观念下，高职院校对工匠精神的培养需要持久的努力。教师不仅在理论课堂上扮演着重要角色，还在灌输社会主义核心价值观和工匠精神的实践活动中起到关键作用。学生应通过长期的学习和参与，慢慢认识

和接受工匠精神的真谛。

（1）加强对先进文化的宣传，通过整合社会主义核心价值观的教育理念，提升学生对工匠精神的重视度。这不仅可以通过增加相关的课程和活动实现，还可以通过教学内容的设计和改进，以更具吸引力和说服力的方式，将工匠精神的理念深入学生的心中。

（2）高职院校可以通过校企合作的方式，邀请专业技术领域的专家和大师进入校园进行讲解和示范，使学生能够从一线专家那里了解到工匠精神的真实面貌和重要性。这样的实践活动不仅能够让学生有机会接触到真实的工作环境，了解未来可能面对的职业生涯，还能够使学生通过直接的接触和学习，增强对工匠精神的认同感和理解。

（3）新媒体技术和网络平台的利用也是弘扬工匠精神的重要手段。高职院校在媒体平台上发布关于工匠精神的文章、视频不仅可以让更多的学生了解和接受工匠精神，还可以让他们在日常生活中随时接触到工匠精神的思想。这种方式的教育可以使学生在不知不觉中受到工匠精神的影响，将其内化为自身的道德品质。

（二）加强自我修养，投身社会主义建设

在全球化背景下，当代青年正面临着未知的挑战和机遇。因此，他们被赋予了新的历史使命，他们必须具备热爱祖国、关注社会发展并积极参与国家建设的自觉性。当代青年应以正确的视角看待世界，全面关注国情，肩负起历史使命，为中华民族伟大复兴贡献力量。在高职教育中，教育者应引导学生理解并实践这种责任感，通过教育实践来培养他们的工匠精神。工匠精神本质上源自个人在某一特定领域内的专注和对精细的追求，是一种坚韧不拔和全心投入的品质。它体现在工匠长期坚持在工作岗位上，日复一日地做着同样的事情，追求技术的精益求精。在今天的环境下，当代青年更应该明确劳动是光荣的，将这种认知内化为道德标准。

在现代社会，高职院校的教育策略应追求更深层次的价值。工匠精神培养和思想政治教育的融合已经被认为是构建"大思政"格局的重要部分。这种格局的形成不仅有助于提升职业院校的教育效果，还有助于培育具有全面发展能力的学生，他们能在物质和精神两个层面上为社会做出贡献。工匠精

神是一种热爱自己职业的精神，它代表了坚韧不拔、持之以恒和精益求精的品质。而思想政治教育是落实立德树人的关键课程，它需要引导学生增强对中国特色社会主义道路的自信，并将爱国情、强国志、报国行融入中国特色社会主义事业中。因此，将工匠精神与思想政治教育结合可以更全面地教育和培养学生。这种结合的目标在于使学生理解职业技术工作的物质和精神价值。工匠精神的培养不仅有助于提升学生的职业技能，还能鼓励他们热爱自己的职业，为社会做贡献。在这一过程中，学生能更好地理解自己所学的专业技术的意义，明白专业技术对自身发展和社会进步都具有重要价值。这能鼓励他们以积极的态度投入学习和工作，精益求精，提升自己的专业技能，从而为社会主义现代化建设做出更大的贡献。同时，这种教育模式有助于学生树立正确的价值观。通过思想政治教育，学生可以理解中国特色社会主义的道路，深化对社会主义核心价值观的理解，增强爱国情感，增强对中国特色社会主义道路的自信。这能使他们成为对社会有用的人，他们能以工匠精神为社会做出实际贡献。这种教育模式强调培养学生的责任感和使命感，使他们意识到自己是社会发展的参与者和建设者。

（三）职业院校技能大赛助力工匠精神融入日常实践

职业院校技能大赛无疑能够激发学生对专业技术的热情，促进他们的创新能力和实践能力提升，帮助他们理解和体验工匠精神。作为一种具有示范作用的教育活动，职业院校技能大赛在高职院校中逐渐成为展示学生个性和才华的平台。要让学生真正理解工匠精神的内涵，高职院校需要将思想政治教育理论课堂内容转化为实践，并举办各项技能大赛。这些比赛旨在培养学生的技能知识、职业道德素养以及个人创新观念，也为学生提供了认知提升的机会。

全国职业院校技能大赛已形成了一个多层级、全国性的竞赛格局，推动着职业技术人才的培养。这类比赛的举办不是仅仅为了展示学生的技艺的精湛和实践能力的提高，更重要的是为了培养学生对工匠精神的追求。职业院校技能大赛注重高标准、高质量，符合工匠精神追求卓越的特点，为学生提供了训练和发展的机会。通过参与职业院校技能大赛，学生能够不断提升实践能力和综合能力。这类比赛强调实践锻炼和竞争，能激发学生的学习热情，培养他们解决问题和创新思维的能力。职业院校技能大赛的举办是为了展示学生的技能水平，更是为了推动他们在职业道路上不断追求卓越。此外，职业院校技能大赛也开辟了一条新的培养高职院校的创新技术人才的途径。这类比赛通过挖掘学生的潜力和培养他们的创新意识，为他们提供了展示自己才华的舞台，也为他们未来的职业道路奠定了坚实的基础。

参考文献

[1] 孙晓玲. 新时代工匠精神与高职思政课融合研究[M]. 北京：时事出版社，2021.

[2] 朱厚望，刘阳，杨虹，等. 职业教育系统培育工匠精神研究[M]. 北京：电子工业出版社，2020.

[3] 钟艳红，袁希. 高职院校文化育人认知与行动[M]. 北京：光明日报出版社，2021.

[4] 王文艺，刘慧，王翠云，等. 高职思政课实践教学创新研究[M]. 南京：河海大学出版社，2021.

[5] 吴清，卢文凤，丁翠娟. 高职院校思政育人新略[M]. 北京：光明日报出版社，2021.

[6] 亓妍. 工匠精神[M]. 延吉：延边大学出版社，2022.

[7] 于红红. 工匠精神融入高职院校思想政治教育制约因素的研究与思考[J]. 吕梁教育学院学报，2022，39（1）：18-20.

[8] 王小红. 工匠精神培养与高职思想政治教育的有效融合研究[J]. 哈尔滨职业技术学院学报，2022（1）：49-51.

[9] 毕晶晶，刘莎莎. 论工匠精神融入高职学生思想政治教育的路径研究[J]. 创新创业理论研究与实践，2021，4（24）：133-135.

[10] 高竞男，刘利国. 新时代工匠精神培育融入高职思想政治教育的路径研究[J]. 吉林化工学院学报，2021，38（12）：53-56.

[11] 王翔. 工匠精神融入高职院校思想政治教育的路径探究[J]. 决策探索（中），2021（10）：54-55.

[12] 吴明阳.高职院校思想政治教育与培养工匠精神相结合探析[J].就业与保障，2021（19）：192-193.

[13] 宋星.工匠精神融入高职院校思想政治教育的意义及路径探析[J].湖北开放职业学院学报，2021，34（17）：88-90.

[14] 阳文.工匠精神融入高职院校思想政治教育路径研究[J].经济师，2021（5）：212-213.

[15] 陈言.工匠精神培养与高职思想政治教育融合的相关研究[J].教育教学论坛，2021（13）：185-188.

[16] 宫秀琪."课程思政"理念下工匠精神与高职院校思想政治教育的有效融合[J].大学，2021（12）：108-109.

[17] 郭婉绯，王江平.高职院校工匠精神融入思想政治教育的时代价值和实现进路[J].阜阳职业技术学院学报，2020，31（4）：1-4，10.

[18] 韩志孝.高职生思想政治教育应融入工匠精神的培育[J].河南教育（职成教），2020（12）：26-28.

[19] 王小艳.工匠精神融入高职思想政治教育的现实路径[J].湖北开放职业学院学报，2020，33（21）：90-91.

[20] 朱悦珉.思想政治教育视域下高职院校学生"工匠精神"培育探析[J].中外企业文化，2020（10）：83-84.

[21] 潘京萍.高职思想政治教育与新时代工匠精神的有机融合[J].湖北开放职业学院学报，2020，33（17）：87-88.

[22] 胡琳.工匠精神培养与高职思想政治教育的有效融合探索[J].产业与科技论坛，2020，19（14）：268-269.

[23] 郑桂."工匠精神"融入高职思想政治教育探究[J].科技资讯，2020，18（19）：229-230，233.

[24] 邢慧.工匠精神融入高职院校思想政治教育路径探析[J].连云港职业技术学院学报，2020，33（2）：65-68.

[25] 蔺彩娜，谢添龙.工匠精神融入高职院校思想政治教育的意义及途径探析[J].改革与开放，2020（10）：78-80.

[26] 朱春花.论新时代高职思想政治理论课教师工匠精神的培育[J].教育教学论坛，2020（20）：7-10.

[27] 胡华. 工匠精神与高职思想政治理论课教学融合路径研究 [J]. 焦作大学学报, 2020, 34（1）: 112-116.

[28] 刘洪亮. 思想政治教育与高职校学生"工匠精神"培养研究 [J]. 湖北开放职业学院学报, 2020, 33（3）: 68-70.

[29] 牛诗琳. 工匠精神与高职院校思想政治教育的融合路径探讨 [J]. 花炮科技与市场, 2020（1）: 175.

[30] 孙灵, 宿一兵. 工匠精神融入高职院校思想政治教育路径探析 [J]. 黑河学刊, 2020（1）: 171-172.

[31] 文雁. 论工匠精神培养与高职思想政治教育的有效融合 [J]. 职业, 2019（33）: 95-96.

[32] 周金凤. "工匠精神"融入高职院校思想政治教育的制约因素分析 [J]. 产业与科技论坛, 2019, 18（19）: 135-136.

[33] 刘晓弘. 工匠精神融入高职高专思想政治教育的必要性探究 [J]. 产业与科技论坛, 2019, 18（18）: 135-136.

[34] 李国娟. 工匠精神融入高职学生思想政治教育的路径研究 [J]. 西部学刊, 2019（16）: 55-58.

[35] 温道军. "工匠精神"培养与高职思想政治教育融合的探索 [J]. 产业与科技论坛, 2019, 18（16）: 181-182.

[36] 程倍倍. 思想政治教育视野下高职学生工匠精神培育现状及对策 [J]. 教育观察, 2019, 8（28）: 26-29.

[37] 刘秀南. 试论工匠精神与高职院校思想政治教育有机融合 [J]. 科教导刊（上旬刊）, 2019（22）: 68-69.

[38] 胡春莲. 浅析工匠精神融入高职院校思想政治教育的实践探索 [J]. 哈尔滨职业技术学院学报, 2019（4）: 66-68, 160.

[39] 车艳秋. 工匠精神在高职学生思想政治教育中的渗透研究 [J]. 智库时代, 2019（30）: 101, 111.

[40] 吴怡倩. 工匠精神融入高职院校思想政治教育的有效路径 [J]. 高校后勤研究, 2019（5）: 65-67.

[41] 韩芬. 工匠精神融入高职思想政治教育实践路径探究 [J]. 船舶职业教育, 2023, 11（1）: 62-64.

[42] 郑帅普.提质培优视域下工匠精神融入高职思想政治教育的三重逻辑[J].长沙航空职业技术学院学报,2022,22(3):50-55.

[43] 李紫娟,和生.思想政治理论课视角下高职院校工匠精神培育研究[J].高教学刊,2022,8(24):181-184.

[44] 綦晓斐.工匠精神融入高职思想政治教育研究[J].芜湖职业技术学院学报,2022,24(2):33-35.

[45] 程静.高职院校工匠精神与思想政治教育的融合[J].陕西教育(高教),2022(6):79-80.

[46] 杨晓波.工匠精神引领下高职思想政治教育中学生职业核心素养培育研究[J].中外企业文化,2022(4):202-203.

[47] 黄宁馨.工匠精神融入新时代高校思想政治教育研究[D].哈尔滨:哈尔滨商业大学,2022.

[48] 盛琴琴.工匠精神融入高职院校思想政治教育的时代价值与实践路径研究[D].绵阳:西南科技大学,2022.

[49] 周天娇.新时代高职院校大学生工匠精神培育研究[D].昆明:云南师范大学,2021.

[50] 钱欢欢.工匠精神融入高职院校思想政治教育研究[D].武汉:武汉工程大学,2018.

[51] 罗菊萍.工匠精神融入高职学生思想政治教育研究[D].昆明:云南民族大学,2018.